CE DOCUMENT A ETE MICROFICHE
TEL QU'IL SE PRESENTAIT

NOUVEL ITINÉRAIRE-GUIDE
ARTISTIQUE ET ARCHÉOLOGIQUE
DE PARIS

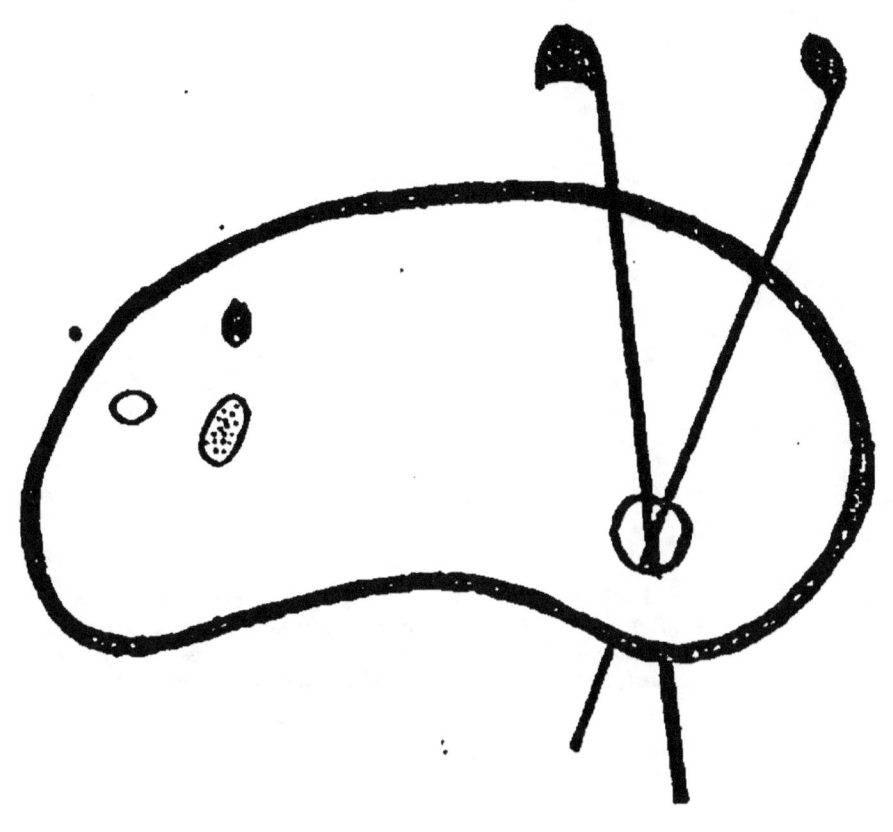

Illustrations en couleur

VALABLE POUR TOUT OU PARTIE DU DOCUMENT REPRODUIT

Paris porte : *de gueules à la nef frettée, habillée d'argent, flottant sur des ondes de même, au chef cousu de France ancien*[1]. — Sa devise est : *Fluctuat, nec mergitur* (Ballottée, jamais submergée).

---

1. C'était le blason de la corporation des *Marchands de l'eau*, devenu celui de la Ville; cette formule signifie que les armes de Paris sont sur fond rouge, qu'on y voit un navire gréé, dont la voile est d'argent, que les ondes sont du même métal, et qu'au-dessus se trouve un semis de fleurs de lis d'or sur fond bleu.

Fig. 1.

PRÉAMBULE

ois-je, à mon tour, comme Parisien de Paris, inscrire sur la première de ces pages le dire de Montaigne, tant répété, toujours vrai, qui traduit si bien les sentiments de tous ceux qui connaissent la Ville enchanteresse? « Paris a mon cœur dès mon enfance; et m'en est advenu comme des choses excellentes : plus j'ay veu, depuis, d'autres villes belles, plus la beauté de celle-cy peult et gaigne sur mon affection; ie l'aime tendrement jusques à ses verrues et à ses taches. »

Eugène Pelletan a écrit qu'il y a puérilité à dire : « Je suis la première capitale ». Mais il a eu raison d'ajouter que si l'on cherche la ville d'Europe qui donne le mieux la réunion des qualités, c'est Paris que l'on choisit. Telle ville étrangère, grandiose assurément, a son atmosphère brumeuse ou commerciale, l'autre devient une caserne, celle-ci reste un musée, celle-là un collège. On poursuit la ruine de Rome : cet été même, j'ai vu le charme de la Ville éternelle s'évanouir dans la poussière des démolitions, et l'art et les souvenirs, pour jamais, écrasés sous le poids des maisons à loyer ou sous celui de plus prétentieuses bâtisses.

Après tout, et vanité à part, c'est Paris peut-être qui, avec ses dissonances, fait le mieux entendre le grand concert des forces et des idées : poésie et commerce, art et industrie, lettres et sciences, tout s'y mêle.

Je ne retiendrai qu'un seul témoignage d'entre tous ceux qu'il serait aisé de recueillir, un peu partout, sur cette cité que l'empereur Julien se plaisait à nommer sa « chère Lutèce ».

Gœthe, si aimé de sa patrie, parlait en 1827 de la grand'ville en termes excellents : « Imaginez maintenant, disait-il à Eckermann, une ville comme Paris, où les meilleures têtes d'un grand empire sont toutes réunies dans un même espace, et, par des relations, des luttes, par l'émulation de chaque jour, s'instruisent et s'élèvent mutuellement; où ce que tous les règnes de la nature, ce que l'art de toutes les parties de la terre, peuvent offrir de plus remarquable, est accessible chaque jour à l'étude; imaginez-vous cette ville universelle, où chaque pas sur un pont, sur une place, rappelle un grand passé; où, à chaque coin de rue, s'est déroulé un fragment d'histoire. Et encore ne vous imaginez pas le Paris d'un siècle borné et fade, mais le Paris du dix-neuvième siècle, dans lequel, depuis trois âges d'hommes, des êtres comme Molière, Voltaire, Diderot et leurs pareils ont mis en circulation une abondance d'idées que nulle part ailleurs sur la terre on ne peut trouver ainsi réunies; et alors vous comprendrez comment Ampère, grandissant au milieu de cette richesse, put être quelque chose à vingt-quatre ans. »

Eh bien! c'est ce Paris que je veux décrire, en rappelant à chaque pas des souvenirs sans lesquels sa beauté matérielle ne saurait atteindre tout son éclat, car ils sont l'âme d'une antique cité.

Aussi, comme Victor Hugo en avertit, tout fouiller est malaisé : Les auteurs des *Éloges de Paris* tels que J. de Jandun, s'y essayent par de naïves admirations, au quatorzième siècle. Gilles Corrozet l'a tenté par la légende; Malingre et Pierre Bonfons par la tradition; Du Breul, Germain Brice, Sauval, Béquillet, Piganiol de la Force, de Guilhermy, par l'érudition; Hurtaut et Magny, par la méthode; Jailliot, par la critique; Félibien, Lobineau et Lebeuf, par l'orthodoxie; Dulaure, Mercier, par la philosophie, d'autres par la satire; chacun y a cassé son outil.

Je regarde alors, avec anxiété, ma plume et mon crayon. Je songe à la peau de lion que vont me prêter tant d'habiles artistes ou d'écrivains savants, qui, depuis, se sont multipliés pour sonder les sources abondantes et vivifiantes que j'aurai le plaisir d'utiliser ; je les indiquerai, en terminant cet ouvrage, afin de permettre au public avide d'y puiser, au gré de ses besoins.

Est-ce trop d'audace qu'essayer de donner un aliment à cette force chaque jour plus irrésistible, qui pousse nos compatriotes à prendre un intérêt sans cesse croissant aux monuments qui sont ou l'ornement de nos cités, ou les muets témoins de nos triomphes, de nos déceptions et de nos espérances? J'ai pu me convaincre du culte que la foule instruite porte à nos vieilles pierres par les chaleureux encouragements que l'on m'a accordés quand j'ai pris l'initiative de la fondation de la *Société des Amis des Monuments parisiens*, œuvre étendue depuis lors à la France entière ainsi qu'aux pays étrangers grâce à la revue *l'Ami des Monuments* et à son Comité. Tant d'esprits éminents ont prodigué à cette difficile entreprise leur précieux concours, qu'on peut dire qu'elle est leur œuvre cette société qui a eu successivement à sa tête Victor Hugo, Albert Lenoir, Charles Garnier, Ravaisson.

Ami lecteur, accorde toute ton indulgence à l'interprète qui va s'essayer sur cette scène, si redoutable par l'ampleur et par la magnificence du décor, comme par l'éclat d'un soleil qui, depuis tant de siècles, la colore de ses rayons. Grand spectacle, en vérité! Tous les peuples s'en veulent approcher, car, croyons-en l'étranger, tout homme a deux patries, la sienne et la France.

DIVISIONS DE L'OUVRAGE

L'auteur, dans ce tableau de Paris sous forme d'itinéraire, décrira successivement :

1° Le centre de la ville, formé par la **CITÉ AVEC L'ILE SAINT-LOUIS** ;

2° Le nord, ou **RIVE DROITE** ;

3° Le sud, ou **RIVE GAUCHE**.

L'auteur prie toutes les personnes désireuses de seconder cet essai, de lui adresser les notes, manuscrits, plans ou publications qu'elles jugeront utiles à la perfection de cette difficile étude. Il en sera tenu compte, sous forme d'*additions*, à la fin du livre, où l'on trouvera également la bibliographie des ouvrages généraux relatifs à Paris.

Fig. 4.

NOUVEL ITINÉRAIRE-GUIDE
DE PARIS

LA CITÉ

Pourquoi ne pas commencer la description de Paris par la Cité, « quoique, selon l'Histoire et selon l'Antiquité, on dût en parler tout d'abord »? L'art y étale ses magnificences : Notre-Dame y présente la façade la plus sublime de la Chrétienté, dont la Sainte-Chapelle est la châsse la plus précieuse, la plus délicatement ouvragée. D'imposants édifices y ont été élevés de nos jours; ils abritent des administrations, telles que celles de la police et de la justice, qui sont le secret de notre existence. De larges places, quais et rues ont ménagé de belles perspectives; on a répandu partout l'air et la lumière au-dessus de ce sol qui livre des oracles, au parler des plus antiques, à tous ceux qui viennent l'interroger, le fouiller la pioche à la main. Cette vieille île, faite comme un berceau ou comme un grand navire « enfoncé dans la vase, dit Sauval, et échoué au fil de la Seine », a laissé entrevoir les restes des temples et des monuments qui la couvraient dès les temps antiques. On a retrouvé, sur l'emplacement même du vieux sanctuaire de la Vierge, les débris du culte païen, semi-gaulois et moitié romain, que célébraient sur leur autel ces nautes parisiens, bateliers qu'on croit être les ancêtres de notre municipalité. Bien d'autres pierres ont revu la lumière; il faut se garder toutefois d'attribuer trop vite une destination à ces fragments dont certains proviennent d'édifices, tels que les Arènes, qui se trouvaient en dehors de la Cité. Mais le sol primitif est connu; il était au niveau de la Seine, fait d'un limon glaiseux, occupé par un grand nombre de petits cloaques dont on a retrouvé les voûtes, enduites d'un épais et grossier ciment, conforme à la pratique romaine. Cinq ou six couches ont ensuite formé successivement ce vieux sol,

Découvert en 1829 (voir fig. 7).

COUPE

Fig. 5. Mur de la première enceinte de la Cité sur l'emplacement du nouvel Hôtel-Dieu. D'après Vacquer et Lenoir.

et l'abondance des matières carbonisées qu'on y rencontre prouve à l'historien que Paris a dû souvent, peu après sa naissance, renaître de ses cendres fumantes.

Pendant plusieurs siècles la Ville n'est qu'ici; le tracé de ses voies correspondait alors à celui qui existait encore vers 1865. Aux huttes succédèrent des maisons, à la mode romaine, adaptée aux exigences du climat parisien; on a retrouvé les tuiles qui les recouvraient et les antéfixes à palmettes qui les ornaient. A cette époque, des « ponts de bois la relient aux deux rives... la température de l'hiver y est peu rigoureuse.... le sol porte de bonnes vignes; les Parisiens connaissent même l'art d'élever des figuiers.... ils ont l'habitude de se chauffer au moyen de poêles.... ils n'honorent Vénus que comme déesse des mariages et Bacchus comme le père d'une douce gaieté. » C'est un des premiers habitants connus de Lutèce, Julien, fait empereur dans le palais de la Cité (358 de J.-C.), qui s'exprime ainsi dans le *Misopogon*. Mais déjà, quatre siècles auparavant (53 av. J.-C.), Jules César avait réuni dans *Lutetia, civitas Parisiorum*, l'assemblée générale des Gaules. Un autre empereur romain, Valentinien, a consacré par sa présence (365 de J.-C.) l'antique origine de cette cité dont Strabon désigne les habitants sous leur nom d'aujourd'hui : Παρίσιοι. Dans les écoles du moyen âge, une opinion, peut-être légendaire, faisait remonter la fondation de Paris à l'an 817 avant notre ère.

Longtemps, comme l'a dit Hugo, la grève de cette île fut sa première enceinte, la Seine son premier fossé. Paris, pendant plusieurs siècles, n'eut que deux ponts de bois, le grand au nord, le petit au sud, et deux têtes de pont qui étaient à la fois ses portes et ses forteresses ; le Grand-Châtelet sur la rive droite, aujourd'hui la place du Châtelet, et le Petit-Châtelet, qui occupait l'emplacement de l'angle formé par le quai Montebello avec le Petit-Pont. « Puis, dès les rois de la première race, trop à l'étroit dans son île et ne pouvant plus s'y retourner, Paris passa l'eau.... Mais une ville comme Paris est dans une crue perpétuelle... Au quinzième siècle la puissante ville avait fait craquer successivement ces quatre ceintures de murs, comme un enfant qui grandit et qui crève ses vêtements de l'an passé. » Depuis lors, Paris s'est encore souvent transformé, gardant toujours la tradition de ses trois grandes divisions : la *Cité*, dans l'île, avec Notre-Dame, l'Hôtel-Dieu, un entassement d'églises ; la *Ville*, sur la rive droite, avec le Louvre, les palais, les halles ; l'*Université*, étalant sur le côté gauche de la Seine sa Sorbonne, ses collèges, ses Prés aux Clercs.

Au quinzième siècle, la Cité se présentait non seulement comme une belle ville, c'était bien plus : « une ville homogène, un produit architectural et historique du moyen âge, une chronique de pierre ». Puis, peu à peu, le caractère en fut changé, son importance diminuée ; la première moitié de ce siècle commença une ère de métamorphoses devenues chaque jour plus complètes.

PLACE DU PARVIS-NOTRE-DAME

On y voit la cathédrale, la caserne de la Cité, l'Hôtel-Dieu. Des fouilles (1847), complétées notamment en 1866-1867-1881, ont permis de restituer le plan des constructions antiques qui se trouvaient sur cet emplacement; on a reconnu les restes de deux constructions romaines (plan 6) : l'une, à l'ouest, était un édifice public important; l'autre, à l'est, comprenait des habitations. On a retrouvé aussi le mur de Lutèce, des médailles du bas-empire, les mosaïques et les parties inférieures de la basilique mérovingienne que Childebert éleva sur ces monuments romains, enfin les restes de l'église Saint-Christophe et une fontaine de 1625.

En avant de la cathédrale se trouvait jadis un espace nommé **Le Parvis**, dont le sol primitivement surhaussé, clos de murs bas, fut abaissé en 1748 et 1847; les boulangers y vendaient au rabais le restant de leur pain, et on y tenait la foire aux jambons; à l'entrée du parvis, près d'une fontaine de 1639 détruite en 1748, on voyait une statue fort ancienne, nommée le *Grand Jeusneur*, car

> Oyez la voix d'un sermonneur
> Vulgairement appelé Jeusneur
> Pour s'être vu, selon l'histoire,
> Mil ans sans manger et sans boire.

Cette antique statue jouait un grand rôle dans la vie parisienne; on signait de son nom les libelles; les *anciens* des ateliers la nommaient *M. Legris*, parce qu'ils envoyaient les *nouveaux* venus de l'atelier faire emplette de sa couleur à ce vendeur de gris.

Le nouvel Hôtel-Dieu occupe l'emplacement de plusieurs églises. A son angle nord-est, à l'intersection de la rue d'Arcole avec le quai Napoléon, se trouvait *Saint-Landry*; des fouilles y ont mis à jour en 1829 un bas-relief romain représentant une chasse et (fig. 5 et 7) un *mur d'enceinte*. — L'intersection de la rue de la Cité avec le même quai était occupée par *Saint-Denis de la Châtre* et *Saint-Symphorien*, qui depuis 1704 était la ropriété de la communauté des artistes. — *La Magdelaine*

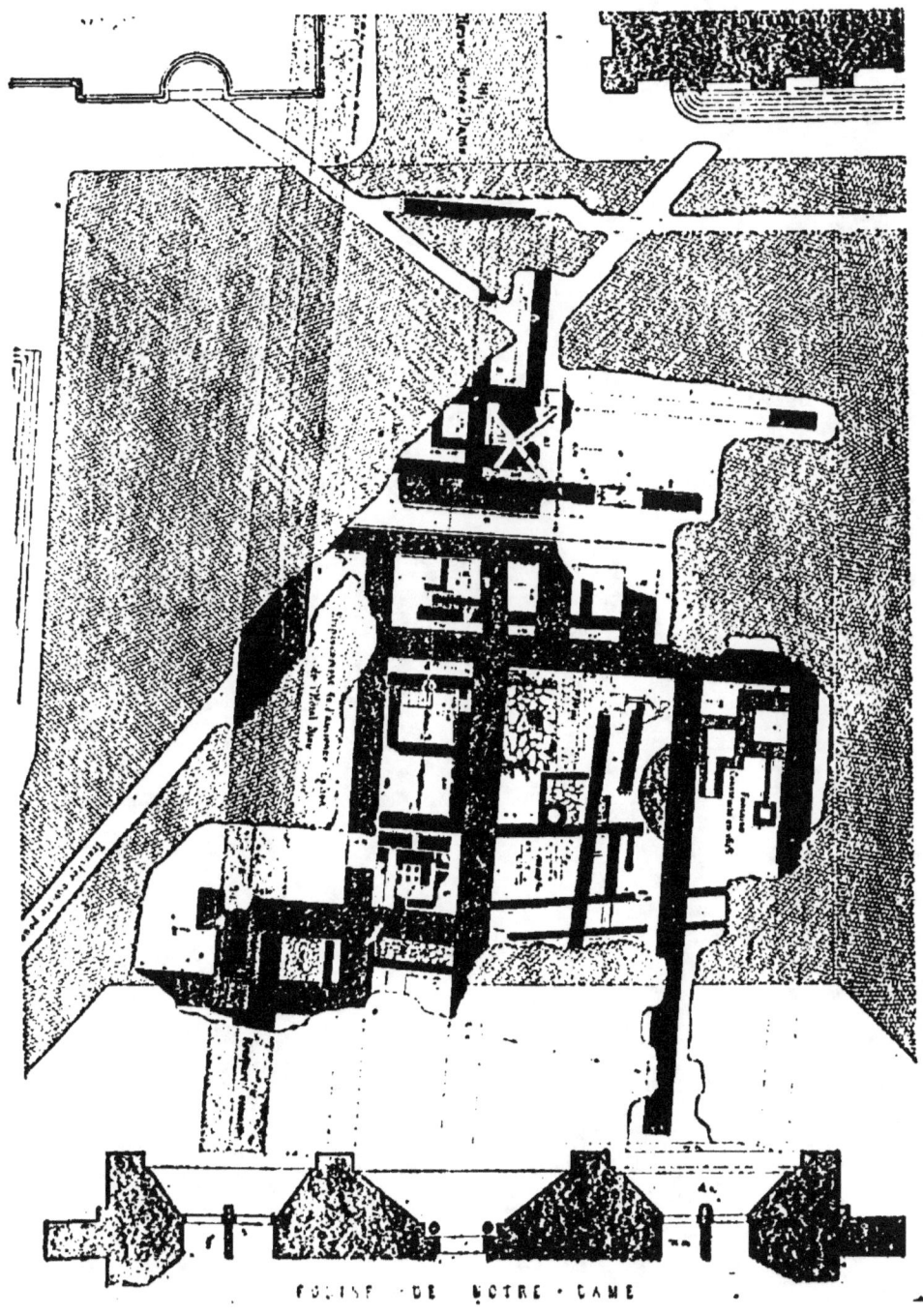

CITÉ. — PLACE NOTRE-DAME. Plan général des fouilles de 1847.
D'après Vacquer et Lenoir. — Pl. 6. — *Ce qu'il y a sous la place Notre-Dame.*

occupait la place où la rue de la Cité rencontre le Parvis: tout à côté, l'*église Saint-Christophe*, du douzième siècle, détruite en 1747; des restes en furent retrouvés en 1847, ainsi que le *mur romain* situé dans l'axe de sa nef. *Saint-Pierre aux Bœufs* exis-

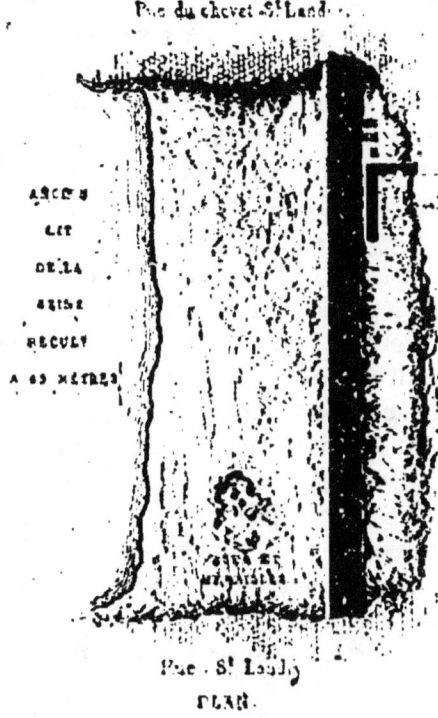

Emplacement du nouvel Hôtel-Dieu.

Fig. 7. Mur de la première enceinte de Lutèce découvert en 1829 lors de la construction d'une maison à l'angle de la rue Saint-Landry et du quai Napoléon. On y a trouvé des médailles et une frise représentant une chasse. (Voir la coupe sur la fig. 5.) D'après Vacquer et Lenoir.

tait en 1130, à l'endroit où la rue d'Arcole débouche sur le Parvis: détruite en 1837, des fouilles ont fait retrouver ses traces en 1866-07, en même temps que des *fragments romains* : sur l'un d'eux on a figuré un dieu à trois visages, dans lequel M. de Witte a reconnu Tauriscus, l'antagoniste d'Hercule. Des maisons à pignons se trouvaient ici jusqu'en ces derniers temps.

Les bâtiments de l'ancien hôtel-Dieu occupaient auparavant

les deux rives du bras sud de la Seine, dont un bâtiment subsiste encore sur le quai Montebello. Une charte de 529 le mentionne déjà, et ses incendies de 1737 et 1772 sont tristement célèbres. C'est le plus ancien hôpital de l'Europe; on ne possède plus qu'une seule sculpture du monument primitif (Voir les *Notes*). L'édifice actuel, élevé par M. Diet de 1866 à 1878, a coûté, avec le terrain, 37 millions; il peut recevoir 450 malades; le prix du lit revient à 90 000 francs. L'entrée principale se trouve sur la place Notre-Dame. On a installé au nord les services internes, au centre les services hospitaliers, au sud, près de l'entrée, les services généraux externes et la direction; on a disposé au milieu une grande cour, divisée en deux parties, dont l'une, surélevée de 3 mètres, est convertie en jardins. Là se trouvait jadis la rue des Marmousets, célèbre par une légende : un *pâtissier* y faisait des pâtés *de chair humaine*, recherchés dans tout Paris; pour se procurer cette viande, il s'était entendu avec son voisin le barbier, qui installait ses clients sur une trappe avec laquelle ils disparaissaient aussitôt. — Au fond de la cour se trouve une chapelle inachevée : elle occupe l'emplacement du *Val d'Amour*, séjour des ribaudes et des filles de joie, aux gobelets d'argent suspendus à des ceintures que saint Louis leur défendit de porter dorées et qui donnèrent lieu au proverbe : *Bonne renommée vaut mieux que ceinture dorée.*

La statue équestre de Charlemagne, accompagnée des pairs Roland et Olivier, est un bronze déposé provisoirement depuis le 14 juillet 1882 par les frères Rochet; haute de 7m,60, elle pose sur un piédestal en planches dû à Viollet-le-Duc.

La caserne de la Cité fut élevée sous Napoléon III par Callat (1860-1865), afin d'avoir à sa disposition de nombreuses troupes en cas d'agression populaire contre les prisons et les édifices judiciaires du voisinage. On y a installé en 1871, à titre de situation provisoire, qui dure encore, les bureaux de la *Préfecture de police*; on trouve dans cet ensemble de constructions des logements pour des troupes, l'état-major des sapeurs-pompiers et l'habitation personnelle du préfet de police. Ce pâté de constructions était occupé jadis par les églises Saint-Éloi, Saint-Martial et Saint-Germain le Vieil.

Pl. 8-9. — NOTRE-DAME. — Façade Sud, sur la Seine avec les tours, le portail de Saint-Marcel et la nouvelle Sacristie. — South Front, towards the Seine.

A. Lenoir

Pl. 10. — NOTRE-DAME. Chapiteau du chœur (1177).
Capital of the choir.

NOTRE-DAME

Lettre ornée composée avec la statue d'une niche de la façade principale.

ASPECT GÉNÉRAL DE LA FAÇADE PRINCIPALE. — « Il est, à coup sûr, peu de plus belles pages architecturales que cette façade où, successivement et à la fois, les trois portails creusés en ogive, le cordon brodé et dentelé des vingt-huit niches royales, l'immense rosace centrale, flanquée de ses deux fenêtres latérales comme le prêtre du diacre et du sous-diacre, la haute et frêle galerie d'arcades à trèfle qui porte une lourde plate-forme sur ses fines colonnettes, enfin les deux noires et massives tours avec leurs auvents d'ardoises ; parties harmonieuses d'un tout magnifique, superposées en cinq étages gigantesques, se développant à l'œil, en foule et sans trouble, avec leurs innombrables détails de statuaire, de sculpture et de ciselure, ralliés puissamment à la tranquille grandeur de l'ensemble, vaste symphonie en pierre, pour ainsi dire ; œuvre colossale d'un homme et d'un peuple, tout ensemble une et complexe comme les Iliades et les romanceros dont elle est sœur ; produit prodigieux de la cotisation de toutes les forces d'une époque, où sur chaque pierre on voit saillir en cent façons la fantaisie de l'ouvrier discipliné par le génie de l'artiste ; sorte de création humaine, en un mot, puissante et féconde comme la création divine dont elle semble avoir dérobé le double caractère : variété, éternité. »

Victor Hugo traduit admirablement ainsi le saisissant spectacle que cette masse puissante offre aux yeux éblouis. Mais il fallait voir le front de Notre-Dame comme il était jadis, illuminé des couleurs les plus chaudes, avec le feu des verrières, avec ses statues que semblent animer les ombres et les lumières envoyées par les derniers rayons d'un soleil qui s'éteint. Alors au-dessus de sa porte centrale, peinte et dorée, le Christ placé sur « un trône d'or et tout garni d'ornements en or plaqué » brillait d'un éclat qu'encadrait l'arcade décorée de saints, peints « de diverses couleurs et ornée d'or ». C'est dans l'éclat de ces étincelles qu'un évêque d'Arménie, nommé Martyrs, la trouve « spacieuse, belle et si admirable, qu'il est impossible à la langue d'un homme de la décrire ». Il la voyait ainsi par une journée de décembre, lors d'un voyage qu'il fit en France entre 1489 et 1496. Il s'extasiait, dès le lendemain de son arrivée à Paris, devant la Vierge, « ornée d'or et peinte de diverses couleurs », qui se détache sur la rose centrale. Vignati, en 1517, vit aussi « la Vierge avec l'enfant Jésus dans les bras et *deux anges* en *métal doré* »; M. Beltrami vient de livrer en 1889, à quelques amis, la copie du manuscrit, conservé à Milan, qui contient cette curieuse relation. Ces citations confirment notre hypothèse d'une **coloration de la façade**. Aujourd'hui on voit encore diverses traces d'or et de peinture ; on les constate au haut des portails, sur les sculptures qui les ornent, dans les fonds d'où elles se détachent, sur les fûts des colonnettes de la rose centrale. Ces témoins révèlent l'aspect enchanteur que la couleur donnait jadis à cette façade, en lui prêtant une intensité de vie, peut-être aussi émouvante que « cette sombre couleur des siècles qui fait de la vieillesse des monuments l'âge de leur beauté ».

C'est bien à tort qu'on imprime depuis des siècles que la façade reposait sur un **perron** auquel on accédait par des degrés. Les fouilles de 1847 ont prouvé qu'il n'en était rien, et l'on n'a jamais vu que les treize marches qui, à droite de la tour du sud, permettaient de descendre du parvis à la berge de la Seine. Une autre légende que les fouilles ont détruite est celle de la fondation de la cathédrale sur des pilotis. M. A. Lenoir nous a affirmé qu'il a vu, en 1847, dans les murs de fondation de Notre-Dame, des fûts de colonnes antiques en marbre noir qui y étaient incrustés.

De Guilhermy signale avec raison à l'admiration de tous « les magnifiques pentures de fer forgé qui recouvrent les épais vantaux de bois des portes de la Vierge et de Sainte-Anne. Elles se classent au premier rang des pièces capitales de la serrurerie des douzième et treizième siècles. Dans l'origine, elles s'appliquaient sur un revêtement de cuir gaufré qui s'est détruit, mais dont on a reconnu quelques parcelles. Nous ne saurions assez prôner la variété des feuillages, la fermeté des contours, l'ingénieuse disposition des enroulements, et ce caractère de solidité qui sied si bien aux portes d'un édifice comme Notre-Dame. Quelques oiseaux, réels ou fantastiques, animent certaines parties du feuillage. A voir les pentures de la porte Sainte-Anne, on pourrait croire que préparées, comme la sculpture elle-même, pour des

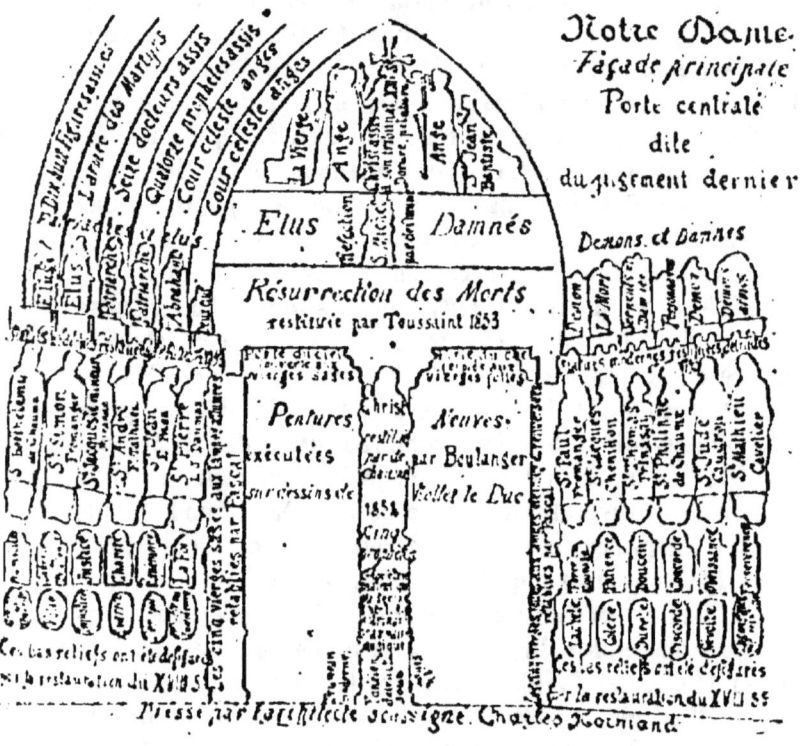

Fig. 12.

baies un peu moins larges et moins hautes, elles se seront ensuite trouvées trop courtes. Il semble que le treizième siècle y ait ajouté quelque chose pour les compléter. Leurs formes, encore empreintes de style roman, accusent une époque un peu plus ancienne que celle des pentures de la porte de la Vierge.

Suivant des traditions encore vivantes chez le peuple de la Cité, l'habile serrurier qui a si vigoureusement ferré les portes de Notre-Dame serait le diable en personne, venu en aide, moyennant un pacte bien conclu, à l'ouvrier qu'on avait chargé de cette œuvre, et qui ne savait plus comment se tirer d'embarras. Ce diable forgeron est connu dans le quartier sous le nom de Biscornette, qui n'a pas besoin d'explication; des savants en ont fait un artiste, et ce sobriquet a pris place sur plus d'une liste de maîtres du moyen âge. Pour si malin qu'il fût, Biscornette ne parvint jamais à ferrer la porte centrale, par laquelle sortait le saint-sacrement dans les jours de solennités. La porte Sainte-Anne restait ordinairement fermée; le peuple en concluait qu'un sort avait été jeté sur elle, et qu'elle ne s'ouvrirait plus. Tout ce que nous en pouvons dire, c'est que de nos jours les architectes l'ont ouverte à deux battants, et sans trop de difficulté. Quelle que soit la valeur de ces croyances populaires, nous sommes persuadé que la porte centrale était fermée par des vantaux ornés de la même manière que les autres. Soufflot les remplaça par une grande boiserie où l'on voyait sculptés, à peu près de proportion naturelle, le Christ et la Vierge. A la même époque, les vantaux des deux portes du transsept et de la porte Rouge furent refaits par les soins du chapitre, en un style gothique comme on le comprenait au dix-huitième siècle. »

L'existence des doubles bas-côtés intérieurs a permis d'établir les tours sur des bases très larges et de créer de spacieux vestibules, faciles d'accès, qui sont bien l'entrée d'un grand édifice d'une ville populeuse; il n'est guère de monument où le programme ait été si habilement et si simplement conçu. **Au centre, la porte du Jugement Dernier**, dont les sculptures sont presque toutes modernes. La planche 12 en donne la clef avec plus de précision qu'une longue et fastidieuse description ne pourrait le faire. **A gauche, sous la tour du Nord, la porte de la Vierge**, morceau d'une grande valeur, qui doit son nom à la statue de la Vierge qui orne son trumeau; détruite en 1793, elle fut remplacée en 1818 par une Vierge provenant de la chapelle Saint-Aignan, qui fut enlevée en 1847. Les autres côtés de cette porte sont ornés des signes du zodiaque; au-dessus, un dais, qui renferme l'arche d'alliance, est escorté à droite par les Prophètes, à gauche par les Rois. La seconde zone figure l'Ensevelissement de la Vierge, au-dessus de laquelle on a repré-

Pl. 13-14. — NOTRE-DAME. — FAÇADE PRINCIPALE. Portail central ou du Jugement dernier
Voir le schéma fig. 10, expliquant le sujet des sculptures.
PRINCIPAL FRONT. — Central portal or of the lost Doomsday.

Pl. 15. — NOTRE-DAME. Chapiteau et Base des colonnes du triforium de la nef.

Capital and Basement of the columns of triforium.

senté son Triomphe. M. Delaborde a cru reconnaître récemment, dans un bas-relief inférieur de ce portail, le pape Alexandre III, qui a posé la première pierre de Notre-Dame. La porte de la Vierge, plus petite que celle qui lui fait pendant, est surmontée d'un fronton triangulaire dont on n'a pu donner encore la raison d'être. (*Voir les Notes.*)

« Trente-sept bas-reliefs, dit de Guilhermy, sculptés sur les deux faces de chacun des pieds-droits de la porte, sur les côtés du pilier-trumeau, et jusque sur les dernières travées de l'arcature du stylobate, composent une espèce de vaste tableau de l'année, un almanach de pierre, où nous trouvons la mer et la terre, les douze signes du zodiaque, les occupations qui se succèdent pendant les différents mois de l'année, et les délassements permis à ceux sur lesquels ne pèse pas dans toute sa rigueur la dure loi du travail. Des représentations du même genre existent dans un grand nombre de cathédrales et dans beaucoup d'églises de second ordre, soit en sculpture, soit en vitraux; mais rarement elles sont aussi développées qu'à Notre-Dame. Le sculpteur a épuisé son sujet, afin de remplir tout l'espace dont il avait à disposer.

Le zodiaque de Notre-Dame se conforme aux usages de l'année ecclésiastique. Il commence avec le mois de janvier, tandis qu'au treizième siècle, et jusqu'à la réforme du calendrier, sous le règne de Charles IX, l'année civile ne s'ouvrait qu'à Pâques. La coutume de sculpter des zodiaques aux façades des églises remonte aux premiers siècles chrétiens. On en trouve un sur les murs de marbre de l'ancienne cathédrale d'Athènes. L'Italie en possède un très grand nombre en sculpture, en peinture et même en mosaïque. En France, il est peu d'églises d'une certaine importance qui n'en présente au moins un. L'église de Saint-Denis en avait un en mosaïque, un autre gravé en creux sur les dalles des chapelles absidales, et un troisième en bas-relief sur sa façade. Le dernier subsiste; il est aussi resté quelques fragments des deux autres. A Notre-Dame, il se pourrait faire que le sculpteur n'ait pas seulement voulu s'assujettir à une tradition généralement suivie, mais encore convoquer la nature entière au triomphe de la Vierge. »

Au-dessous de la Vierge qui orne le trumeau, on voit des

sculptures de G. de Chaume : La création de la femme, la tentation, Adam et Ève chassés du Paradis, la Vierge couronnée. — Les statues qui ornent les embrasures de la porte sont, à partir de la rue du Cloître Notre-Dame : Constantin par Chenillon, Ange par Prinssay, saint Denis par G. de Chaume, Ange par Elmerich, et de l'autre côté, en poursuivant dans le même ordre, saint Jean-Baptiste par Fromanger, saint Étienne par Toussaint, sainte Geneviève par Michel Pascal, saint Sylvestre par Fromanger.

La troisième ouverture, dite **porte Sainte-Anne**, sous la tour du sud, est composée de sculptures d'un caractère plus archaïque ; quelques érudits ont pensé qu'elles proviennent d'une église plus ancienne qui existait près de cet emplacement, mais d'autres ont combattu cette opinion. Il faut remarquer les peintures de cette porte. (Description des sculptures sur la figure 16, page 33.)

La *Légende d'or* nous dira la signification de la sculpture de cette porte. « Une femme de race noble selon le monde, mais bien méprisable à cause de ses vices, ayant rendu le dernier soupir, fut portée en grande pompe à son cercueil ; mais voici ce qui en arriva... : un horrible serpent vint dévorer son cadavre, et cette bête prit pour demeure le tombeau de la malheureuse, dont les restes lui servaient de nourriture. Les habitants de ces lieux s'enfuirent alors de leurs demeures tout épouvantés. Le bienheureux Marcel comprit que c'était lui qui devait triompher du monstre.... Lorsque le serpent, sortant d'un bois, s'en revenait vers le sépulcre, Marcel se présenta devant lui en priant ; le monstre, dès ce moment, sembla demander grâce en baissant la tête et en agitant la queue ; il suivit ensuite le saint évêque pendant près de trois milles à la vue de tout le peuple.... Alors saint Marcel lui parla ainsi avec autorité : « Dès ce jour, va-t'en habiter les déserts, ou replonge-toi dans la mer ». Et depuis on n'en a plus vu aucune trace. »

Quatre niches ornent les contreforts qui séparent les portes ; on y a posé des statues modernes qui remplacent celles qui ont été détruites ; on y voit, en venant de la Seine, saint Denis par Pascal, la Synagogue par Fromanger, l'Église par G. de Chaume, enfin saint Étienne, près la rue du Cloître-Notre-Dame, est de S.-L. Chenillon. Le retour du contrefort qui fait face à la Seine est orné de la statue de saint Marcel par Toussaint.

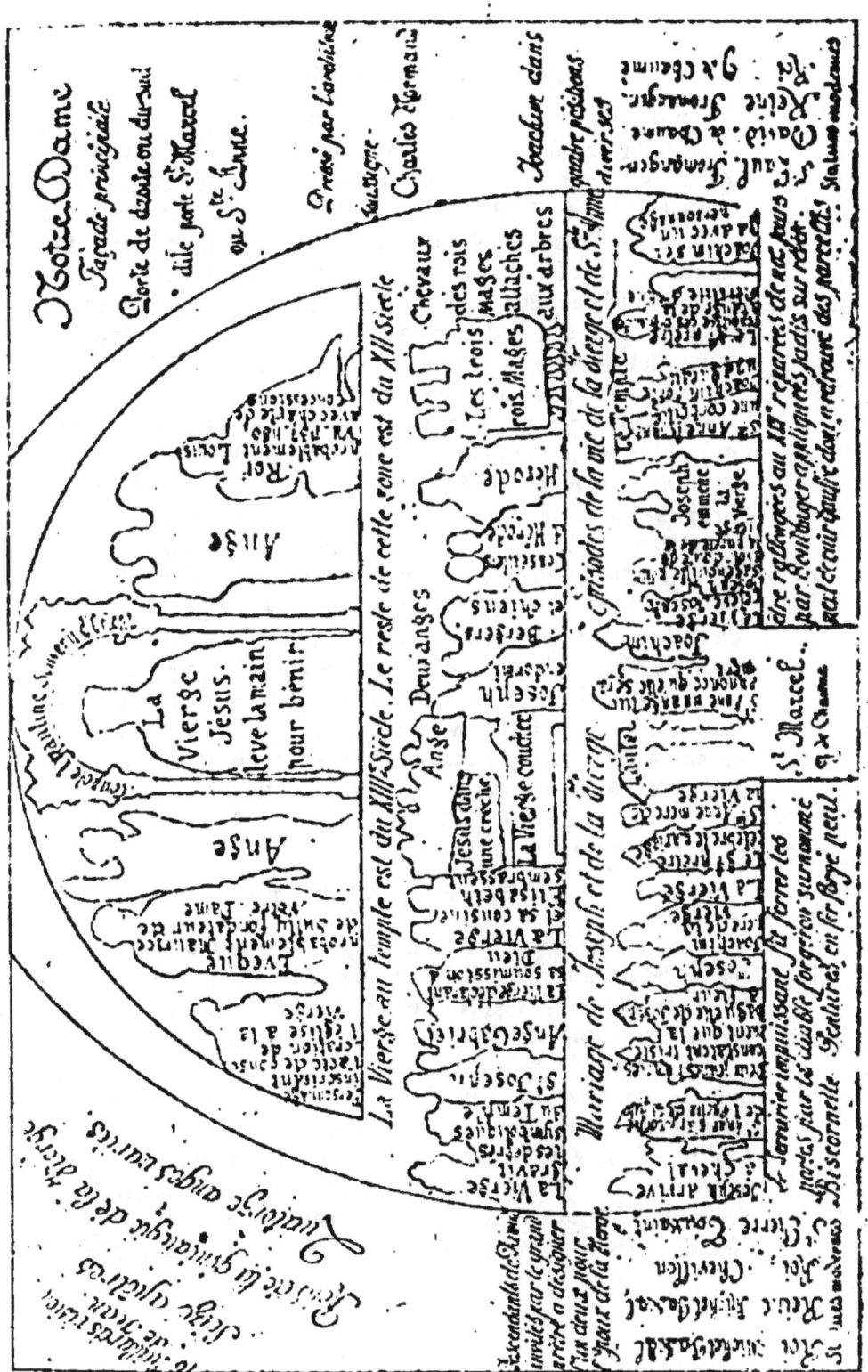

Fig. 16.

Toute cette façade est élevée sur un empâtement de libages, bien taillés et dressés, construits en roche ou liais, luxe rare dans les bâtiments du treizième siècle. **Le système de construction** présente des garanties de solidité particulières : la galerie des Rois et la grande galerie à jour sont de simples appliques n'ayant à supporter que leur propre poids. Des chaînages de fer coulés en plomb existaient à la hauteur de la galerie des rois, au-dessous et au-dessus de la grande rose, et au sommet des tours. Viollet-le-Duc ayant constaté combien ils avaient été atteints par l'oxydation, remplaça par des crampons de cuivre ceux en fer. Il estima que pour bâtir la partie de cette façade comprise dans l'intervalle des deux tours, il faudrait dépenser *dix-neuf millions*, et il en a publié le devis détaillé dans la remarquable *Revue de l'architecture* si bien dirigée par MM. Daly.

La Galerie des Rois forme au-dessus des portails une zone riche et solide ; elle est à 16 mètres au-dessus du sol, et fut élevée au plus tard en 1220 ; c'est un portique couvert par un plafond de dalles épaisses ; ses entre-colonnements ont été garnis à nouveau de vingt-huit statues modernes qui ont remplacé celles qu'on a détruites ; la plupart des écrivains y reconnaissent à gauche les rois d'Israël, à droite ceux de Juda. D'autres persistent à les considérer comme l'image des rois de France. Dans *Les XXIII manières de Vilain*, pièce du treizième siècle, un badaud se laisse voler sa bourse pendant qu'en montrant ces statues il s'écrie :

Voici Pépin et voilà Charlemagne.

Cette interprétation d'un contemporain paraît d'autant plus digne d'attention qu'une liste des rois de France se trouvait sur la façade. Une série de petits édifices, connus sous le nom de *Jérusalem céleste*, termine le haut des colonnes.

La Galerie de la Vierge, à 7^m,05 au-dessus, sous la rose, doit ce nom à la Vierge qui l'orne (voir p. 20). Ce n'est qu'une terrasse découverte, garnie d'une balustrade ; sur ses socles posée à droite la statue d'Ève, à gauche celle d'Adam, œuvre contemporaine qui remplace l'ancienne sculpture, datant du quatorzième siècle, qui fut portée du musée des Petits-Augustins dans les magasins de Saint-Denis. Au centre, la Vierge, accompagnée

Viollet-le-Duc del. — Pl. 17. — NOTRE-DAME. Galerie des Colonnes avec ses animaux.
Tête des contreforts à la hauteur de la grande galerie de la façade.
The Gallery of Columns.

d'anges, refaite au quatorzième siècle, jadis dorée (voir p. 20) et rétablie de nos jours d'après quelques parties anciennes.

La Rose centrale, la « Reonde verrière », comme disaient les architectes d'alors, est un chef-d'œuvre : il faut examiner de près ses admirables sculptures, jadis peintes et dorées (p. 20) ; c'est un des premiers essais de ce système de baie ; comme hardiesse de construction elle doit être également placée au premier rang, d'autant qu'elle a résisté admirablement à l'action du temps. Elle a 10 mètres de diamètre et seulement 18 centimètres d'épaisseur ; sa surface est de $71^m,50$ et son cube de pierre par mètre superficiel n'est que $0^m,146$! Le vitrail représente *la Vierge et l'Enfant Jésus entourés de Prophètes et d'Apôtres*. Restauré en 1738, tout ce vitrage est simplement posé *contre* la rose ; la pierre n'est qu'un châssis destiné à maintenir la vitrerie.

Une haute arcature, d'un effet brillant et léger, relie les tours avant de les laisser se dégager de la masse. C'est la **Galerie des Colonnes**, qui se trouve à $11^m,70$ de celle de la Vierge ; couverte par une terrasse que borde une balustrade où s'accoudent et d'où semblent s'élancer des démons ou des monstres en pierre (Voir la pl. 17) ; quelques fragments ont permis de reconstituer leurs fantastiques silhouettes. Là, se trouve une cour spacieuse, l'aire de plomb ou **cour des réservoirs**, près de laquelle une porte mène à la *salle du Bourdon* ; ici on peut contempler à son aise l'ange qui sonne de la trompette, fièrement campé sur le grand pignon qui clôt le comble de la nef.

De la plate-forme s'élèvent les **clochers**[1], percés d'immenses fenêtres doubles où les abat-son en métal ont remplacé de nos jours les auvents en charpente qui rongeaient les lignes d'architecture ; hautes arcades, ouvertes pour donner le vol au son des cloches renfermées dans leurs cages de pierre[2] : dans celle du sud, le célèbre et énorme *bourdon*, nommé Emmanuel, pièce

---

1. On y accède par un escalier dont la porte se trouve à gauche de la façade sur son retour, à l'angle nord-ouest. — Il y a 380 degrés à monter.
2. Delon : *Notre capitale Paris*, Paris, Maurice, 1889. Nous avons emprunté à ce livre, dont tant de pages sont animées de récits éloquents, plu urs de ses planches si exactes et si intéressantes.

haute de 2 m. 70, du poids de 15 000 kilogrammes, datée de 1683 : c'est le plus ancien de Paris. Il a eu pour ancêtres ceux de 1661, 1040, 1472 et 1400. A côté, on voit une autre cloche, provenant de Sébastopol, mais qui ne donne qu'un mauvais son. Dans la tour du nord se trouvent quatre cloches (1856). Entre les deux apparaît dans la perspective, pointant vers le ciel comme une aiguille, la **petite flèche** de bois, couverte de plomb, posée sur la croisée du transsept. Viollet-le-Duc l'a élevée à la place de celle du treizième siècle qui fut renversée ; des statues modernes, placées sur les quatre noues du bas de la flèche, sont en cuivre repoussé ; hautes de trois mètres, elles représentent les douze apôtres et les quatre symboles évangéliques. Son altitude est de 95 mètres au-dessus du sol ; elle pèse 750 000 kilogr.

De la **plate-forme des tours**, située à 67 m. 20 au-dessus du sol du Parvis, l'œil embrasse le panorama le plus admirable. La cathédrale s'y développe dans sa splendeur : son immense toiture en plomb, coulé de nos jours, est portée par une charpente en bois de chêne, nommée *la forêt* ; elle date du treizième siècle, comme le prouve, au dire de Guilhermy, un chapiteau qui existe encore au centre de la souche de l'ancienne flèche centrale.

Les tours devaient être couronnées de flèches ; le massif de maçonnerie qui occupe le centre de leur plate-forme en devait être la base. Mais il serait fâcheux de modifier par cette adjonction l'aspect si original et si pondéré de Notre-Dame.

Le pied des tours de Notre-Dame sert de point de départ pour compter les distances itinéraires sur les routes qui partent de Paris.

LA FAÇADE LATÉRALE DU NORD sur la rue du Cloître-Notre-Dame ne peut être bien vue que du haut de la *tour dite de Dagobert* (p. 77). On doit y remarquer la porte de la montée des tours, les gargouilles destinées au déversement des eaux, et le grand portail nord dit **Porte du Cloître**, parce qu'elle communiquait avec l'enceinte des maisons canonicales : de chaque côté de la rose, un ange (sculpture ancienne) sonne de la trompette. L'amortissement du pignon représente saint Landry (statue moderne). La statue de la Vierge qui orne le trumeau est célèbre par son expression gracieuse ; on a figuré sur les vitraux de *sa rose*, du treizième siècle, la vie et les miracles de la sainte Vierge. Au-dessous, dix-huit rois de France, dus à un artiste moderne, M. Gerente, représentent les bienfaiteurs de Notre-Dame.

Sur la première zone du tympan on a figuré la Nativité, la Présentation, la Fuite en Égypte; sur la seconde et la troisième, la légende du moine Théophile.

La **Porte rouge** a perdu les sculptures de ses ébrasements. Les uns ont vu dans les personnages du tympan Jean Sans-Peur

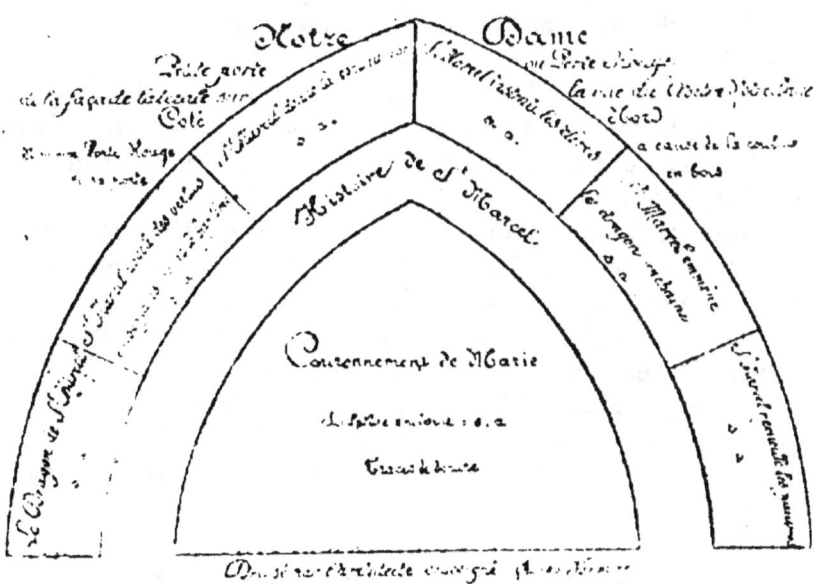

Fig. 18. — Notre-Dame de Paris : Explication du tympan de la Porte Rouge (façade nord). Les lettres *s. a.* désignent les sculptures qui sont anciennes. — Schéma dressé par l'auteur.

et Marguerite de Bavière, mais d'autres croient qu'ils représentent saint Louis et Marguerite de Provence. Cette porte est d'une suprême élégance.

Nous signalerons la remarque de M. de Guilhermy relative à l'un des bas-reliefs de la porte du cloître : un personnage est exposé sur une échelle de justice avec un écriteau sur la poitrine ; deux archers veillent au pied de l'échelle ; des spectateurs nombreux se tiennent sur la place ou regardent par les fenêtres des maisons voisines. Quelques lettres, encore visibles sur l'écriteau du patient, indiqueraient qu'il était puni pour avoir fait un faux serment. Le Père Du Breul (*Théâtre des antiquités de Paris*) raconte que Messieurs de Notre-Dame avaient une échelle de justice qu'on voyait encore de son temps à l'entrée de l'église. On la transportait, quand il y avait lieu, au Parvis, devant le grand portail; elle se terminait par une petite plate-forme où le patient était agenouillé, avec un écriteau contenant en deux mots son délit. Le bon Père Du Breul y vit une exposition vers le milieu du seizième siècle. C'était une manière de pilori. Le coupable y demeurait *longtemps mocqué et injurié du peuple*. Les moines de Saint-Germain des Prés avaient en leur église une échelle semblable, dont le Père Du Breul regrette fort la destruction; c'était, dit-il, « une belle remarque de la justice spirituelle et épiscopale de l'abbaye ».

Plusieurs auteurs croient pouvoir attribuer cette façade à la même époque que la **façade du sud**; ils en font honneur à l'architecte qui a eu la bonne idée de laisser son nom sur cette dernière. On y lit, en effet, dans le bas à gauche de la **Porte Saint-Marcel**, l'inscription latine suivante :

L'an du Seigneur 1257, le second jour des ides de février, ce portail fut commencé, en l'honneur de la sainte Mère du Christ, pendant la vie de maître Jéhan de Chelles, maître maçon.

o o o
ANNO. DNI. M. CC LVII. MENSE. FEBRVARIO. IDUS. SECUNDO. HOC.
FUIT. INCEPTUM. CRISTI. GENITCIS. HONORE : KALLENSI. LATHOMO.
VIVENTE. JOHANNE. MAGISTRO :

Sur cette façade sud, expliquée par les figures 19 et 20, on a retrouvé aussi des traces d'une décoration peinte.

INTÉRIEUR. — *La disposition primitive* était plus simple que celle d'aujourd'hui : pas de chapelle dans la nef ni au pourtour du chœur; les travées étaient disposées suivant une composition d'un esprit plus sévère; on peut encore s'en faire une idée, car les deux arcades les plus voisines du chœur ont conservé cette disposition première.

Pour la partie inférieure, voir le dessin explicatif n° 20 (p. 43).

Pl. 19. — Portail dit de Saint-Étienne ou des Martyrs, d'après un schéma dressé par l'auteur. — SOUTH FRONT. — Portal of Saint-Stephen.

L'église comporte cinq nefs. Elle est dépouillée aujourd'hui de ses anciens souvenirs. A gauche en entrant, on voit encore une

Notre-Dame. — Porte Saint-Étienne, partie inférieure sur le quai de l'Archevêché.

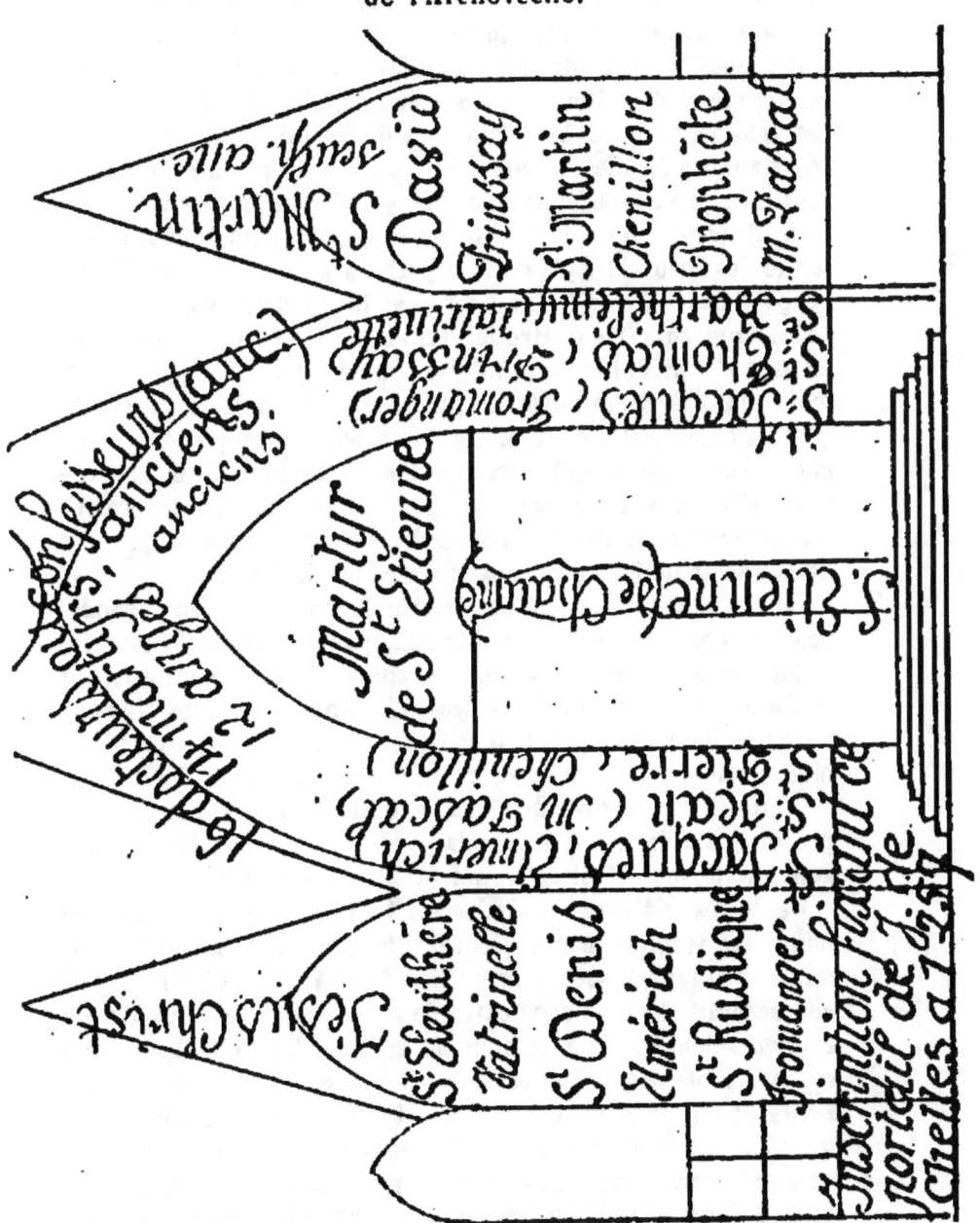

Fig. 20. — *Façade sud* ou sur le quai de l'Archevêché. — Partie intérieure. — Schéma explicatif dressé par l'auteur.

tombe ancienne, celle d'Yver, dressée contre le mur; derrière le chœur on a déposé la statue de Matifas de Buci. Nous n'insisterons pas sur les autres œuvres, car notre plan donne tous ces renseignements de la façon la plus complète. Mais autrefois Notre-Dame renfermait une **riche décoration intérieure.**

« A droite en entrant, adossée au premier pilier, il y a, écrivait Vignati en 1517 dans le mémoire, jusqu'ici inédit, que m'a communiqué M. Beltrami, conseiller municipal de Milan, la statue colossale, en marbre blanc très fin, de saint Christophe avec Jésus sur les épaules »; elle resta appuyée au premier pilier de droite jusqu'en 1786; « dans le côté gauche du transsept, en entrant dans le chœur, il y a (toujours en 1517) une horloge qui sonne les heures, après avoir joué, avec des petites cloches proportionnées, une *Salve Regina* ». En 1792 on voyait encore une statue équestre contre le dernier pilier sud de la nef. Pour les uns c'était Philippe de Valois, pour d'autres Philippe le Bel, mais son intérêt était de nous montrer un harnois de guerre du quatorzième siècle, dont il ne reste plus d'exemple. Il y avait encore un jubé magnifique, des tombes antiques, un maître-autel splendide. Les drapeaux enlevés par les armées françaises étaient suspendus au niveau des galeries hautes, mais ces preuves de la valeur nationale étaient enlevées pendant la paix.

Le cierge votif de 1357 fut voté par la Prévôté des marchands, pendant l'absence du roi Jean le Bon, pour conjurer l'anarchie, la famine et l'invasion, « laquelle chandelle a esté mise en un roulleau de bois estant assiz dessus le pepistre ». Cette offrande annuelle devait avoir en longueur l'étendue du circuit de la capitale, soit de 5795 mètres, ce qui, au dire de M. Bonnardot, en fait un rat-de-cave de 3 ou 4 millimètres de diamètre. Le prévôt François Miron le remplaça en 1605 par une lampe d'argent, en forme de vaisseau, qui fut fondue en 1793.

De belles clôtures, d'admirables boiseries, cinquante *stalles* hautes et vingt-six bancs décorent le chœur. Louis XIII avait mis son royaume sous la protection de la Vierge et déclaré qu'il consacrerait dans le sanctuaire de Notre-Dame le souvenir de ce vœu solennel. D'où le nom de **vœu de Louis XIII,** donné à cet ensemble des boiseries, des sculptures et du dallage, que Louis XIV fit exécuter de 1699 à 1714. Il en faut reconnaître la grandeur et la magnificence, bien qu'il ait coûté le sacrifice de ce que l'ancien chœur contenait de plus vénérable; il n'en reste plus qu'une partie. Sur les **stalles** et chaires épiscopales, œu-

Pl. 21. — NOTRE-DAME. STALLES DU CHŒUR
faisant partie de la décoration dite Vœu de Louis XIII.
STALLS OF THE CHOIR.

vres de Jean Nel et L. Marteau, on a représenté la Vie de la Vierge et des figures allégoriques.

Des tableaux décoraient le pourtour du chœur ; ils ont été portés au Louvre. On les surnommait **les Mais**, parce que chaque année, au mois de mai, la corporation des orfèvres offrait un de ces tableaux.

Jadis le chœur était entièrement fermé, en avant, par un jubé détruit au dix-huitième siècle par le cardinal de Noailles; on en a retrouvé des fragments. Une clôture en pierre, détruite aujourd'hui, s'élevait au pourtour de l'abside; on y a sculpté des sujets du Nouveau Testament, dont la coloration a été restituée. Comme la date en est certaine, on peut se rendre ici un compte exact des modifications de l'art en passant du treizième siècle, qui a laissé sa marque dans la partie septentrionale, au quatorzième, dont on voit les sculptures dans la portion sud.

Le 16 mars 1711, la construction d'un caveau fit découvrir sous le sanctuaire les restes de la partie orientale du rempart romain qui entourait Lutèce. On y recueillit neuf pierres et une inscription connues sous le nom d'**Autel des Nautes**; on peut voir au Musée de Cluny ces figures de dieux gaulois et romains; l'inscription expose que les nautes parisiens élevèrent le monument sous Tibère, quatre autres bas-reliefs furent aussi découverts : sur l'un d'eux on lit le nom d'une divinité gauloise CERNVNNOS. (Voir les *Notes*.)

Le Père Du Breul (*Théâtre des antiquités de Paris*) cite, pour mieux exprimer les dimensions de Notre-Dame, les vers suivants, écrits dans un tableau qui était pendu dessous et près l'image saint Christophe, à l'entrée de l'église :

> Si tu veux sçauoir comme est ample
> De Nostre-Dame le grand temple :
> Il a dans œuure, pour le seur,
> Dix et sept toises de haulteur,
> Sur la largeur de vingt et quatre :
> Et soixante-cinq sans rabattre,
> A de long. Aux tours hault montées
> Trente quatre sont bien comptées,
> Le tout fondé sur pilotis[1],
> Ainsi vray que ie te le dis.

1. Renseignement erroné. — Ses dimensions dans œuvre sont : longueur 127 mètres, largeur 48 mètres, hauteur 34 mètres.

Notons encore huit fenêtres hautes de la nef qui sont modernes et dues à Coffetier.

HISTOIRE DE LA CONSTRUCTION DE NOTRE-DAME. — La cathédrale de Paris, qui se trouvait primitivement dans les alentours de la montagne Sainte-Geneviève, était établie dans la Cité dès la fin du sixième siècle; elle était adossée, ainsi que le palais épiscopal, aux murs gallo-romains : cet édifice occupait la plus grande partie de la place du Parvis; des fouilles faites en 1699, 1711, 1756, 1774, 1847 (voir le plan fig. 6), en ont fait retrouver les restes; le mur occidental s'élevait à 35 mètres environ en avant de la façade actuelle; l'extrémité orientale, que l'on n'a pu mettre à découvert, paraît avoir abouti aux portes de la façade. Suivant les savantes et toutes récentes recherches de M. Mortet, elle était désignée sous le multiple vocable de Notre-Dame, de Saint-Étienne et de Saint-Germain.

Du septième au douzième siècle l'histoire est confuse : on ne sait jusqu'à quelle époque subsista cet édifice, s'il fut remanié, et quoiqu'on l'ait souvent écrit, il ne paraît pas à M. Mortet que les Normands aient brûlé la cathédrale; les vers de Fortunat ne semblent pas être la description de la cathédrale (voir Saint-Germain des Prés). Une reconstruction, probablement partielle, eut lieu dans le premier quart du douzième siècle, sur le même emplacement, et Suger, abbé de Saint-Denis, fit don d'un vitrail destiné à cet édifice.

Par des chartes de 1164 et 1173 l'évêque Maurice de Sully fit l'acquisition de maisons dont la destruction était nécessaire pour ouvrir la rue Neuve-Notre-Dame en face de l'édifice actuel qu'il allait construire. Quelques-uns ont soutenu que cet évêque n'a fait que continuer un édifice commencé par ses prédécesseurs. Mais il est hors de doute que ce fut bien lui qui entreprit l'édifice actuel, en commençant par le chœur, sur l'emplacement duquel devait se trouver, sans doute, l'église Saint-Étienne. Deux chroniques, en 1175 et 1182, constatent que la reconstruction de la cathédrale a été commencée par Maurice de Sully, et s'il ne put la terminer, il en bâtit au moins les parties essentielles. Les exigences croissantes du culte et l'ambition des grandes choses durent être son mobile pour élever un édifice digne de la Capitale sur l'emplacement de l'ancienne église Notre-Dame, et sur celui de Saint-Étienne le Vieux, qui dès 1110 tombait en ruines. Les travaux durent commencer entre 1160 et 1170. Un témoignage unique du quatorzième siècle établit seul que la première pierre a été posée par le pape Alexandre III entre le 24 mars et le 25 avril 1163.

La construction commença par le chœur. En 1177, « le chevet en est déjà terminé, moins le grand comble », nous dit un texte de Robert du Mont, un des plus précieux qui nous soient arrivés sur cette construction, suivant son savant éditeur, M. L. Delisle. Le 19 mai 1182, Henri de Château-Marcay, légat du Saint-Siége, et Maurice de Sully consacrent le maître-autel. Le patriarche de Jérusalem Héraclius officie dans le chœur en 1185, et l'année suivante on ensevelit le comte de Bretagne devant le maître-autel. C'est à cette époque qu'un legs fut fait pour les stalles du chœur, et un autre pour ses vitraux, qui subsistèrent jusqu'en 1741.

Tandis que le chœur s'achevait, on travaillait à la nef, qui devait être bien près de son achèvement en 1196, quand Maurice de Sully légua cent livres, mais non cinq mille, comme on l'écrit, pour les frais d'une couverture en plomb.

Il est possible qu'à la mort de Maurice ni le portail ni les tours ne fussent encore élevés et que la nef n'avançait pas au delà de la deuxième travée en avant des tours. Toutefois le tympan de la porte Sainte-Anne affecte le caractère du douzième siècle, soit que ses sculptures proviennent d'un édifice antérieur, soit qu'il ait été élevé dans la première moitié du douzième.

Il est certain qu'en 1208 les portes existaient, comme le prouve un acte signalé par M. Mortet. En 1218 on démolit Saint-Étienne le Vieux, qui occupait l'emplacement du portail sud.

Un incendie détruisit en 1240 les parties supérieures. On refit alors les fenêtres hautes, et en 1245 on éleva le jubé, détruit en 1725, dont Viollet-le-Duc a retrouvé des fragments. Une inscription du portail de la façade sur la Seine enseigne que Jean de Chelles rééditia cette partie en 1257. Des modifications furent également apportées au plan primitif, en 1270 et 1296, par la création de chapelles dans la nef et au pourtour du chœur, comme l'établissent les legs de Jean de Paris et de Simon Matifas de

Buci. Le 10 avril 1302, les États généraux se réunissent dans la cathédrale, à laquelle le chanoine P. de Fayel donne deux cents livres, en 1303, pour la clôture du chœur, que commence en 1319 le *maçon* maître Jean Ravy et que Jehan le Bouteiller achève en 1351.

En résumé ce monument aurait été construit de 1197 à 1230 environ.

(*Voir les noms des architectes aux Notes et éclaircissements.*)

HISTOIRE DU VANDALISME A NOTRE-DAME. — Au quatorzième siècle, la cathédrale présentait l'aspect d'un monument complet, bien que de 1230 à 1245 on ait déjà altéré le caractère grandiose et simple du monument primitif par des créations nouvelles, remarquables il est vrai : les hautes fenêtres de la nef viennent alors remplacer les petites fenêtres qui donnaient tant de fermeté à sa partie supérieure, comme on peut encore le constater par celles qui ne furent pas altérées; on les trouve dans la travée de la nef la plus rapprochée du chœur. Le mur supérieur du chœur et celui de la nef furent exhaussés. La flèche en bois fut élevée à la croisée du transsept. On établit, de 1240 à 1250, des chapelles décorées de pignons entre les contreforts de la nef et du chœur. On dut alors démolir les transsepts que la nef débordait, et les avancer d'une travée; Jean de Chelles en fut chargé en 1257, comme l'indique l'inscription du portail méridional.

Les chapelles qui entourent le rond-point de l'abside datent de 1324.

Le quinzième siècle ne put rien ajouter à toutes les adjonctions dont Notre-Dame était surchargée. — Avec le dix-huitième siècle le vandalisme commence. En 1699 la décoration actuelle remplace les bas-reliefs, les stalles, les autels et les tombes d'évêques. En 1725 le jubé est détruit, remplacé par des autels de marbre. On badigeonne l'intérieur de la cathédrale, on remplace les gargouilles par des conduits de plomb, on reconstruit la rose et le pignon du transsept méridional en modifiant leurs profils et leur décoration extérieure.

En 1741, enlèvement des vitraux de la nef, en 1753, ceux du sanctuaire, puis, ceux des chapelles. Soufflot détruit en 1771 le trumeau et une partie des admirables bas-reliefs de la porte centrale, afin de faciliter le passage des processions. Il avait déjà remplacé en 1756 une partie de l'ancien archevêché du douzième siècle, à laquelle il avait substitué une sacristie; celle de Viollet-le-Duc lui a succédé. En 1772 le chapitre fit refaire une partie des bas-reliefs des portes de la façade occidentale. De 1700 à 1775 on plaque de marbre du Languedoc la base des piliers intérieurs, qu'on retaille à cet effet. Boulland remplace en 1773 les saillies des contreforts des chapelles méridionales par un mur lisse plaqué de dalles. Nouveau badigeonnage en 1780 et destruction de la statue de saint Christophe. En 1787, Parvy supprime de la façade occidentale toutes les gargouilles et saillies décoratives des contreforts, afin d'y accoler des dalles. La révolution de 1793 renverse les statues de rois, les sculptures, livre à la fonte les tombes en cuivre et le trésor, fait des balles avec le plomb qui recouvrait la flèche en bois de la croisée.

« Déjà dit de Guilhermy, les années 1773 et 1787 virent dégrader de la manière la plus déplorable, sous prétexte de restauration, le mur méridional des chapelles de la nef, les arcs-boutants du chœur, les parties supérieures de la façade occidentale. On était encore à l'œuvre, quand éclata l'orage qui menaça la cathédrale d'une destruction complète. Il faut le dire cependant, un certain ordre fut maintenu jusque dans la dévastation. Les mêmes hommes qui arrachaient des portails et des niches toutes les grandes figures qu'on leur avait signalées comme rappelant des souvenirs monarchiques, ont respecté les voussures et les tympans qui ne contiennent que des personnages sacrés. On fit valoir, pour sauver ces admirables modèles, des considérations astronomiques et même mythologiques; elles obtinrent un succès que n'aurait jamais eu alors l'appel le plus éloquent à la vieille foi de la population parisienne. Au mois d'août 1793, un arrêté de la commune décida que sous huit jours les *gothiques simulacres* des rois au portail de Notre-Dame seraient renversés et détruits, ainsi que les effigies religieuses en marbre ou en bronze. Le conseil municipal réitéra cette prescription au mois de brumaire de l'an II, ordonnant la suppression immédiate de tous les saints du portail. Mais le citoyen Chaumette réclama en faveur des arts et de la philosophie; il sut se faire entendre de ses fanatiques collègues, en leur affirmant avec vivacité que l'astronome Dupuis avait trouvé son système planétaire dans une des portes collatérales de l'église. Le conseil décréta donc que le citoyen Dupuis serait adjoint à l administration des travaux publics, afin de conserver les monuments dignes d'être connus de la postérité. L'intervention de Dupuis a sauvé ce qui restait. »

En 1809, 1812, 1813, 1818, 1820, 1840, divers travaux de détail y sont entrepris. En 1831, dans une tourmente populaire, l'archevêché est mis à sac, et trois voûtes du triforium sont enfoncées par la chute de la grande croix du chevet.

Lassus et Viollet-le-Duc furent chargés, de 1843 à 1850, d'entreprendre des travaux de restauration et d'entretien poursuivis par Viollet-le-Duc seul de 1850 à 1874, puis par MM. Bailly et Devrez.

A l'angle nord-ouest (voir le plan de Notre-Dame) se trouvait une petite église de forme ronde, dédiée à *saint Jean le Rond ;* c'était le baptistère de la cathédrale ; datant du treizième siècle, il fut détruit en 1748; en novembre 1717, un enfant fut abandonné sur ses marches : la femme d'un vitrier vint sauver ce *Jean le Rond d'Alembert,* le grand écrivain, géomètre et encyclopédiste dont l'esprit humain allait s'honorer.

La sacristie moderne (voir les indications portées sur le plan), qui a succédé à celle de Soufflot, renferme des pièces curieuses connues sous le nom de *trésor.*

Le trésor de Notre-Dame était autrefois célèbre par la foule des objets du plus haut prix dont les plus grands personnages l'avaient enrichi. La première révolution, puis celle de 1831, causèrent un dommage irréparable. Il contient aujourd'hui la sainte couronne d'épines rapportée par saint Louis, une relique de la vraie croix, la croix Palatine, le Saint Clou, des objets d'orfèvrerie religieuse datant de Napoléon Ier, Louis XVIII et Louis-Philippe. On voit dans la salle capitulaire des souvenirs des archevêques, Mgrs Affre, Sibour et Darboy.

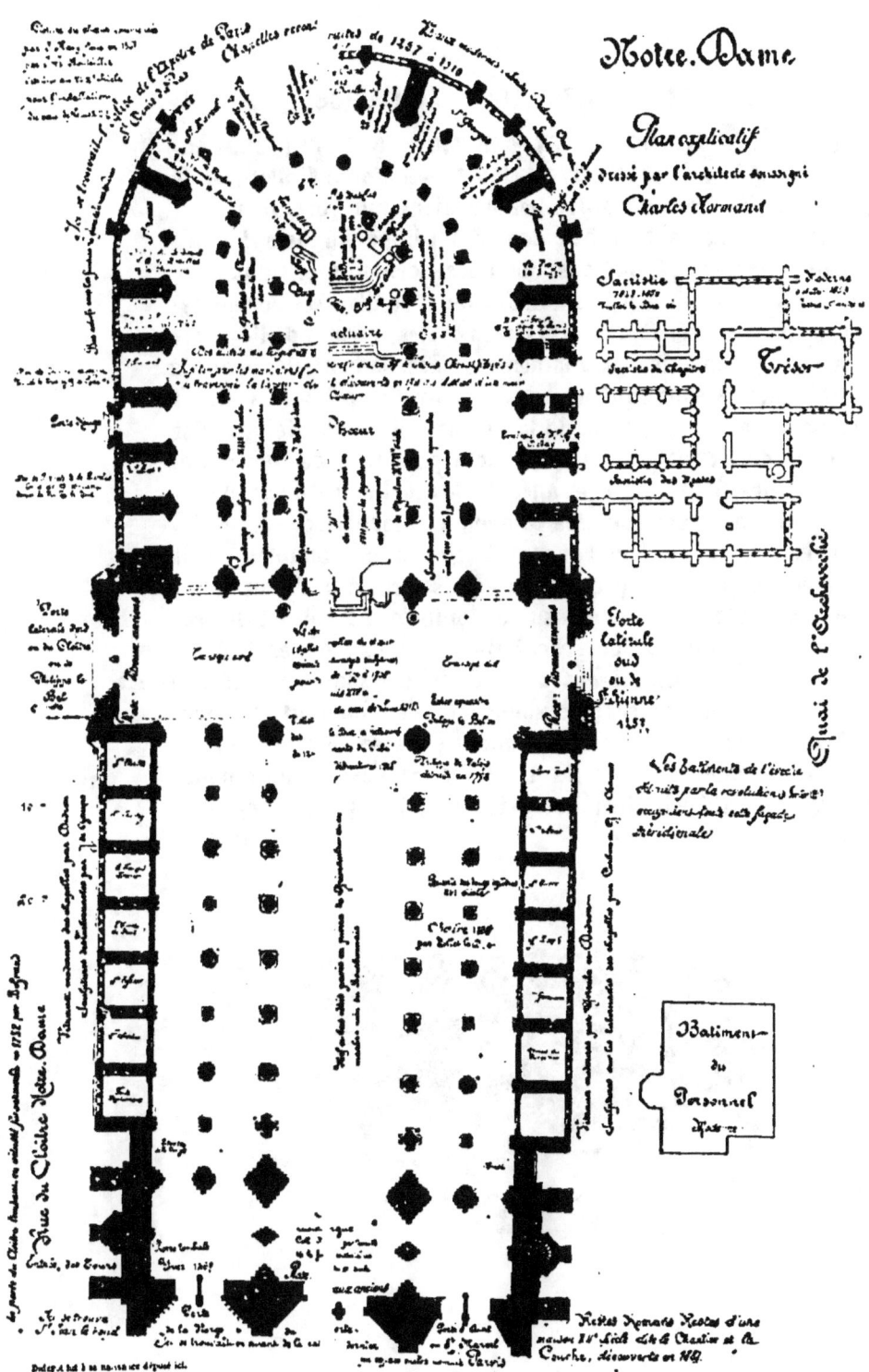

PL. 72-73. — PLAN EXPLICATIF DE NOTRE-DAME dressé par l'auteur. — EXPLANATORY PLAN OF NOTRE-DAME

SOUVENIRS HISTORIQUES ET CÉRÉMONIES PUBLIQUES ACCOMPLIES DANS L'ÉGLISE NOTRE-DAME. — Comme Viollet-le-Duc l'a écrit, si les piliers de Notre-Dame avaient une voix, ils raconteraient toute notre histoire, depuis Philippe Auguste jusqu'à nos jours. Mariages, baptêmes, obsèques, serments et vœux éternels, bientôt démentis par d'autres vœux et d'autres serments; fêtes populaires, sacres de rois, fêtes royales, chants d'allégresse et de deuil; apologies et anathèmes; casernement des troupes de la Ligue, oraisons funèbres des rois ou de prolétaires tués à l'attaque de la Bastille, culte de la déesse Raison; la vieille église a vu tout cela et fut un abri protecteur pour tant de misères et de splendeurs, pour les espérances et les malheurs de la population parisienne. Laissons les catafalques mortuaires et les décorations nuptiales pour songer aux jours inoubliables de la Commune de 1871. Un prétendu commissaire, qui n'avait même pas le mandat de l'autorité insurrectionnelle, fit enlever le trésor; on put le faire réintégrer. Mais quand les troupes fédérées se retirèrent, elles allumèrent un incendie dans le chœur où l'on avait entassé des chaises; personne ne s'en aperçut. Pendant plusieurs jours le feu couva lentement sans se développer. Un fédéré qu'on allait fusiller au Luxembourg révéla l'imminence du danger à l'abbé Riche; Notre-Dame était sauvée, et cet *ami des monuments* fut gracié.

ESSAI D'UN RÉSUMÉ CHRONOLOGIQUE

DE

L'HISTOIRE DE NOTRE-DAME

Règne de Tibère, mort en 37 de J.-C.	Des bateliers élèvent sur l'emplacement du chœur un autel à Tibère, retrouvé en 1711.
Fin du sixième siècle.	La cathédrale de Paris s'étend sur la place du Parvis; on la désigne sous le multiple vocable de Notre-Dame, Saint-Étienne, Saint-Germain.
1109.	Ansel ou Anseau, Parisien de nation, envoie un fragment considérable de la Sainte Croix.
Premier quart du douzième siècle.	Reconstruction partielle.
1131.	Louis le Gros fonde une rente annuelle de dix livres pour la toiture de Notre-Dame.
1140.	Suger donne un vitrail.
1142.	L'archidiacre Étienne de Garlande répare l'église.
Entre 1160 et 1170.	Commencement des travaux de la cathédrale actuelle.
Louis VII (1137-1180).	Ce roi accorde deux cents livres pour l'entreprise de la construction. Entre autres dons, Guillaume des Barres en donne cinquante : Gentil, mort en 1185, neveu du pape Alexandre III, donne deux marcs d'argent.
Entre le 24 mars et le 25 avril 1163.	Le pape Alexandre III pose la première pierre de l'édifice actuel.

1164 et 1173.	Maurice de Sully achète des maisons nécessaires au percement de la rue Neuve-Notre-Dame.
1175 et 1182.	Des chroniques constatent à cette date la reconstruction de la cathédrale par Maurice de Sully, « moins des libéralités d'autrui que des revenus de sa mense », dit un témoin oculaire, le chroniqueur d'Anchin.
1177.	Le chevet est terminé, sauf le grand comble.
19 mai 1182.	H. de Château-Marcay, légat du Saint-Siège, et Maurice de Sully consacrent le maître-autel.
1185.	Héraclius, patriarche de Jérusalem officie dans le chœur. Legs pour les stalles du chœur. Legs pour les vitraux.
19 août 1186.	Inhumation, dans le chœur, de Geoffroy, comte de Bretagne.
15 mars 1190.	Inhumation, dans le chœur, de la reine Éléonore.
1196.	Maurice de Sully lègue cent livres pour les frais d'une couverture en plomb, et non cinq mille (*Gallia christiana*, t. VII, col. 77).
1198.	Eudes de Sully réglemente la fête des Fous.
1198.	Un statut parle d'orgues pour la célébration de l'office à Notre-Dame.
1208.	Les portes de la façade principale sont terminées.
1209.	Les amendes encourues par les *chéreciers* (gardiens du trésor) seront appliquées à l'œuvre de Notre-Dame ou à celle de l'Hôtel-Dieu ; cette institution ne paraît pas être nouvelle à cette date.
1218.	Démolition de Saint-Étienne-le-Vieux.
Jeudi saint 1229.	Raymond, comte de Toulouse, est reçu *à pénitence*, en chemise, hauts-de-chausse et pieds nus, en pénitence de l'aide qu'il avait prêtée aux Albigeois.
18 août 1239.	Cérémonie en célébration de l'arrivée à Paris des Saintes Reliques.

1240.	Incendie qui détruit les parties supérieures ; réfection des fenêtres hautes et du système des travées de la nef.
1245.	Construction du jubé, détruit en 1725, et des chapelles de la nef.
1248.	Saint Louis vient prendre à Notre-Dame, pour la croisade, le *bourdon* et *l'escharpe du pellerin*.
Second jour des Ides de février 1257.	Commencement des travaux du portail sud, sur la Seine, dit de Saint-Étienne, par le maître maçon Jehan de Chelles. Terminé peut-être par Étienne ou Pierre de Bonneuil, qui travaillait en 1270, à la cathédrale. La *Porte rouge* fut peut-être bâtie à la même époque.
1270.	Jean de Paris fait un legs pour les chapelles de la nef.
1296.	Simon Matifas de Buci fonde trois chapelles de l'abside.
10 avril 1302.	Réunion des États généraux dans la cathédrale.
1303.	P. de Fayel donne deux cents livres pour la clôture du chœur.
18 août 1304.	Philippe le Bel entre tout armé, monté sur son cheval de bataille qu'il laisse dans l'église.
1313-1320.	Construction du portail nord, sur la rue du Cloître, par Pierre de Chelles, avec une part du produit de la confiscation des biens des Templiers.
9 sept. 1316.	A cette époque, Pierre de Chelles est cité dans des pièces des archives de la cathédrale de Chartres comme maître de l'œuvre de la cathédrale de Paris.
1319.	Maistre Jehan Ravy, qui fut maçon de Notre-Dame pendant vingt-six ans, commence les sculptures du chœur.
1351.	Jehan Lebouteillier achève les *Histoires*, sculptures commencées par J. Ravy.
14 août 1357.	Les habitants viennent offrir une chandelle (ou mèche de cire) « qui a longueur du tour de la ville », afin de chasser le trouble et l'anarchie

RÉSUMÉ CHRONOLOGIQUE. 65

2 sept. 1370.	Raymond du Temple est maître maçon juré de la cathédrale.
1400.	Jean de Montagne donne une cloche nommée Jacqueline et pesant 15 000 livres.
18 avril 1402 au 4 fév. 1415.	Jehan du Temple, dit le jeune, remplace son père comme maître de l'œuvre.
1413.	Antoine des Essarts, ayant rêvé dans sa prison que saint Christophe rompait ses chaînes, fit élever, dès qu'il fut en liberté, une statue colossale de Saint-Christophe près du second pilier, du côté de l'occident. Vis-à-vis il fit faire sa statue. Une solive, tombée d'un échafaudage établi pour la réparation du buffet d'orgues, cassa, dans sa chute en 1586, la tête de la statue, qui fut abattue peu après.
1434.	Henri VI, roi d'Angleterre, est couronné, à l'âge de dix ans, roi de France.
1436.	*Te Deum*, en mémoire de la reprise de Paris par les Français.
	Les membres de la *Ligue* jurent de prendre les armes contre le roi.
1440.	Raguer, chanoine, fait réparer les orgues à ses dépens.
1490.	Un certain Jean Langlois arrache furieusement l'hostie des mains du prêtre.
	Au seizième siècle, grandes processions afin de lutter contre les progrès de la Réforme.
1568.	Philibert de l'Orme donne des devis pour les réparations à faire à Notre-Dame.
1569.	Il fait exécuter ces travaux.
18 août 1572.	Mariage de Marguerite de Valois avec Henry de Bourbon, roi de Navarre.
1582.	Prêche du cardinal de Lorraine contre la Réforme.
1605.	Le prévost François Miron remplace le cierge votif de 1357 par une lampe d'argent.
1622.	Le siége de Paris, jusqu'alors évêché suffragant de Sens, est érigé par Grégoire XV en archevêché.

1680.	Le chapitre refait la cloche de 1400, refondue encore en 1681 par Florentin Leguay.
20 avril 1682.	Mgr François de Harlay reçoit Louis XIV et Marie Thérèse qui vont être parrain et marraine de la fameuse cloche.
1698.	Jules Hardouin Mansart donne les dessins d'un nouveau maître-autel.
1699	Fouilles.
1699 à 1714.	Exécution du *vœu de Louis XIII* et décoration du chœur par S. de Goulon, de Cotte, L. Marteau, S. Noël Vassé.
1er juillet 1709.	La foudre tombe sur la tour nord, effleure le grand autel, traverse la chapelle de la Vierge.
16 mars 1711.	Établissement, sous le chœur, d'une crypte réservée aux archevêques; les fouilles font découvrir des fragments romains (voir l'an 37).
1716.	D'Alembert est abandonné sur les marches du baptistère de Notre-Dame, qui lui laisse son nom de Jean le Rond.
1725.	Restauration de la rose du portail de la façade latérale sud. Destruction du jubé.
1728.	Des voleurs simulent un écroulement des voûtes et mettent à profit le tumulte.
1730.	Thierry et Lesclope donnent à l'orgue un supplément de 1400 tuyaux.
1738.	Restauration de la rose de la façade principale.
1741.	Enlèvement des vitraux anciens des fenêtres de la nef.
1748.	Destruction du baptistère de Notre-Dame dit *Jean le Rond*, construit au treizième siècle.
1753.	Enlèvement des vitraux du sanctuaire et des chapelles.
1756.	Soufflot construit la sacristie à laquelle a succédé la sacristie actuelle.
1756.	Fouilles.
1766.	Établissement, sous la nef, d'une crypte des chanoines.

RÉSUMÉ CHRONOLOGIQUE.

1769-1775.	On revêt les piles intérieures en marbre du Languedoc.
1771.	Soufflot exécute la délibération du chapitre en détruisant le trumeau qui divisait en deux la porte centrale, et remplace par une arcade en tiers point le linteau représentant la Résurrection.
1772.	Le chapitre refait une partie des bas-reliefs des portes de la façade principale; on change le dallage de la nef, qui présentait un nombre considérable de tombes gravées.
1773.	Boulland remplace les saillies des contreforts par un mur lisse plaqué de dalles.
1774.	Fouilles.
1780.	Badigeonnage général. Destruction de la statue de saint Christophe.
1784.	Clicquot agrandit l'orgue.
1785.	La cloche est corrigée et considérablement augmentée.
1786.	Destruction de la statue de saint Christophe.
1787.	Mutilations diverses par Parvy; suppression des gargouilles et saillies de la façade occidentale; placage de dalles.
18 mai 1788.	Réception du grand orgue (voir 1108, 1440, 1730, 1784).
1792.	Destruction de la statue représentant Philippe le Bel ou de Valois.
Août 1793.	Arrêté de la Commune décidant la destruction des statues du portail.
1793.	Destruction de la statue de la Vierge au portail de la Vierge.
1793.	Destruction de la lampe d'argent de 1605.
Brumaire an II.	Confirmation de l'arrêté d'août 1793. Chaumette et Dupuis sauvent les sculptures de la façade.
18 avril 1802.	Rétablissement du culte par une fête solennelle en l'honneur du Concordat.
2 déc. 1804.	Le pape Pie VII sacre Napoléon Ier.

1809.	Travaux de détail.
1812.	Travaux de détail.
1813.	Travaux de détail : réparation de l'orgue.
17 juin 1816.	Mariage du duc de Berry.
1818.	Installation au trumeau du portail de la Vierge d'une statue de la madone provenant de Saint-Aignan. Travaux de détail.
1820.	Travaux de détail.
4 février 1831.	Destruction de l'archevêché par le peuple.
1840.	Travaux de détail.
30 juillet 1842.	Translation solennelle des restes mortels du duc d'Orléans.
1843-1850.	Construction de la sacristie
1843-1856.	Lassus et Viollet-le-Duc restaurent Notre-Dame.
1847.	Fouilles sur la place du Parvis, à la base de Notre-Dame, dirigées par Th. Vacquer et A. Lenoir.
1848.	Enlèvement de la statue du trumeau du portail de la Vierge installée en 1818.
30 janvier 1853.	Mariage de Napoléon III.
1856-1874. 1886.	Viollet-le-Duc restaure seul Notre-Dame. Abadie, A.-N. Bailly, puis Devrez lui succèdent comme architectes. Voir le détail de ces réfections aux diverses parties décrites.
Mai 1871.	La Commune allume un incendie, heureusement combattu avant qu'il ne se soit développé.
1881.	Découverte des restes de maison romane à l'angle sud-ouest de Notre-Dame.
1889.	Travaux au portail sud de la façade latérale sur la Seine.

TRIBUNAL DE COMMERCE

occupe tout l'îlot limité par le boulevard du Palais, le quai Desaix et le Marché aux Fleurs. Dans ce palais sont installés les services ressortissant à la justice commerciale. L'architecte A.-N. Bailly éleva ces constructions de 1859 à 1864, pour 6 757 816 francs,

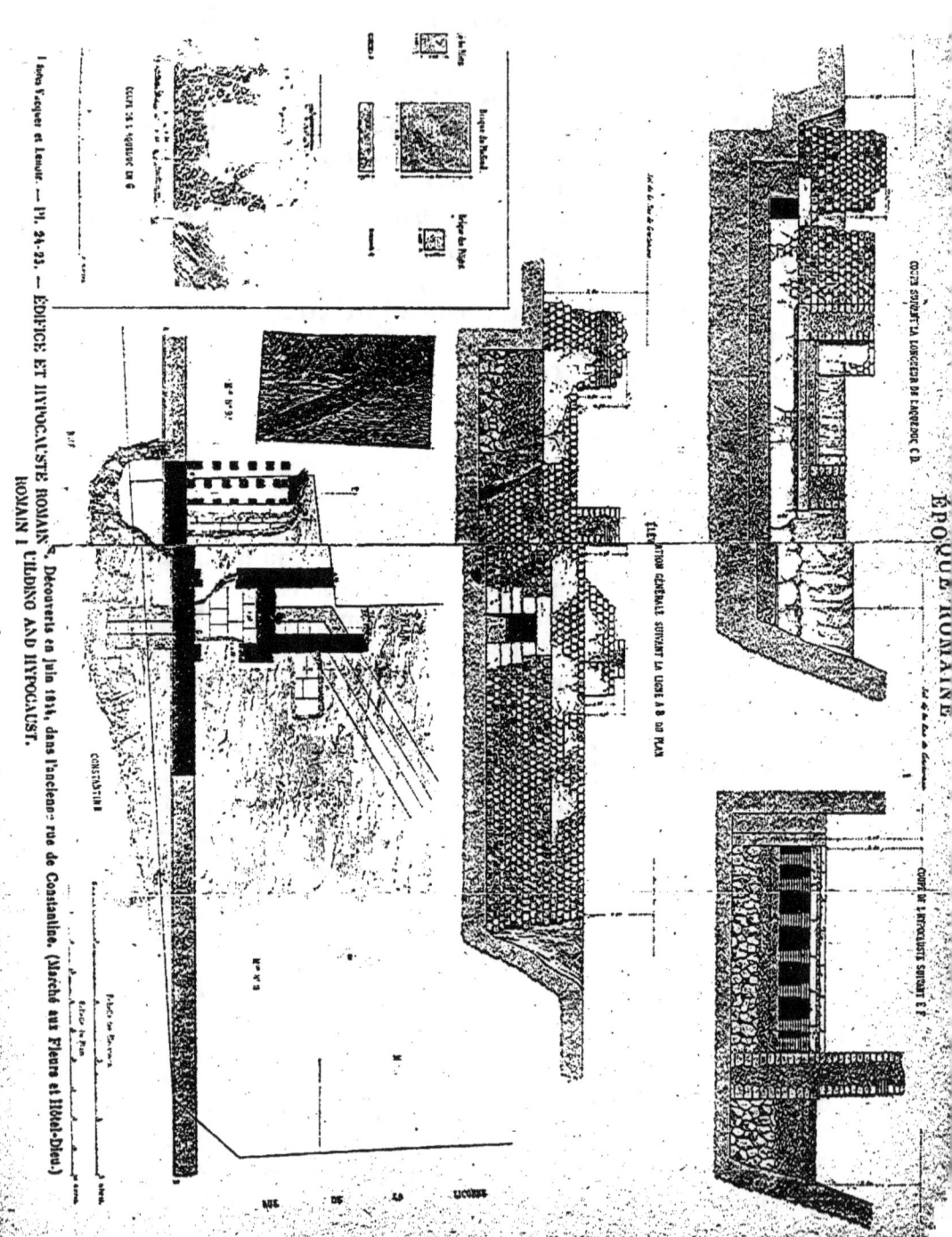

y compris l'acquisition des terrains. Les fouilles de 1860 y firent découvrir des fragments gallo-romains, fûts de colonnes et sculptures conservés au Musée de Cluny (n°ˢ 23-24). L'édifice est construit en partie sur l'emplacement des églises *Saint-Barthélemy* et *Saint-Pierre des Arcis* ; on en a retrouvé les ruines en creusant les fondations, l'une des grandes difficultés de l'entreprise : il fallut enlever des gravois séculaires, les restes des édifices antérieurs, descendre à 14ᵐ,50 de profondeur, disposer sous les *fondations* un gril en charpentes de bois de chêne : les démolitions opérées pour l'enlèvement des ruines de l'église Saint-Barthélemy mirent à découvert un système de construction de même nature, exécuté au onzième siècle, et si bien conservé que quelques pièces ont pu être employées dans les nouveaux ouvrages. Une inscription tracée sur ces vieux bois rappelle leur origine. A l'église Saint-Barthélemy qui occupait cet emplacement succéda une salle de spectacle qui eut bien des mésaventures, mais qui fut célèbre à la fin de la première moitié de ce siècle par son théâtre des **Variétés amusantes**, puis par son bal du Prado, puis par le charmant et regretté *Quai-aux-Fleurs*.

Le vestibule du quai et celui du boulevard, décoré de lions par Rouillard, donnent accès à l'*escalier circulaire* ; il s'annonce au dehors par la *coupole*, qui le recouvre, et qu'on exigea de l'architecte afin d'avoir un point saillant dans l'axe du boulevard de Sébastopol : ce fut une grosse difficulté que Bailly eut à vaincre et qui fut résolue heureusement.

L'*escalier circulaire* est à double révolution et en pierre de l'Échaillon (12 mètres de diamètre). Les angles du palier sont décorés de statues de l'Art mécanique, par Chapu, l'Art industriel, par Pascal, le Commerce maritime, par Cabet, et le Commerce terrestre, par Maindron. Au-dessus des portes sont les armes de Paris et des villes de France. La peinture de la coupole, par Jobbé-Duval, rappelle les villes de Lyon, Marseille, Bordeaux, Paris. Des cariatides de Dubut la supportent.

La *façade* sur le quai Desaix est décorée des statues de la Loi, par Élias Robert, la Justice, par Chevalier, la Fermeté, par Eude, et la Prudence, par Salmson. Les cariatides de l'attique sont de Carrier-Belleuse. Les groupes d'enfants de la façade ouest sont

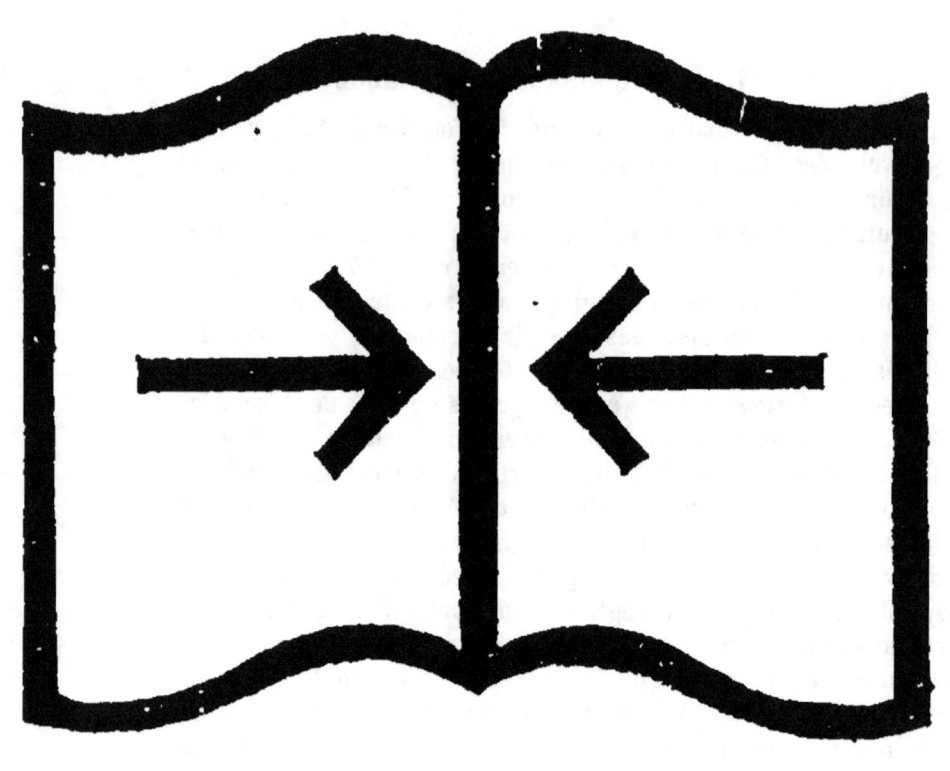

**RELIURE SERRÉE
ABSENCE DE MARGES INTÉRIEURES**

VALABLE POUR TOUT OU PARTIE DU DOCUMENT REPRODUIT

de Eudes. Une *cour vitrée* de 25 mètres sur 18 sert de salle des pas perdus et de réunion pour les assemblées nombreuses, telles que celles des élections. Elle est couverte par une importante charpente métallique, sans entrait, décorée d'arabesques et laissée apparente. Les cariatides du haut sont de Carrier-Belleuse. — *Deux salles* du premier étage sont particulièrement remarquables : celle des faillites et la grande salle d'audience; on voit sur les murs de cette dernière quatre toiles qui représentent l'Institution des juges-consuls (1563), les Ordonnances du commerce par Colbert (1673), toutes deux peintes par Robert-Fleury, le Code de commerce sous Napoléon Ier (1807), l'Installation du nouveau Tribunal de commerce (1864). Les caissons de cette salle d'audience sont ornés de figures dues à Denuelle et d'ornements de Jobbé-Duval. Autrefois ce Tribunal était installé dans le palais de la Bourse.

Des boutiques occupent une partie du rez-de-chaussée. Les étages supérieurs sont consacrés à divers services.

Delaroche, Scheffer et Robert Fleury ont exécuté dans la SALLE du *Conseil* les portraits d'anciens présidents du Tribunal. On y voit une belle cheminée en marbre qui était surmontée du portrait de Napoléon III par Flandrin. La peinture du plafond est l'œuvre de E. Collignon.

LE MARCHÉ AUX FLEURS se tient sur la place de ce nom entre l'Hôtel-Dieu et le Tribunal de commerce. Cet espace fut occupé jadis par l'église *Saint-Pierre des Arcis* et celle de *Sainte-Croix de la Cité*; on a retrouvé les restes de cette dernière quand, avant de créer cette place, on y perça la rue de Constantine, qui supprima la rue de la Vieille-Draperie, une partie de la rue aux Fèves, et qu'on élargit la rue Sainte-Croix. On découvrit aussi sur cet emplacement un mur couvert de son enduit antique, et un *édifice romain* d'une grande étendue, un mur d'un bel appareil, un hypocauste dont les piliers, formés de tuyaux de chaleur en terre cuite (fig. 23), soutenaient le pavé de la salle. On y mit encore à jour un petit tombeau trouvé sur le pavé d'une voie antique; comme on a trouvé dans le voisinage un autre tombeau, déposé d'abord au musée de Cluny (fig. 24) et maintenant au musée Carnavalet.

La Morgue, élevée en arrière du chevet de Notre-Dame, a été construite afin de, permettre à tout citoyen de venir reconnaître l'identité des morts inconnus. Tout le monde peut entrer dans la salle d'exposition et voir au travers d'une cloison vitrée les cadavres couchés. Les voitures amènent les corps par une porte, déposent leur fardeau, ressortent par l'extrémité opposée. Installée d'abord au Châtelet, puis, en 1804, dans une boucherie

Le tombeau ci-contre a été transporté récemment du musée de Cluny au musée Carnavalet.

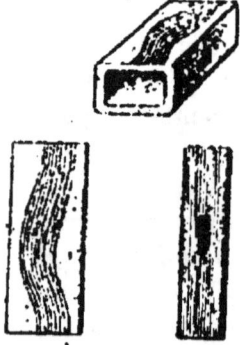

Fig. 26. Hypocauste de l'édifice romain qui occupait l'emplacement du Marché aux Fleurs. D'après Vacquer.

Fig. 27. Tombeau romain trouvé sur l'emplacement du Marché aux Fleurs (anc. rue Vieille-Draperie), conservé au Musée Carnavalet. D'après Vacquer.

du Marché Neuf, elle subit diverses modifications en 1836. L'édifice actuel, construit en 1861-1863 par Gilbert, a exigé des constructions sur pilotis et des travaux souterrains considérables. Il comporte trois salles, énergiquement ventilées, pour l'arrivée, l'inspection, le public, et diverses pièces particulières. Sur cet emplacement existait autrefois la Motte aux Papelards.

Quai aux Fleurs. — Sur une maison moderne, entre les n°° 9 et 11, on .t sur une plaque : Ancienne habitation d'Héloïse et d'Abélard 1118. Rebâtie en 1849. — Le quai aux Fleurs portait autrefois le nom d .ai Napoléon; bâti en 1807, il a succédé à un autre, antéri . de cent cinquante ans environ, qui suivait à peu près la même direction. M. Vacquer l'a retrouvé ainsi que les traces d'un quai, qui, placé un peu en arrière du précédent, paraît remonter au treizième siècle. Sur ce quai se trouvait l'**Hôtel des Ursins**, reconstruit au seizième siècle, malheureusement détruit, et qui avait appartenu au prévôt des marchands de Paris. Quelques-uns de ses débris sont conservés au musée Carnavalet.

La prison dont parle Grégoire de Tours, *Carcer Glaucini*, se trouvait probablement ici.

Chapelle Saint-Agnan, rue des Ursins, n° 19, à l'angle de la rue de la Colombe, était un des nombreux sanctuaires des alentours de Notre-Dame. C'était la chapelle particulière du cloître des Chanoines.

C'est aujourd'hui un édifice mutilé, dont une travée seule subsiste, mais elle est transformée en écurie. On y voit contre le mur du sud un *chapiteau* : à sa base, une *fleur de lis* d'une conservation parfaite est entourée de feuilles qui gardent encore la tradition antique; à côté, les couronnements des autres colonnes sont décorés de figures plus ou moins mutilées : ici c'est un personnage qui tient ses jambes repliées sur elles-mêmes. Le chapiteau du mur opposé, orné de feuilles, conserve des traces de rouge et de bleu, sur enduit de chaux. Le sol est enterré, mais j'ai retrouvé le niveau primitif, ainsi qu'une arcature avec petite cuvette en pierre percée d'un trou. Ce devait être l'abside. Elle se trouve dans une cave, à droite, dans la maison n° 24, rue Chanoinesse. Dans cette chapelle on voyait les statues peintes de saint Agnan et de la Vierge (page 18). Si j'ai cru devoir m'étendre longuement sur ce minuscule monument, c'est qu'il est un des édifices les plus anciens de Paris, et que certaines sculptures sont d'une conservation parfaite; il n'a pas encore été décrit complètement, et devrait être acquis par les pouvoirs publics. De légers travaux permettraient de déblayer le sol primitif, peut-être de faire des découvertes, et de doter

Paris d'une curiosité de plus. La légende dit que saint Bernard, désespéré de n'avoir pu convertir les écoliers, y serait venu pleurer. Fondé par Étienne de Garlande, ce monument fut peut-être érigé de 1110 à 1120, mais il existait certainement en 1123. Un membre de cette Société des Amis des Monuments, qui, sans bruit, a déjà rendu tant de services, M. Raparlier, a eu la bonne pensée de protéger les sculptures en les revêtant de gaines en bois. (Notice médiocre dans la Revue archéologique.)

Un petit jardin ayant servi de cimetière y était attenant ; on y a fait des fouilles, au début de ce siècle, pour construire un bâtiment avec les débris de l'église du grand couvent des Jacobins de la rue Saint-Jacques : on a trouvé alors, avec les ossements, des petits pots d'argile destinés à contenir le charbon et l'encens qu'on avait l'habitude de brûler pour désinfecter l'air vicié par les émanations, usage perdu avec le seizième siècle.

L'espace compris entre Saint-Agnan et Notre-Dame constitue ce qu'on nommait le cloître Notre-Dame : séjour de piété et d'études, il devint ensuite celui de la littérature. Gilles Ménage, mis en scène par Molière dans les *Femmes savantes*, sous le nom de Vadius, mourut en 1692 dans une des maisons de la rue Massillon (n° 14), habitée aussi par La Harpe, auteur du *Cours de littérature*. Le grand poète Boileau-Despréaux habita en 1710 une maison placée à 60 mètres du chevet de Notre-Dame, sur l'emplacement de la fontaine du square, construite en 1843 par A. Vigoureux et ornée de sculptures de Merlieux. La maison habitée par Racine vers 1670 se trouvait sur le côté sud de la *rue Basse-des-Ursins*.

Rue Chanoinesse, n° 18, se trouve une maison qu'une tradition rattache au souvenir du roi *Dagobert* ; on y trouve à droite en entrant dans la cour un escalier avec un départ de limon orné. Plus loin, tout au fond d'une cour transformée en magasin, existe une tour d'escalier avec bandeau mouluré dans le style du quinzième siècle, dont le limon en pierre est habilement travaillé. Nous ne saurions trop conseiller de monter sur la terrasse qu'on a établie dans le haut : *c'est le seul endroit d'où l'on puisse voir convenablement* la partie supérieure de la façade nord de Notre-Dame, sa rosace et la flèche du transsept que Viollet-le-Duc a restauré.

Quai du Marché-Neuf, n°s 6 et 8. — Le Comité des inscriptions parisiennes[1] y a fait placer cette plaque :

> THÉOPHRASTE RENAUDOT
> FONDA EN 1631
> LE PREMIER JOURNAL
> IMPRIMÉ A PARIS
> LA GAZETTE
> DANS LA MAISON DU GRAND-COQ
> QUI S'ÉLEVAIT ICI
> OUVRANT RUE DE LA CALANDRE
> ET SORTANT AU MARCHÉ-NEUF.

Là se trouvait au moyen âge le vieux marché Palu, appelé depuis Marché Neuf, et qui disparut dans les dernières transformations de cette partie de la Cité. C'était un des points de passage de la *Croisée de la ville*, expression sous laquelle on désignait les quatre chemins principaux, les seuls que les bourgeois fussent tenus d'entretenir (arrêt de février 1285). — Voir F. Lecaron, Les travaux publics de Paris au moyen âge (*Mém. de la Société de l'Histoire de Paris*, t. III).

NOTES ET ÉCLAIRCISSEMENTS

SUR LA PARTIE DE LA CITÉ SITUÉE A L'EST DU BOULEVARD DU PALAIS

Avant d'aborder l'étude de la moitié occidentale de la Cité, nous croyons devoir donner des notes complémentaires, et la bibliographie sur la partie que nous venons d'étudier.

Extraits annotés du catalogue du Musée de Cluny relatifs aux fragments de la partie est de la Cité.

I. SCULPTURE

MONUMENTS ET FRAGMENTS D'ARCHITECTURE EN PIERRE

1 à 4. — Autels gallo-romains élevés à Jupiter par les mariniers de Paris, sous le règne de l'empereur Tibère, et découverts dans

---

[1]. Cette commission, qui a rendu de si utiles services, a pour secrétaire un de ces Parisiens qui sont toujours prêts à tous les dévouements pour servir Paris, M. Marcuse, qui est également secrétaire-adjoint de la Société des Amis des Monuments parisiens.

les fouilles faites sous le chœur de Notre-Dame de Paris en l'an 1711.

Le premier de ces autels (n° 1) est complet; il se compose de deux assises superposées et forme un cippe carré dont les faces présentent des personnages sculptés en relief.

Sur la première face est la figure de Jupiter; le dieu est représenté debout; la partie gauche du corps est couverte d'une draperie et la main droite tient une pique sans fer; au-dessus de la tête on lit : IOVIS.

La seconde face représente la figure de Vulcain; le dieu du feu est coiffé d'un bonnet de forgeron; il tient d'une main les tenailles et de l'autre le marteau; au-dessus, l'inscription : VOLCANVS.

Sur la face opposée l'on voit le Mars gaulois, ESVS, cueillant le gui sacré : il a le bras droit levé et tient une hache dont il frappe un arbre placé auprès de lui.

La quatrième face de cet autel représente un taureau debout au milieu de feuillages. Il porte trois grues; l'une est posée sur sa tête et les deux autres se tiennent sur son corps. Au-dessus on lit l'inscription : TARVOS TRIGARANVS. — H^r 1^m,07.

Le second de ces autels (n° 2) est incomplet; la partie supérieure existe seule. Trois des faces sont sculptées à figures; la quatrième porte l'inscription de consécration ainsi conçue :

TIB. CAESARE. AVG. IOVI. OPTVM... MAXSVMO. MO..... NAVTAE. PARISIACI. PVBLICE. POSIERVNT.

Traduction : Sous Tibère César Auguste les Bateliers Parisiens ont élevé cet autel aux frais de leur corporation à Jupiter très bon, très grand.

Sur chacune des autres faces on voit trois demi-figures vêtues et armées de la lance et du bouclier. D'un côté on lit : EVRISES, et d'un autre on distingue les caractères suivants : SENANI. V.... ILOM.; — quant aux autres lettres, elles ont entièrement disparu.

Le troisième autel (n° 3) est également incomplet; la partie supérieure seule existe encore.

Les faces sont de même décorées de sculptures en relief. Sur la première, on distingue un homme vêtu d'une draperie et coiffé d'un bonnet ; il a la main droite posée sur la tête d'un cheval qui est près de lui et il tient de la gauche une sorte de lance ; au-dessus, on lit : CASTOR.

Le côté suivant représente une figure semblable, et dans la même attitude ; mais elle est tout à fait mutilée, et l'inscription est enlevée. Il y a tout lieu de croire que ce devait être la figure de Pollux.

Sur la troisième face est un vieillard à tête chevelue et barbue, portant de grandes cornes branchues et entourées chacune d'un gros anneau ; au-dessus on lit : CERNVNNOS.

Sur la quatrième face, on retrouve une figure de profil, nue et brandissant une masse sur la tête d'un serpent qui se dresse à son côté. L'inscription est presque complètement effacée.

Le quatrième autel (n° 4), également incomplet, et de forme analogue aux précédents, est décoré comme les autres de bas-reliefs à figures ; aucune inscription ne se retrouve au-dessus des personnages, qui sont fort mutilés et parmi lesquels on distingue seulement un homme couvert d'une cuirasse et portant une lance dans la main droite, ainsi qu'une femme vêtue et parée d'un bracelet au bras droit.

Ces divers fragments ont été trouvés pendant les travaux de construction de l'autel du chœur de Notre-Dame, élevé en exécution du vœu de Louis XIII ; ils étaient placés au-dessous d'un mur qui traversait toute la largeur du chœur : ils sont tous de la même époque et datent, comme il est dit plus haut, du règne de Tibère, empereur, mort l'an 37 de J.-C.[1].

5. — Autel gallo-romain à quatre faces trouvé, en 1820, dans les fouilles de Saint-Landri. — Quatrième siècle.

La première face présente une figure de Diane Lucifère vêtue d'une tunique et tenant dans la main droite un flambeau ; au-dessus de la tête sont les vestiges d'une draperie flottante.

Sur la seconde face est un guerrier couvert d'une tunique attachée sur l'épaule gauche. Il est coiffé d'un casque à cimier.

[1]. Comme compléments aux indications du catalogue signalons *Mowat*, Note sur l'état actuel des dégradations et lectures nouvelles (*Société des Antiquaires*, 1880). Sur l'Esus analogue du Musée de Besançon, note de Gaidoz (Id., 1885, p. 170).

Pl. 28. — L'Hôtel des Ursins, aujourd'hui détruit, d'après ALBERT LENOIR.
Façade sur la Seine (Voir le plan p. 97, l'autre façade p. 95).

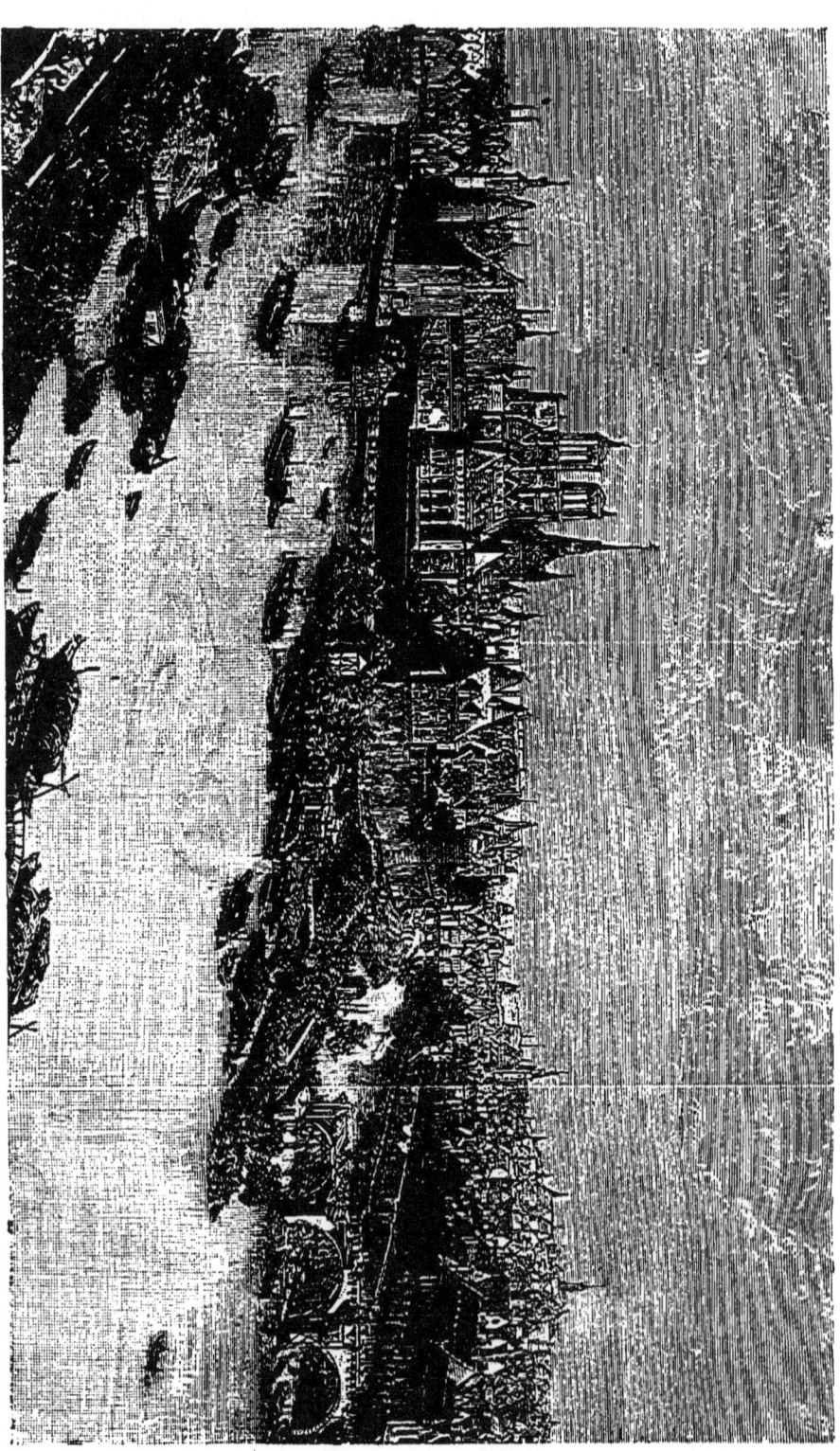

Pl. 29-30. — Vue de Paris au temps de la Ligue, d'après DELON. — Au premier plan le Pont-Neuf en construction, l'île sur laquelle s'élève aujourd'hui le terre-plein de la statue de Henri IV. — Le mur d'enceinte du Palais-de-Justice; aujoud Notre-Dame. — A droite la Montagne Sainte-Geneviève et l'Université.

Sur la troisième face on distingue un guerrier armé d'une cuirasse dont la ceinture est enrichie d'un dessin en relief. — Cette cuirasse se termine, à son extrémité inférieure, par des lambrequins brodés. Sur le pectoral est une tête de Méduse. Le frontal du casque qui couvre la tête de ce guerrier est décoré d'une chimère.

La quatrième face de cet autel est couverte de feuilles d'eau sculptées en relief. — H' 1".

6. — Fragments d'un autel de forme analogue au précédent et de même époque.

Toute la partie supérieure manque. Trois des faces n'offrent que l'extrémité des figures des personnages représentés sur les parties détruites. La quatrième est sculptée à feuilles d'eau.

7. — Fragments d'une frise gallo-romaine, trouvés dans les fouilles de Saint-Landri en 1829.

Le sujet de ces bas-reliefs est une chasse aux lièvres. Deux de ces animaux sont vivement poursuivis par des chiens; des génies tendent des filets dans lesquels les lièvres se précipitent pour échapper à leurs ennemis. — H' 0",50 ; l' 3°,20.

8. — Fragment d'un bas-relief trouvé dans les mêmes fouilles de Saint-Landri.

Ce fragment représente un torse d'homme nu, de grandeur naturelle; les mains sont attachées derrière le dos, et l'on voit l'extrémité d'une lanière qui sert à lier les bras du captif; près de lui est un autre torse couvert d'un vêtement militaire que relève une ceinture. — H' 0",52.

Ces divers fragments de sculpture gallo-romaine (n°' 5, 6, 7, 8) semblent remonter tous à peu près à la même époque, au quatrième siècle. Quelques médailles ont été trouvées en même temps : ce sont celles d'Antonin, de Faustine, de Posthume, et enfin, la plus récente, celle de Maximus, qui usurpa l'autorité suprême dans les Gaules, et y régna depuis l'an 383 jusqu'à l'an 388.

Cette dernière médaille peut donc fixer à peu près la date du monument qui a été sans doute élevé pour consacrer la victoire remportée par cet empereur sur Gratien, qui fut pris sous les murs de Paris et mis à mort à Lyon en 383.

23, 24. — Fragments gallo-romains en pierre sculptée, fûts de colonnes et débris de sculptures, trouvés dans les fouilles du nouveau Tribunal de Commerce en 1860 et portés au Musée par M. Bailly, architecte du gouvernement, aujourd'hui au Carnavalet.

56. — Pilier principal de la porte Sainte-Anne ou porte de la tour méridionale de Notre-Dame de Paris, supportant la figure de saint Marcel, neuvième évêque de Paris, mort le 1er novembre 436. — Commencement du treizième siècle.

Le saint évêque est debout, la tête coiffée de la mitre, et vêtu du costume épiscopal complet, avec l'aube, la tunicelle, l'étole, la chasuble relevée et l'amict; la main droite est dans l'attitude de la bénédiction; la gauche tient la crosse, dont le sabot s'appuie sur la tête d'un dragon ailé que le saint foule aux pieds et qui sort d'une tombe placée au-dessous. Cette tombe que recouvre un arceau soutenu par deux colonnettes, est celle d'une femme couverte de son linceul.... La partie supérieure du pilier a la forme d'une tour couronnée de tourelles, et percée d'ouvertures cintrées ou ogivales. — Lors de la restauration de la porte Sainte-Anne, le pilier de Saint Marcel dut être remplacé et l'original a été apporté à l'Hôtel de Cluny. La tête du saint a été restaurée ainsi que celle du monstre et le bâton de la crosse. — H^r 4^m,70.

57 à 59. — Chapiteaux, fragments d'architecture et de sculpture, épis, etc., provenant de Notre-Dame de Paris. — Treizième siècle.

60. — Fragment du grand bas-relief de Notre-Dame de Paris, l'Adoration des Mages. — Treizième siècle.

61. — Statue mutilée provenant de la décoration extérieure de Notre-Dame de Paris. — Treizième siècle.

62 à 74. — Statues mutilées de même provenance.

Ces statues, renversées à la fin du siècle dernier, ont été retrouvées dans la rue de la Santé, où elles servaient de bornes.

255. — Tête sculptée en pierre; fragment d'une statue trouvée à Saint-Pierre aux Bœufs. — Fin du quatorzième siècle.
Donnée par M. Lassus, architecte, 1845.

307. — Inscription gallo-romaine gravée sur six assises de pierre retrouvées dans les fouilles du parvis Notre-Dame, en 1847, aujourd'hui au musée Carnavalet.
Cette inscription en caractères bruts est incomplète; sur l'une des assises on distingue le mot : *Martis*.

410 à 412. — Colonnes en marbre antique, trouvées dans les fouilles du parvis Notre-Dame en 1848.

413. — Chapiteau antique en marbre blanc, trouvé dans les fouilles du parvis Notre-Dame en 1848.
Ces colonnes et ce chapiteau proviennent de la basilique de Childebert, sur les ruines de laquelle a été construite l'église Notre-Dame de Paris.

EXPLICATION DES SCHÉMA; NOMS DES ARTISTES QUI ONT TRAVAILLÉ A NOTRE-DAME. — Nous avons donné, au cours de notre étude sur l'église métropolitaine, les noms des divers artistes qui y ont travaillé; un grand nombre ne sont pas désignés dans notre texte parce que leur nom se trouve inscrit, entre parenthèses, sur nos *schéma* explicatifs, au-dessous ou à côté de l'œuvre qu'ils ont restaurée; c'est ainsi qu'on trouve notamment les noms des artistes contemporains sur nos figures 10, 11, 14, 15, 16 sur le grand plan 17-18, le premier qui ait été publié d'une façon exacte, avec la déviation de l'axe du chœur et les additions modernes. Une grande revue archéologique américaine a publié une des statues restaurées comme type de la statuaire de l'art ogival.
Nous croyons utile de signaler encore quelques noms d'artistes dont nous n'avons que peu ou point parlé, en reproduisant des passages du dictionnaire de Bauchal sur les *Archi-*

tectes français, édité par MM. Daly et André. Voici ces extraits, qui donnent par ordre alphabétique les noms des maîtres de l'œuvre :

Bonneuil (Étienne ou Pierre de), maître d'œuvre, travaillait à la cathédrale de Paris, lorsqu'il fut appelé à Upsal (Suède) pour y construire la cathédrale de cette ville, sur le modèle de la première de ces églises. En 1270, il signait le contrat par lequel il s'engageait à se rendre à Upsal, mais la permission de quitter la France avec six compagnons et six bacheliers ne lui fut accordée par Philippe le Bel que dans l'année 1287[1]. Le contrat passé avec les ouvriers qu'il se proposait d'emmener fut signé par-devant le garde de la prévôté de Paris, le 5 septembre de cette année.

Jehan de Chelles est l'auteur du portail, ainsi que de l'allongement de la façade méridionale du transsept de ce côté, en ce sens qu'il en aurait donné les plans ou dessins et commencé l'exécution ; mais il n'est pas certain qu'il ait terminé cette œuvre, attendu que la rose de ce portail paraît appartenir à la fin du xiiiᵉ siècle.

Les chapelles de la nef élevées de 1245 à 1250, qui, au dire de MM. Viollet-le-Duc et de Guilhermy, seraient de cette dernière date, doivent-elles lui être attribuées ? Je le crois.

Quant au portail nord, qui, d'après certains auteurs, serait de la même époque, et selon d'autres n'aurait été construit qu'en 1313, il y a doute. Alexandre Lenoir affirme que le portail nord ne fut édifié que sous Philippe le Bel, de 1300 à 1314 ; il appuie son opinion sur ce fait que le monarque et sa femme sont représentés au bas-relief qui décore la partie supérieure de la Porte Rouge, évidemment de la même époque que ce portail. M. Daniel Ramée prétend même que la grande rose du sud n'aurait été exécutée qu'à la fin du treizième si ce n'est au commencement du quatorzième siècle. Je partage son avis.

Si donc on accepte la version de MM. Alexandre Lenoir, Grand

---

1. Il se pourrait qu'Étienne de Bonneuil ait succédé à Jehan de Chelles vers 1270, et qu'il ait été remplacé, vers 1287, par Pierre de Chelles. Dans ce cas, c'est lui qui aurait terminé le portail méridional de Notre-Dame. Le retard apporté à son départ pour la Suède pourrait être attribué au désir de lui voir terminer cette œuvre.

Colas, Le Bailly, de l'Étang, Chapuy, Daniel Ramée, Legrand et Benjamin Gérard, qui fixe à 1313 la construction du portail nord, les plans de ce portail doivent être attribués à Pierre de Chelles, qui y aurait travaillé jusqu'en 1320. Plusieurs des auteurs que je viens de citer ajoutent, comme argument à l'appui de leur opinion, que le portail septentrional de Notre-Dame fut élevé avec le produit de la confiscation des biens des Templiers, ordonnée par Philippe le Bel.

Dans la première hypothèse, c'est à Jehan de Chelles qu'en devrait revenir l'honneur; dans la seconde, c'est à Pierre de Chelles, son successeur probable.

Chelles (Pierre de). Des recherches faites dans les archives de la cathédrale de Chartres, par M. Ad. Lecoq, il résulte qu'en 1316, le 9 septembre, Pierre de Chelles, maître de l'œuvre de la cathédrale de Paris, Nicolas Dechaume, maître des œuvres du roi, et Jacques de Lonjumeau, maître charpentier de la ville de Paris, furent appelés à visiter comme experts la cathédrale de Chartres.

De cette mention, ignorée de tous ceux qui ont écrit sur la cathédrale de Paris, il résulte que ce Pierre de Chelles, fils ou neveu du précédent, a dû probablement lui succéder[1], et que les travaux exécutés à Notre-Dame, vers 1316, doivent lui être attribués.

Le Bouteiller, maître d'œuvre et sculpteur de Paris, paraît avoir succédé à Jehan Ravy, son oncle, comme maître de l'œuvre

---

1. Cependant, je dois dire que d'après quelques auteurs, Étienne de Bonneuil, l'architecte de la cathédrale d'Upsal, aurait travaillé à Notre-Dame en 1270. Si ce fait est vrai, il aurait été alors sous les ordres de Jehan de Chelles; à moins, toutefois, qu'il n'ait été lui-même alors maître de l'œuvre. Dans ce cas, c'est à lui qu'aurait succédé Pierre de Chelles, en 1287, date du départ d'Étienne pour la Suède. M. Seroux d'Agincourt, dans son histoire de l'art par les Monuments, prétend que Robert de Luzarches, qui donna les plans de la cathédrale d'Amiens, dont la première pierre fut posée en 1220, avait aussi travaillé à la cathédrale de Paris; mais il ne fait pas connaître sur quoi il appuie son dire. Toutefois, cette opinion n'a rien d'invraisemblable. Il croit aussi que Pierre et Eudes de Montreuil ont dû y travailler également; le premier aurait fait l'encloître de 1260 à 1269. Ceci me paraît peu probable, car vers cette époque Eudes de Montreuil construisait l'église des Chartreux et nombre d'autres édifices religieux.

de la cathédrale de Paris, vers 1345. En 1351, il terminait les bas-reliefs du chœur, commencés par ce dernier, et dont six restaient à faire à sa mort. Le Bouteiller ne paraît pas avoir fait de travaux neufs à Notre-Dame, car Notre-Dame était alors entièrement construite. Il dut se borner à terminer certains détails d'ornements et à veiller à l'entretien de cette église. Ce maître dut mourir avant 1370, car, dans un document de cette année, Raymond du Temple, qui dut lui succéder comme maître de l'œuvre, est qualifié de « maçon juré de l'Église Notre-Dame ».

En 1698, *Mansart (Jules-Hardouin)* donnait les dessins du maître-autel de l'église du noviciat des Jésuites et ceux relatifs aux remaniements du chœur de Notre-Dame pour l'exécution du vœu de Louis XIII. Ces derniers travaux furent exécutés par de Cotte, qui donna de nouveaux plans.

Philibert de l'Orme donna en 1568 les devis pour les réparations à faire à Notre-Dame et fit exécuter les travaux en 1569.

Raymond du Temple était maître maçon juré de la cathédrale le 2 septembre 1370, et il paraît avoir succédé dans ces fonctions à Jehan le Bouteiller. *Du Temple (Jehan)*, dit le jeune, fils cadet de Raymond du Temple, travaillait avec lui en 1400 à l'évêché de Paris. Le 18 avril 1402, il remplaça son père, comme maître des œuvres de maçonnerie du roi, sans doute par suite de la mort de son frère aîné, mais Charles VI décide que le vieux serviteur de son père continuera, malgré sa démission, à exercer les mêmes fonctions « toutes fois qu'il lui plaira, et son fils Jehan avec lui », et recevra ses gages ordinaires de quatre sols parisis par jour qu'il prend d'ordinaire sur la recette de Paris. Du Temple devait recevoir les mêmes gages aussitôt la mort de son père. Le 4 février 1415, Jehan du Temple, qui était en outre maître de l'œuvre de la cathédrale de Paris, est remplacé dans ces fonctions.

Ravy (Jehan), architecte et sculpteur, fut maître de l'œuvre de Notre-Dame de Paris pendant vingt-six ans et commença les bas-reliefs de la clôture du chœur, qui furent terminés en 1351, par Jehan le Bouteiller, son neveu et son successeur.

Ces faits, qui sont authentiques, étaient constatés par une inscription que, selon Félibien, on lisait sur une des portes de cette clôture. Cette inscription était ainsi conçue : « C'est maistre Jehan Ravy, qui fut maçon de Notre-Dame de Paris par l'espace de vingt-six ans et commença ses nouvelles histoires (Nouveau et Ancien Testament). Priez Dieu pour l'âme de luy. Jehan Lebouteiller, son neveu, les a parfaites l'an 1351. »

Cette inscription était accompagnée d'une figure agenouillée de Jehan Ravy, placée en face de la porte Rouge. Cette partie de la clôture ayant été détruite, de 1699 à 1714, lors de la restauration, ou plutôt de la mutilation du chœur par Mansart et de Cotte, l'inscription et la statue ont disparu. Il en existe un dessin dans la collection Gaignière, à la Bibliothèque nationale.

Des bas-reliefs qui existent encore aujourd'hui, neuf seraient de Jehan Ravy et les autres de son neveu. Pendant quelle période Jehan Ravy a-t-il été maître de l'œuvre de la cathédrale? On n'a rien de précis à ce sujet. Cependant je pense qu'en fixant à l'année 1319 l'époque probable de sa nomination, et à 1345 celle de sa mort, on ne saurait être loin de la vérité. En voici les raisons. Comme à la mort de Jehan Ravy il restait cinq sujets à exécuter et que ce travail, terminé en 1351, dut demander un temps assez long, qu'on peut évaluer presque certainement à cinq ou six ans, il en résulte que la mort de Jehan Ravy peut être fixée, avec quelque vraisemblance, vers l'année 1345 ou 1346.

Or, comme celui-ci fut maître de l'œuvre pendant vingt-six ans, il en résulterait que sa nomination à ces fonctions remonterait à 1310 ou 1320, et qu'il dut succéder à Pierre de Chelles, dont l'existence est constatée en 1316.

Quelle part a prise Jehan Ravy à la construction de Notre-Dame? Aucun document ne nous a apporté de lumière sur ce point. Cependant, si l'on admet que Pierre de Chelles ait réellement commencé le portail septentrional vers 1315, comme il a cessé d'être maître de l'œuvre vers 1319 ou 1320, il en résulterait que Jehan Ravy dut terminer ce portail, qui n'aurait pu être élevé pendant les cinq ou six années qui séparent ces deux dates.

Vassé, architecte et sculpteur, donna les dessins des stalles des deux chaires épiscopales et des boiseries du chœur de Notre-Dame de Paris. Les culs-de-lampes soutenant les anges seraient également de lui. Ces sculptures furent exécutées, en 1699 et 1700, par Jean de Goulon, aidé de Louis Marteau et de Jean Noël.

Fragments trouvés dans la partie de la Cité située à l'est du boulevard du Palais et conservés au MUSÉE CARNAVALET.

Le musée Carnavalet n'a pas encore de catalogue; nous ne pouvons donc, comme pour le musée de Cluny, désigner les pièces de sa collection par des numéros; chaque objet est d'ailleurs accompagné d'une mention explicative qui nous a permis de dresser ce catalogue pour nos lecteurs. Grâce à M. Cousin, conservateur de ce musée, et à M. Vacquer, architecte, sous-conservateur et chargé de l'inspection des fouilles de Paris depuis de longues années, nous fournirons des détails complémentaires. Les deux galeries du jardin de l'hôtel et les salles du pourtour de sa cour d'entrée renferment des restes de monuments parisiens; un certain nombre ayant été apportés du musée de Cluny depuis l'époque où nous avons commencé notre travail (notamment le tombeau fig. 24), nous avons conservé pour mémoire les mentions de Cluny. Le relevé suivant permettra de connaître exactement les pierres transportées à Carnavalet. Nous désignerons les objets trouvés dans les fouilles du nouvel Hôtel-Dieu par les lettres (H. D.).

Galerie est; sa porte se trouve dans le passage de porte cochère, à droite en entrant : Abaque d'un chapiteau de l'époque carolingienne (H. D.). — Fragment de maçonnerie d'un édifice romain, tronçon de colonne (H. D.). — Portions de gradins avec inscriptions, découverts au parvis Notre-Dame en 1847 et provenant des Arènes romaines de la rue Monge. (S. Longpérier : *Les Arènes de la rue Monge*) (H. D.). — *Galerie du nord.* 1re salle. Meules romaines (H. D.). — 2e salle. Stèle funéraire romaine représentée sur la fig. 24 (H. D.); meules en grès, poudingues et meulière (H. D.). — 3e salle. Frise (H. D.), mortiers romains (H. D.), un certain nombre de bases, fûts et chapiteaux de colonnes, puis deux fûts de colonnes (caserne de la Cité). — Fragments de deux stèles funéraires romaines (H. D.). — On gravit quatre marches et l'on trouve sur un palier, à droite, des tronçons de colonne en marbre grand antique provenant de la basilique chrétienne de la Cité (p. 40). — *Galerie ouest :* Architraves et nombreuses sculptures (H. D.). Bas-reliefs romains, trophées attachés à un arbre (H. D.). — Stèle représentant Mercure tenant, non le caducée romain, mais le caducée gaulois en forme de 8 (H. D.).

PARIS DÉMOLI

Albert Lenoir.

Pl. 31. — HÔTEL DES URSINS près du Port Saint-Landri, dans le voisinage du quai aux Fleurs d'aujourd'hui. — Vue prise dans la première cour de l'Hôtel avec le passage conduisant à la seconde cour et l'escalier principal. — Ancien hôtel du prévôt des marchands Jean Juvenel des Ursins, reconstruit au XVIe siècle.

PARIS DÉMOLI

Albert Lenoir

Pl. 32. — HOTEL DES URSINS. Détail de l'ornementation des tympans des arcades qui reliaient les deux tourelles du quai.

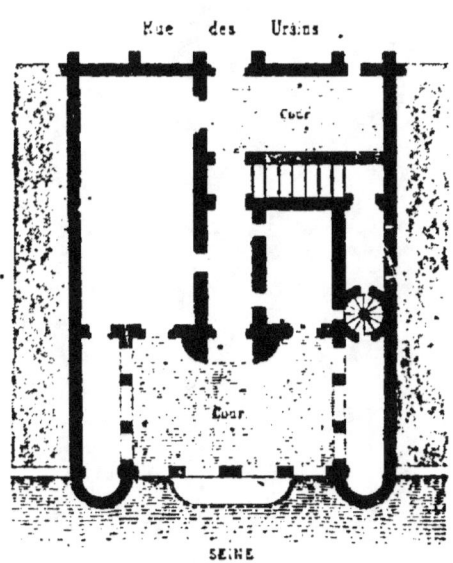

Pl. 33. — Hôtel des Ursins, plan.
Voir les façades pl. 28 et 31.

— Génie de Mars portant la cnémide (H. D.). — Génie de Mars portant le bouclier (H. D.). — Le Dieu à trois visages des Gaulois (H. D.) (voir p. 10). — Colonnes ornées (H. D. et Parvis Notre-Dame). — Statue représentant vraisemblablement la Nymphe de la Seine (H. D.). — Fragments de frise, d'architrave et petit cippe romain provenant de la caserne de la Cité. — Dans une pièce voisine : menus objets de bronze tirés du lit de la Seine aux abords de la Cité; collection de marbres antiques trouvés avec de nombreux éclats de taille, dans les ruines d'une maison romaine de la Cité, probablement occupée par un marbrier; moulures de marbre, fragments de mosaïque découverts au parvis Notre-Dame; fragment de stèle funéraire (H. D.). — Carreaux romains, en plâtre, trouvés rue d'Arcole. — Au milieu de la salle : vases, fragments de poterie, gourde du IVe siècle (H. D.) en forme de couronne, avec inscription sur chaque face, grand vase sorti du lit de la Seine près du pont-au-Double. — Salle voisine. Ferrures XIIIe siècle exposées au bas de la cheminée de cette pièce; retrouvées dans une maison voisine de Notre-Dame et paraissant provenir de cette église. — Poteries et vases du XIIIe au XVIIe siècle (H. D.); ceux qui sont décorés de flammules rouges sont d'une industrie spécialement parisienne. — *Couloir sud près de l'escalier :* Inscription relative à une fondation de messes à Saint-Denis de la Chartre par Denise Maizière (XVe siècle). — Fragments de dalles tumulaires des XIIIe et XIVe siècles (H. D. et caserne de la Cité). — **Jardin.** *Portique nord;* en commençant par son extrémité est, on voit des retombées de voûtes de la crypte de l'église Saint-Symphorien (XIIIe siècle) et de l'église Sainte-Marine. — Tympan et arcature de la porte d'entrée de l'église Saint-Pierre aux Bœufs (XIIIe siècle); fragments non utilisés et refaits à neuf lors de l'adaptation de ce portail à l'église Saint-Séverin; c'est pourquoi le cartel du musée Carnavalet désigne ces fragments comme étant la porte d'entrée de Saint-Séverin. — Colonnettes et bases de Saint-Denis de la Châtre. — Reste unique du premier H. D. : c'est un *corbeau* sculpté de la fin du XIIe siècle. — Fragments de l'église Sainte-Madeleine de la Cité. — Pilier composé d'une base, fût et chapiteau disparates (H. D.). — Ces fragments ont été recueillis par Vacquer au cours de ses fonctions d'inspecteur des fouilles.

En décembre 1839 on découvrit rue de la Santé, près du marché au charbon, des statues provenant de Notre-Dame, qui furent portées au musée de Cluny (*Antiquaires*, 1840, p. 365).

Bibliographie de l'Est de la Cité. — Pour la liste des ouvrages généraux, voir à la fin du volume; nous n'indiquerons ici que les principaux ouvrages spéciaux à cette région.
Celtibère, Lassus, Viollet-le-Duc et Lecomte : Monographie de Notre-Dame. — Viollet-le-Duc et Ouradou : Les peintures murales de Notre-Dame, in-folio, 1867. — Mortet : La cathédrale et le palais épiscopal. — Guérard : Cartulaire de Notre-Dame, 1850, 4 vol. in-4. — Pour les anciens monuments funéraires de Notre-Dame, voir à la Bibliothèque nationale le Recueil des épitaphes de la Ville, un travail descriptif par Charpentier, et aux Archives une collection de planches. — Thierry : Inventaire des richesses d'art. — Blondel : Architecture française. — Catalogue méthodique de la bibliothèque Carnavalet, série 53. — G. Fagniez : Inventaire du trésor de Notre-Dame de 1343 et 1416, Paris, 1874, in-8. — Gilbert : Description de la basilique métropolitaine, 1821, in-8. — Gosselin : Note sur la sainte couronne d'épines et sur les autres instruments de la Passion qui se conservent dans l'église métropolitaine, 1828, in-8. — Fisquet : Album des boiseries du chœur, 1855, in-8. — Rohault de Fleury : Mémoire sur les instruments de la Passion, 1875, in-4 (planches) et R. de Lasteyrie : Mémoires de la Société de l'histoire de Paris, t. V, p. 308. — Didron : Histoire de l'Art statuaire de Notre-Dame (*Revue de Paris*, 17 avril, 10 et 31 juillet 1836). — Duchalais : Explication de quelques bas-reliefs (*Société des Antiquaires*, 1842, p. 101). — Fouilles romaines dans Saint-Landry en juin 1829 (*Id.*, t. IX, p. 2). — Le texte de l'épitaphe qu'avaient à Notre-Dame Jean Juvénal des Ursins (1431) et sa femme (1456) se trouve à la Bibliothèque bourguignone de Bruxelles dans le manuscrit n° 17875. — R. de Lasteyrie : Cartulaire général de Paris (1887). — Id. : Charte du domaine de Sucy (*Bibl. Ec. d. Chartes*, 1882, p. 60). — De Guilhermy : *Inscriptions de la France* et *Description de N.-D.*— Albert Lenoir : *Statistique monumentale*.

LA CITÉ

DEUXIÈME PARTIE. — RÉGION A L'OUEST DU BOULEVARD DU PALAIS

LE PALAIS DE JUSTICE

Aux approches de la Cité la vue est attirée par une masse puissante d'édifices mêlés. De cet entassement de tours, de dômes, de toits, de crêtes ajourées de cent manières, s'élance vers le ciel la flèche élégante de la Sainte-Chapelle, dorée, étincelante sous les rayons du soleil qui s'accrochent à sa fine dentelure. C'est le Palais de Justice! Vrai symbole de cet ensemble de textes surnommé l'*édifice de nos lois!*

De même, écrit Frédéric Thomas, que l'ensemble confus de nos lois s'est formé par l'alluvion de tous les âges, de même ce palais présente des spécimens et des vestiges de toutes les époques. Juxtaposées ou superposées, les constructions les plus diverses se choquent, se contrarient, s'ajustent ou s'enchevêtrent dans un pêle-mêle qui n'est pourtant pas un chaos, et d'où jaillissent, çà et là, de maîtresses œuvres d'un seul jet et d'un grand style. On dirait que le temps, en collaboration avec l'histoire, s'est fait l'architecte de ce monde à part et en a combiné les éléments dans une composition disparate et gauchement grandiose, mais empreinte d'une violente harmonie et d'une claustrale majesté. Vous avez sous les yeux ce que le président de Thou appelait le Capitole de la France. Il a deux entrées principales : l'une à l'est, sur le boulevard du Palais (ancienne rue de la Barillerie) et sur la cour du May; l'autre, à l'ouest, dans la rue de Harlay.

Dans ce labyrinthe on trouve, d'une part, de grandes et belles salles de justice, et, d'autre part des couloirs obscurs rompus d'escaliers tortueux où les coupables circulent comme des ombres, passant sous des guichets, montant, descendant, puis remontant encore des escaliers innombrables, coudoyant toutes espèces de tuyaux d'eau et de fumée, entrevoyant des fenêtres en façon de soupiraux : le tout verrouillé, croisé de mailles de fer et de grilles. Quiconque a parcouru, comme un inculpé, ces parties inaccessibles au public, garde un souvenir impérissable de cette significative et redoutable confusion : réminiscences historiques de tous les temps et cruelles réalités, mesquins ou superbes motifs d'architecture, tout s'y presse, tout y confond l'homme juste que de singuliers hasards y égarent.

Les grandes administrations qui s'y disputent l'espace sont : l'*Instruction* avec le *dépôt des prévenus*, surnommé *souricière*; on y accède par le quai de l'Horloge. — La *Police correctionnelle*, qui entoure la cour de la Sainte-Chapelle. — Le *Tribunal de première instance*, comprenant les *chambres civiles*, les chambres distribuées autour de la Grand'Salle. — La *Cour d'appel*, au centre du Palais, comprise entre la Galerie de la Sainte-Chapelle et celle des Prisonniers; elle est desservie par un escalier dont les premières marches se trouvent dans la Galerie Marchande. — La *Cour d'assises*, également au milieu des constructions, mais à leur extrémité opposée, sur le vestibule de Harlay. — La *Cour de cassation*, à l'angle du quai de l'Horloge et de la rue de Harlay : on y arrive soit par l'escalier qui conduit au quai de l'Horloge, soit en pénétrant dans la Galerie des Prisonniers par le vestibule de Harlay ou la Galerie Marchande. — Enfin, dans les parties basses, le *Dépôt de la Préfecture de police*. — La *Maison de Justice* ou *Conciergerie*, qui occupe l'étage inférieur des constructions qui forment l'angle du boulevard du Palais e du quai de l'Horloge; elle est située au-dessous de la Cour cassation et du Tribunal civil; l'entrée principale se trouve s le quai de l'Horloge près de la tour carrée. — La *Préfecture de police*, dans laquelle on arrive en passant par le quai des Orfèvres.

LA COUR D'HONNEUR OU DU MAY est séparée du boulevard

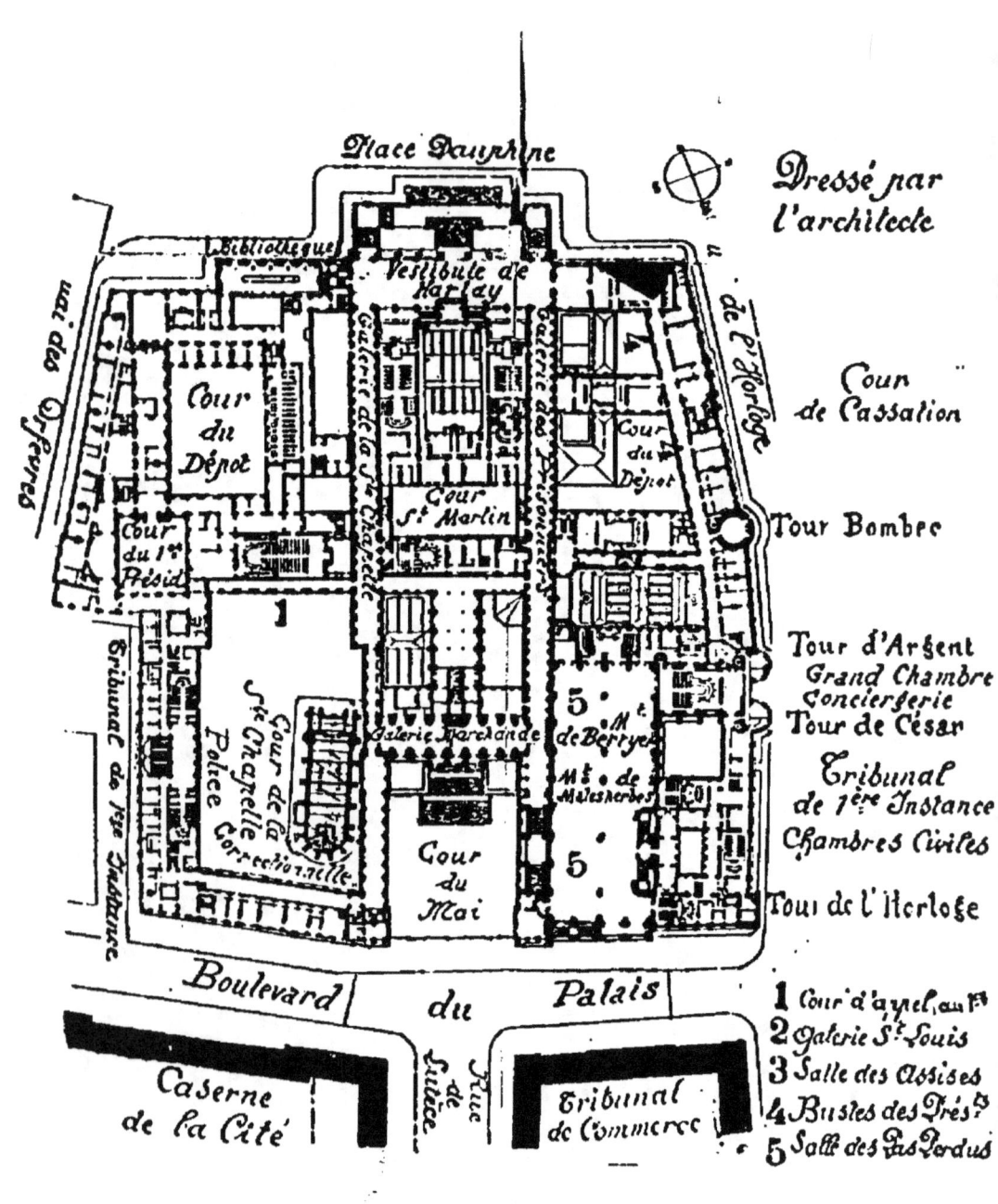

Fig. 34-35. — Plan explicatif du Palais de Justice.
Dressé par Charles Normand.

du Palais par une **grille** en fer doré, d'un travail et d'une composition remarquables, de dimensions peu communes. Placée en 1787, restaurée en 1877, on lui a restitué l'écusson des armes de France, plusieurs fois rétabli et supprimé. Les uns attribuent le dessin de cette grille à l'architecte Antoine, les autres à l'architecte Desmaisons; elle a été exécutée par Bigonnet. Au milieu de hallebardes, faisceaux, pilastres, gloires et lauriers se détachent les chiffres du roi Louis XVI. Un mur flanqué de tourelles a jusqu'au dernier siècle occupé la place de cette grille. La chapelle Saint-Michel, des constructions diverses y étaient adossées; au quatorzième siècle, un fossé plein d'eau en baignait les pieds. La cour est entourée de bâtiments édifiés après l'incendie du 10 janvier 1776; les architectes furent Pierre Desmaisons, Couture, Moreau, Antoine, et, après 1791, Giraud. La salle des pas perdus, incendiée pendant la Commune de 1871, fut rétablie dans le style primitif par Duc et Daumet, architectes de l'édifice.

Vis-à-vis l'entrée, un majestueux escalier conduit à

> Cet immense perron d'où tombe un peuple noir (BARTHÉLEMY).

Avant 1776, la forme de ce degré était tout autre (planche 36). Vignati vit en 1517 au-devant de la « façade, dans la cour, une statue en marbre fin du roi Louis, avec le sceptre en main, de grandeur naturelle ». Au bas des marches se trouvait un montoir en pierre établi en 1599; il servait aux magistrats pour mettre pied à terre, quand ils arrivaient « sur leurs mulets, dit Duchesne, priant Dieu et disant leurs heures et chapelets par les chemins ». Parfois, ils chevauchaient à deux sur l'une de ces mules, que Pantagruel aimait à garder pour couper leurs estrivières : « Et quand le gros enflé de conseiller ha pris son bransle pour monter sus, ils tombent tous plats. »

Cette cour est dite du *Mai* depuis un temps immémorial, en souvenir d'une ancienne coutume, qui consistait dans la plantation d'un arbre au mois de mai. Les Basochiens, association de clercs non mariés, avaient le droit de couper trois arbres dans la forêt royale. Les Basochiens, dit Miraulmont, « sont tenuz faire abattre le grand may du Palais, et le faire replanter par chacun an, à la manière accoustumée le dernier samedy de may, auquel ils doivent faire mettre houppe et les armoiries grandes et petites, et faire faire le cry », proclamation semi-burlesque, en vers, qui accompagnait le très bel et triomphant équipage du roi de la Basoche. Journée de turbulence qu'un arrêt du Parlement érigea en jour de fête, « étant donné, dit l'arrêté, qu'il y auroit grand bruit et tumulte en la Grand'Salle pour les tambours et phifres qui sonneroient, au moyen de quoi ne pourroit la Cour entendre l'expédition des procès. »

On trouvait encore dans cette cour un grand morceau de marbre sur lequel les hérauts montaient pour proclamer des traités de paix, annoncer des tournois. La juridiction des eaux et forêts y rendait ses sentences. On y exposa les cadavres des personnages massacrés, en 1358, devant Étienne Marcel. C'est aussi dans la cour du May qu'on brûlait les livres réprouvés, qu'on marquait les criminels condamnés à l'exposition publique et qu'un peuple entier venait crier merci, et l'obtenir, comme il advint en 1383.

FAÇADE OUEST DE LA COUR DU MAY. — Un *arceau* accompagne chacun des côtés du grand degré; celui de gauche forme l'entrée du tribunal de police municipale, celui de droite conduisait au vestibule de la Conciergerie; c'est par cette porte que sortaient les victimes désignées au supplice par le tribunal révolutionnaire; une charrette stationnait sous cette arcade de la Conciergerie, à sept heures du matin, le mercredi 16 octobre 1793. Elle attendait que la toilette de la reine de France fût prête pour l'échafaud! Quatre colonnes s'élevant au-dessus de l'escalier portent les statues de la *Force*, de l'*Abondance*, dues à Berruer, de la *Justice* et de la *Prudence*, par Lecomte; sur le comble on voit l'*écusson de France* sculpté par Pajou.

GALERIES. — La foule affairée circule par deux grandes artères qui traversent ce grand corps de part en part; au nord, c'est la *galerie des prisonniers*, au sud, la *galerie de la Sainte-Chapelle*; toutes deux débouchent d'un côté, près la cour du May, dans la *galerie mercière* ou *marchande* ou *des merciers*, de l'autre dans le *vestibule de Harlay*, du côté de la place Dauphine.

Les galeries ne servent plus aujourd'hui qu'à la circulation,

LA CITÉ. — LE PALAIS DE JUSTICE.

sauf la galerie marchande, encore encombrée par les dépôts de robes pour les avocats; il n'en était pas ainsi autrefois. Déjà en 1517 on lit, dans un mémoire de Vignati, presque inconnu, que « de la cour on monte moyennant 45 marches dans la grande salle qui est tout près de la Sainte-Chapelle; après, on entre dans une grande salle qui est toujours remplie de marchandises, et de là, en tournant un peu à droite, on arrive à l'endroit où l'on vend de jolis emblèmes en or et les colliers (*le belle imprese doro et collanete*) ». Graveurs et écrivains nous font entrevoir le charme de ces galeries, rendez-vous du monde élégant. De olies marchandes y vendaient de la dentelle, des gants, des éventails.

> Tout ce que l'art humain a jamais inventé
> Pour mieux charmer les sens par la galanterie,
> Et tout ce qu'ont d'appas la grâce et la beauté,
> Se découvre à nos yeux en ceste gallerie.

Corneille, dans sa *Galerie du palais*, en fait entrevoir les habitudes; on se dispute et le mercier crie à la lingère :

> « Après tout ce langage
> Ne me repoussez pas mes boîtes davantage,
> Votre caquet m'enlève à tous coups mes chalands. »

Boileau nous montre les boutiques de libraires :

> Où, sans cesse étalant bons et mauvais écrits,
> Barbin vend aux passants des auteurs à tous prix.

Et Boisrobert, en 1637, avec sa bonne modestie d'auteur, de se dire :

> Que deviendrai-je oyant trente libraires
> Me clabauder et crier de concert :
> « Deçà, messieurs, achetez Boisrobert ? »

Ces marchands, au dire de Villers, « sont les plus rusés et les plus adroits de toute la ville ». Berthoud nous les montre en 1652 :

> « Approchez-vous ici, madame,
> Là, voyez donc, venez, venez,
> Voici ce qu'il vous faut, tenez ! »
> « J'ai de beaux masques, de beaux glands,
> De beaux mouchoirs, de beaux galands » (galons).

On vendait encore, en 1842, des pantoufles, des livres et des jouets dans ces galeries.

INSTRUCTION ET DÉPOT DES PRÉVENUS, qu'il ne faut pas confondre avec le Dépôt près la Préfecture de police. On y conduit dans des voitures cellulaires les individus tout d'abord consignés dans les postes de police des divers quartiers de Paris. Assassins, voleurs, prévenus sans crime, sont entassés pêle-mêle ; les réformes décidées pour cet été de 1889 comportent la cessation de tout envoi d'enfants dans cette école du vice.

On sent trop en y entrant la réponse naturelle qu'on doit faire, aujourd'hui encore, à Jules Simon, qui en 1867, se demandait quels pouvaient être « les sentiments d'un honnête homme qui, par grand hasard, se trouverait amené là ». Quiconque a eu l'avantage de pouvoir étudier ces choses sur place sent l'horrible vérité de cette phrase de Narjoux : « On frémit à la pensée que l'erreur, l'excès de zèle d'un agent, une ressemblance malheureuse peuvent, jusqu'à ce que son identité soit constatée, faire jeter un honnête homme au Dépôt. » L'aspect est particulièrement intéressant vers les trois heures du matin : hommes et femmes, rangés en files distinctes, s'interpellent, adossés aux forts piliers sur lesquels retombent des voûtes dont l'élan hardi va se perdre dans la pénombre : ils attendent la formalité de l'écrou ; chaque détenu, fouillé dans une petite pièce, mis à nu, les pieds déchaux sur des dalles, a son nom remplacé par un numéro. Si l'acte reproché est d'une certaine gravité ou si la situation du prévenu le rend digne d'éviter une promiscuité dangereuse, il est enfermé dans une cellule ; dans le cas contraire, il est mêlé aux camarades, suivant les pratiques du *système en commun* : des centaines d'individus encombrent les chambres et débordent les promenoirs ; les interpellations s'y croisent en tous sens : l'école de démoralisation complète son enseignement criminel.

Les *cellules* sont superposées sur deux étages de chaque côté de hautes galeries. Chacune d'elles est pourvue d'une fenêtre à soufflet, d'un lit, d'un bec de gaz sans garniture, d'une table abattante, d'un poêle pour le chauffage, d'un siège d'aisance par lequel s'opère la ventilation ; si le prisonnier veut appeler, qu'il tire à lui une certaine tige de fer : aussitôt dans le cor-

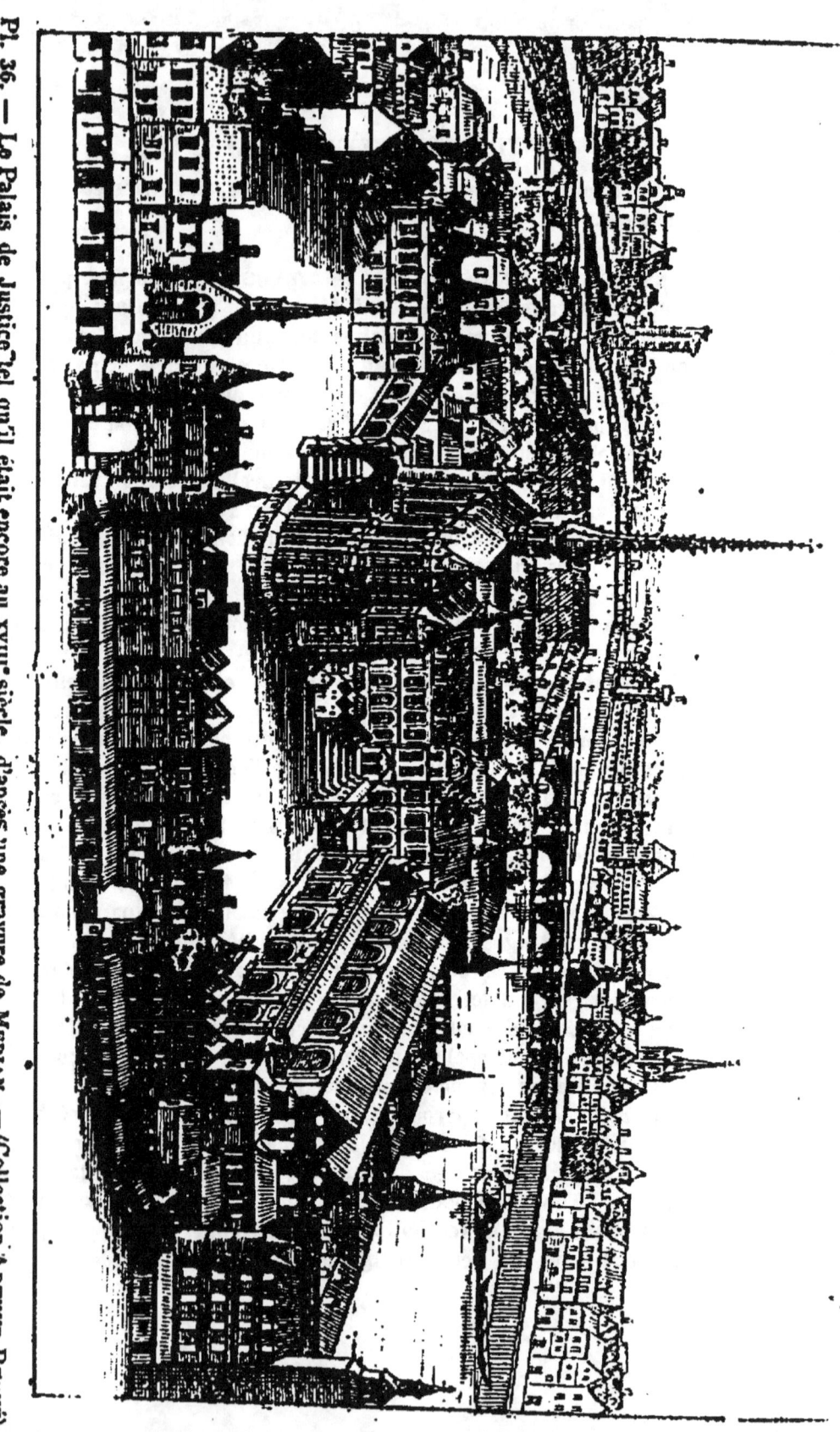

Pl. 36. — Le Palais de Justice tel qu'il était encore au XVIIIe siècle, d'après une gravure de Merian. — (Collection Arthur Rhoné). — Les constructions qu'on voit au premier plan sont celles qui occupaient l'alignement de la grille actuelle sur le boulevard du Palais, ancienne rue de la Barillerie, qui existait dès l'époque romaine.

LA CITÉ. — Palais de Justice.
AU XIVᵉ SIÈCLE.

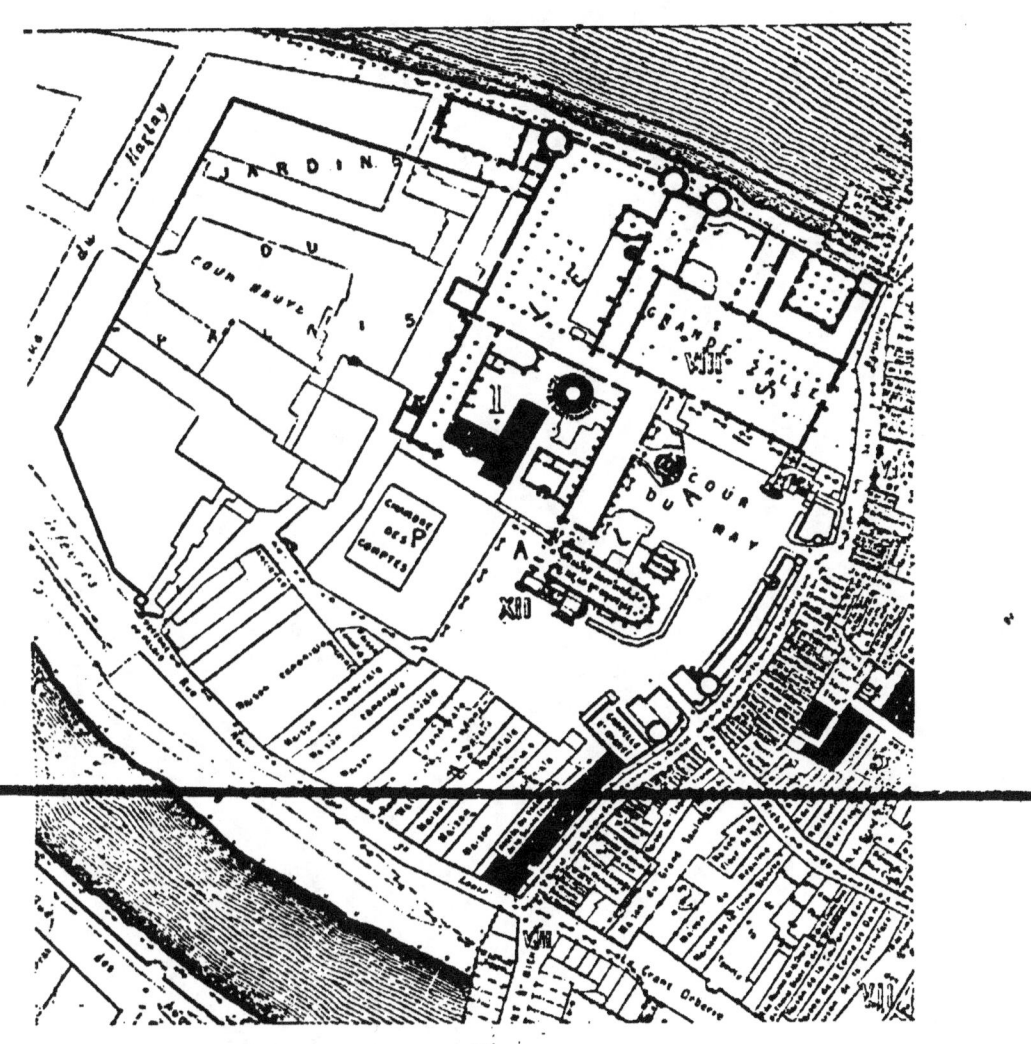

SYSTEME DU PLAN

Les lignes ponctuées indiquent les monumens, les rues et les alignemens modernes, ainsi que les parties reconstruites d'établissemens anciens. — Les lignes interrompues forment les contours approximatifs, et les lignes pleines les contours certains. — Les signes . . . . . délimitent les Censives, et les signes ⊶ ⊶ ⊶ les Paroisses. —

Les noms anciens des monumens, établissemens et rues, sont écrits en caractères romains, les noms modernes en caractères italiques. — La ronde a été employée pour les appellations dont l'usage remonte à une époque douteuse. — Les astérisques distinguent les maisons anciennes dont il est fait mention dans les titres, mais sans désignations particulières. — Les chiffres romains ont trait aux Paroisses et les chiffres arabes aux Censives.

Pl. 37-38. — D'après le plan archéologique de Paris par Albert Lenoir et Berty. — Le nº XII indique la Paroisse de la Sainte-Chapelle. — Nº VIII Paroisse de Saint-Barthelémy. — Nº VII Paroisse de Saint-Germain-le-Vieux. — Nº 1, Censive du Roi. — Nº 2, Censive du Parloir aux Bourgeois. — Nº 5, Censive du Prieuré Saint-Éloy

ridor, de l'autre côté de son mur, retentit le bruit sinistre et sourd de deux plaques de métal entre-choquées..., et le gardien viendra quand il pourra. Il passe la pitance du prisonnier dans une gamelle, par un volet pratiqué dans la porte. Une certaine latitude est pourtant laissée à ceux des prévenus dont l'innocence ne peut être encore niée. La moyenne quotidienne, en 1888, était de 80 arrestations.

TRIBUNAL DE PREMIÈRE INSTANCE. — Les salles d'audience sont groupées au pourtour de la grande salle ou salle des Pas-Perdus qui s'est élevée au-dessus de la partie la plus ancienne du Palais. Ledit quartier s'annonce au dehors par les immenses baies de la salle des Pas-Perdus et par des bâtiments que Duc a restitués dans le style du moyen âge, à la place d'une façade du dix-septième siècle qu'ornaient des figures de la Force et de la Justice. Un motif décoratif, placé entre les deux pignons, est composé des tables de la loi sur lesquelles s'appuient la Force et la Justice par Toussaint. Un corps de garde en occupe le rez-de-chaussée. A l'angle se trouve la **Tour de l'horloge**, beffroi dont la silhouette pittoresque domine les trois tours du quai (fig. 30); ses baies sont modernes et l'avant-dernier de ses cinq étages contient une grande salle voûtée, croisée de nervures dont la poussée est combattue par des contreforts extérieurs. Cette tour a été élevée sur l'emplacement du moulin de *Chante Reine* (chante grenouille), ainsi nommé à cause de la grenouillère dans laquelle s'embourbaient ses pilotis. Sa partie inférieure a dû être bâtie à la fin du treizième siècle; trois époques se révèlent dans sa hauteur. On attribue sa construction à Jacques Lucé, le « Jacobus Lucée » des comptes, auteur d'agrandissements du Palais, des deux tours rondes et des bâtiments intermédiaires : il reçut 1500 livres parisis le 4 juin 1299, 600 en août suivant, 4000 en septembre 1301. Les fondations et le rez-de-chaussée ont été repris en sous-œuvre de 1844 à 1845.

Les pierres du couronnement et la toiture ont été remises à neuf en 1849; la base du clocher de l'église du collège de Lisieux, rue Saint-Jean-de-Beauvais, a servi de modèle pour le rétablissement du lanternon polygonal. La nouvelle charpente est en chêne de choix passé à l'huile chaude. On a monté, en octobre 1848, une *cloche* de 1484 kilogrammes fondue par Cuvillier; elle porte les noms des membres du gouvernement provisoire. La hauteur de la tour de l'Horloge, jusqu'à la girouette du beffroi, est de 47m,36, et l'épaisseur moyenne de ses murailles est de 1 mètre. — On sait les noms des gouverneurs de cette tour, à partir de 1568. Charles V aimait à y monter. Longtemps délaissée, elle fut occupée dès le règne de Louis XV par une famille d'opticiens, et l'ingénieur Chevalier l'habita jusqu'en 1842.

Une ancienne et monumentale horloge, brillamment enluminée, orientée sur le passage de la foule, se détache sur le fond sombre de la façade. Duc, Dommey, ont heureusement terminé sa restitution le 22 mars 1852, grâce aux fragments de sculpture retrouvés en 1843 dans les baies bouchées de la tour.

Flandrin et Toussaint ont reconstitué les deux statues : celle de gauche, la *Force*, ou *Piété*, tient un faisceau et les tables de la Loi en argent; on y a écrit : *Sacra Dei celerare pius, regale time jus :* Observateur pieux de la loi de Dieu, respecte le droit royal. Une inscription plus grande se détache au-dessous du cadran : *Machina quæ bis sex tam juste dividit horas, justitiam servare monet legesque tueri :* La machine qui divise si exactement les douze heures du jour, nous avertit d'observer la justice et d'obéir aux lois. Une plaque posée au-dessus du cadran contient ces mots : *Qui dedit ante duas triplicem dabit ille coronam :* Celui qui lui a déjà donné deux couronnes lui en donnera une troisième; allusion aux couronnes de France et de Pologne, qui fut pour les adversaires de Henri III l'occasion de bons mots, moins aimables et fort contradictoires, qu'ils se plurent à inscrire dans ce voisinage. Toutes ces inscriptions sont dues à Jean Passerat, professeur en éloquence. La statue qui est à droite de l'horloge représente la Justice avec la balance et l'épée. Les armes de Henri III ont été figurées en souvenir d'une restauration que ce roi fit faire au cadran. On a substitué de nos jours, aux lis d'autrefois, des ornements de fantaisie; ils se détachent sur l'azur du champ dont le contraste est rendu plus heureux, et par le fond argentin du cercle duquel saillissent les heures, et par l'éclat du soleil, et par la sombre puissance des ombres que lui ortent deux gracieuses consoles à figures : elles soutiennent un

Pl. 39. — PALAIS DE JUSTICE. La Tour de l'Horloge.
Dessin inédit de ROBIDA.

LA CITÉ. — LE PALAIS DE JUSTICE.

auvent, innovation de Duc et Dommey, recouvert de feuilles de cuivre estampées en forme d'écailles, bordé par une forte gorge ornée de fruits et de feuilles. Vivet en a refait la peinture et les dorures, H. Lepaute le mouvement de l'horloge. On lit sur le haut de l'auvent la date d'une des restaurations (1585) et au bas du cadran, à gauche celle de 1685, à droite celle de 1852. Sur le fronton, des génies en terre cuite ainsi que les armoiries.

On a attribué à l'Allemand Henri de Vic la construction, en 1370, de cette horloge, qui passe pour avoir été la première horloge publique de Paris. Charles V, croyons-nous, ne lui confia d'autre soin que de la renouveler : n'est-il pas question, en effet, dans le *Journal du Trésor*, dès 1209, du payement, à Pierre Pipelart, d'une somme de six livres tournois, pendant plusieurs mois, pour une horloge monumentale vraisemblablement destinée au Palais? De plus l'ancienne table des registres du Parlement parlait de l'horloge du Palais dès 1334. Quant au cadran, il ne fut posé qu'entre 1417 et 1418, ainsi qu'il ressort de pièces qui révèlent le différend amené par ce travail entre la municipalité et Henri Bic ; les pièces d'archives semblent désigner sous ce nom le Henri de Vic cité par Sauval : en 1413, l'horloger réclama son salaire au prévôt des marchands . la Cour condamna la municipalité à payer audit horloger cinq sous de gages par jour « pour ce que ladite horologe est située et assise au « milieu de Paris, et sert à toute la ville et y est très nécessaire « pour le fait des habitans et de la chose publique de Paris. » — Les prevost et eschevins répliquaient à cette réclamation de Henry, en ce même 4 avril 1418, qu' « un autre pourroit pour « II sols aussi bien gouverner ledit horologe comme feroit ledit « Henry et à moins de despens. Et ne convient mie que la Ville « soubtiene tout ce qui sert à la chose publique, car pareillement « l'orologe de Saint-Eustace et de Saint-Pol servent à la ville et « à la chose publique, dont la ville ne paie rien; et ne couste « l'orologe de Saint-Eustace à gouverner par an que six frans. »

L'horloge du Palais sur laquelle on a marqué les dates des deux restaurations de 1685 et 1852, fut retouchée à diverses reprises : en 1472, Philippe Brille reçut une forte somme « pour avoir peint et doré la table du carré du cadran de l'horloge du Palais avec les quatre évangélistes qui sont autour ». Sous

Henri II elle fut par son ordre « peint de neuf » et son nom inscrit au-dessous en lettres d'or. Elle subit sous Henri III une réfection nouvelle, à la date du 18 février 1585 selon l'Estoile, en novembre selon le Père du Breul. Le conducteur de cet ouvrage fut le grand Germain Pilon, « l'un des premiers en son art ». On y mit la colombe, symbole du Saint-Esprit, ordre dont le collier entourait les écus de France et de Pologne. Plus tard, en 1685, l'état de délabrement de la peinture du cadran obligea à la restaurer; puis ce cadran fut mis en pièces quand la Convention nationale eut proscrit les chiffres et les emblèmes.

Jusqu'à cette époque une grosse cloche, dite *tocsin*, existait dans cette tour; fondue par Jean Jouvente en 1371, sous Charles V, le peuple l'avait surnommée la *cloche d'argent*, à cause de la clarté de son timbre. Elle n'était mise en branle qu'en de rares occasions, temps de troubles, de naissances ou de morts royales. Le 21 août 1792, on l'accusa, pour son bicentenaire, devant le conseil de la Commune de Paris, d'avoir donné le signal de la Saint-Barthélemy le 24 août 1572. Alors fut décrétée sa destruction immédiate, et l'on condamna à la même peine la cloche de Saint-Germain l'Auxerrois, réputée coupable du même crime.

FAÇADE SUR LE QUAI DE L'HORLOGE. — Tous ces bâtiments ont été refaits de nos jours par Duc. La porte que l'on voit près de la tour de l'Horloge a été percée en 1864 pour former l'*entrée de la Conciergerie*, pratiquée antérieurement à droite du grand perron de la cour du Mai. Les tours de César et d'Argent flanquent le pignon de la Grand'Chambre. La *Tour de César* doit ce nom au souvenir d'un fort qu'on aurait, dit-on, construit sur cet emplacement; elle renferme actuellement le cabinet du directeur. On y a enfermé le prince Napoléon en janvier 1853, Pierre Bonaparte en 1870 et, dit-on, Ravaillac. On y voit une salle circulaire, avec voûte à nervures, dont les clefs sont sculptées de fleurons et de griffons. Les retombées des voûtes sont formées de gracieux feuillages mêlés d'animaux et de mascarons. La partie supérieure de la *Tour d'Argent* a été brûlée, mais son rez-de-chaussée est intact. On y voit d'admirables culs-de-lampe. Dans le bas se trouve le parloir des avocats; au-dessus la pièce est réservée aux présidents des assises;

la reine Blanche l'aurait occupée et Damiens aurait été enfermé dans cette tour, qui doit son nom à ce que saint Louis y conservait son trésor. — La troisième tour, qui est crénelée, est dite la *Tour Saint-Louis, Bon Bée* et plutôt *Bon Bec* ou la *Bavarde*, parce que la question qu'on y infligeait faisait faire bon bec au malheureux qui aurait voulu se taire. Guilhermy rapporte que les ouvriers y brisèrent une grande dalle de pierre sur laquelle les criminels étaient soumis aux tortures. On conte aussi que l'on y trouva, il y a quatre-vingts ans environ, des instruments de torture, des oubliettes transformées en aqueduc par Pape, lorsqu'il restaura l'étage souterrain du Palais (1818); Ravaillac y fut enfermé; l'intérieur, auquel on accède par la porte de la Conciergerie, ne présente qu'une simple voûte de forme conique sans nervure ni console. Les salles supérieures, dépendant de la Cour de cassation, ont été ornées à nouveau dans le style primitif, tendues de tapisseries; ses cheminées reproduisent celles d'autrefois; la pièce sous comble a été construite sur les données de la charpente du quatorzième siècle; elle avait été remontée d'un étage en 1870, afin de dégager la silhouette de la tour.

La suite de cette façade, également de Duc, dénote un style tout autre; un *pavillon* central accentue l'intéressant *escalier d'honneur de la Cour de cassation*; la porte sur le quai est digne d'attention.

Cette Cour suprême, chargée de casser les décisions de toutes les autres juridictions françaises, quand elles s'écartent du texte ou de l'esprit de la Loi, revêt des formes moins sévères, d'un style plus tempéré et permettant quelque espérance à ceux qui en franchissent le seuil.

AUTRES FAÇADES. — Duc a élevé la façade de la Cour d'assises sur la place Dauphine de 1857 à 1868. Diet a terminé, en 1881, les ordonnances de celle qui s'élève sur le quai des Orfèvres; de ce côté se trouve l'entrée de la Préfecture de police, appropriée par Daumet, après la réunion de ces bâtiments au Palais de Justice, aux grands services de la Cour d'appel; à l'étage inférieur de sa partie en retour sur la rue de la Sainte-Chapelle, on construit le quartier nouveau des cellules dites *la Souricière*, qui occupent aussi une partie de la façade élevée par Duc sur la rue de la Sainte-Chapelle.

Sur le boulevard du Palais existait la *chapelle Saint-Michel* (pl. 30), à gauche de la porte aux deux tourelles, nom qui semble consacrer le culte de Mercure auquel saint Michel succède habituellement.

LA GRANDE SALLE, DITE AUJOURD'HUI DES PAS PERDUS.

— Tout château, au moyen âge, possédait une vaste salle réservée aux assemblées et aux réjouissances. Celle du Palais est célèbre; dès 1451 Astéran, dans son *Éloge de Paris*, dit qu' « on y rencontre encore tout ce que l'on veut acheter avec beaucoup ou peu d'argent..., enfin tout ce qui peut apporter quelque joie aux malheureux mortels se vend dans cette salle ». Un dessin du *Traité de perspective* artificielle de Pélerin, dit *Viator*, et une estampe rare de l'œuvre de Du Cerceau, nous la montrent dans cet état primitif, « divisée en deux nefs avec les piliers au milieu et les voûtes en bois sculpté et doré très finement et dont la longueur est de 150 bras (64 mètres) et la largeur de 50 bras (21 mètres) : les parois aussi sont décorées avec les statues de tous les rois de France (Vignati 1511). » Claude Buttet complète ce tableau, du milieu du seizième siècle, dans son épithalame :

> Sur piliers assemblez de hautain artifice
> A longs arcs étendus se soutient l'édifice :
> Le plancher est doré de ce beau long manoir,
> Le bas est à carreaux de marbre blanc et noir,
> Pavé comme un tablier, et en longue ordonnance
> Sur les hauts piliers sont les sacrez roys de France.

« Ceux qui avaient régné vertueusement, dit Corrozet, portaient les mains hautes; ceux au contraire qui n'avaient pas fait acte d'excellence les portaient basses. » Des inscriptions enseignaient la durée du règne et l'époque de la mort. On voyait encore dans cette salle la dépouille d'un crocodile trouvé, au dire de Th. Zvinger (1577), dans les fondations du Palais ; à l'extrémité septentrionale était la fameuse table, « tranche de marbre sans égale au monde », quoique en réalité composée de neuf morceaux; sa surface polie, dit Jean de Jaudun en 1323, s'illuminait des rayons du soleil couchant. On y dressait les festins royaux;

les princes du sang y prenaient place ; les clercs de la basoche y représentaient des *farces* qui mettaient en émotion tout le populaire de Paris. Charles V y fit servir un banquet devenu historique par sa magnificence. La juridiction des eaux et forêts lui dut son surnom. — Des bancs de pierre et de grandes cheminées étaient adossés aux murs. Sous Louis XI on éleva une chapelle à l'une des extrémités de cette salle ; on y célébrait la messe du Saint-Esprit, à la rentrée du Parlement : une colonne supportait la statue de Charlemagne ; celle de saint Louis se dressait sur la voisine. Tout fut détruit dans l'incendie du 7 mars 1618. « Les piliers, dit le *Mercure de France*, furent par la violence du feu tous gastez, la table de marbre réduite en petits morceaux, et les statues des roys nichées contre les parois et piliers, toutes défigurées et perdues. » Salomon de Brosse (non Jacques) consacra quatre années à la reconstruction, terminée en 1622. En mai 1871, la Commune incendia le palais ; mais au moment de cette seconde destruction la réfection s'imposait : de Brosse avait construit cette salle en porte-à-faux sur la partie inférieure, d'où des désordres graves constatés dès 1812 et auxquels Peyre avait remédié en 1817 par le rétrécissement des arcs de la salle basse. Duc et Daumet (1878) terminèrent la reconstruction, et durent reprendre en sous-œuvre les piliers de la salle basse, en respectant les formes et les dimensions primitives. Les voûtes puissantes de cette nef, reconstruites, dit Paul Sedille, en pierre et briques, subdivisées par de larges compartiments bien dessinés, prennent de l'échelle et mesurent les dimensions énormes des vaisseaux. Les belles portes, les larges bancs de pierre, les lampadaires de bronze et le **Monument élevé à la mémoire de Berryer**, dont la noble statue a été sculptée en 1878 par H. Chapu, donnent à cette salle sans rivale un aspect et un intérêt nouveaux. Les figures du soubassement du monument symbolisent la *Fidélité* et l'*Espérance* ; la frise porte ces deux mots éloquents comme le grand orateur : *Forum et Jus*. Sur le mur sud, à l'opposé, on voit le **Monument de Malesherbes**, ami, conseiller et défenseur de Louis XVI, consacré en 1821 par Louis XVIII qui composa l'inscription : « Strenue semper fideli — Regi suo — In solio veritatem — Præsidium in carcere attulit. » L'architecture est de Lebas, la statue de *Males-*

herbes et celles de la *France* et de la *Fidélité*, qui l'escortent, sont de Bosio; le bas-relief est l'œuvre de Cortot. Presque en face de ce monument se trouvait le *Pilier des consultations*, près duquel les anciens avocats donnaient des avis gratuits au populaire. — Un petit escalier droit, longeant la face sur le boulevard du Palais, près la *salle des avoués*, donne un accès direct à la cour du Mai. Une suite de piliers d'ordre dorique divise la salle en deux nefs : un escalier à double rampe, proche de la cinquième chambre et des référés, conduit à trois des six chambres du **Tribunal civil**; de son palier on arrive par quelques degrés droits que couvre un joli plafond rampant, orné de caissons, à une **cour vitrée**: elle est en forme d'atrium, et c'est une conception de plan véritablement exquise, que l'on trouve indiquée déjà sur les projets de Huyot. Duc et Dommey l'ont coupée par un pont dans sa hauteur, elle est ennoblie par deux ordres dorique et ionique superposés, dont les maîtres les plus réputés de la classique Italie peuvent envier la paternité : on comprend alors tout ce que l'étude serrée de la ligne, l'harmonie des proportions, l'heureux choix des moulures, réservent de ressources à une élégance imprévue et au développement des effets pittoresques. Une plaque porte ces mots : « Dans ce bâtiment, sous le règne de Napoléon III, empereur des Français, l'an 1853, le *tribunal civil de la Seine* fut inauguré, M. Debelleyme étant Président. » De jolies gaines portent les bustes des légistes Lecamus, Gargouges de Fleury, Dangran d'Alleray, Berthereau, Try, Moreau. On voit, dans le cabinet du président, des portraits de magistrats par Bonnat, Henner, Jalabert, Mlle Marandon de Montyel, Scheffer.

Parmi les pièces qui entourent la grand'salle des pas perdus il convient de signaler, dans l'angle Nord-Ouest, la **première chambre du Tribunal civil**, ancienne Grand'chambre ou chambre dorée : Duc consacra ses derniers jours à la rétablir, et Daumet acheva de lui restituer en partie une décoration du genre de celle que Louis XII fit exécuter en 1502 par Fra Giovanni Giocondo : de petits pilastres séparaient alors des travées de riches étoffes de velours, semées de fleurs de lis d'or; « des images, écrit Corrozet, armoiries, frizures, médales, ouvrages antiques, crotesques, mannequins, bordures et autres espèces de figures entaillez à demy bosse » décoraient le lambris La char-

Pl. 40-41. — Les Ponts et les Alentours de Notre-Dame, le Palais avec la Chapelle St-Michel
D'après le plan de TURGOT — (Collection E. MAREUSE).

pente primitive, datant de Philippe le Bel, était à entraits et poinçons apparents.

Le plafond, de boiseries avec rehauts bleu ou or, se compose aujourd'hui encore d'une série d'arcs supportés par des pendentifs ; la salle fut « lambrisée, selon Duchesne, de culs-de-lampe et vermillonnée avec un artifice singulier, et la devise du porc-épic qui était celle du roi, sculptée sur bois ». Vignati y remarqua en 1517 le « tribunal avec son baldaquin très beau, tout doré et beaucoup d'ornements ». Louis XII était figuré au fond de la salle ; là se trouvait aussi un calvaire, qui décore à présent la première chambre de la Cour d'appel ; la paternité en est aujourd'hui contestée à Van Eyck. (Voir p. 143.)

La *Grand'chambre*, primitivement chambre à coucher de saint Louis, fut reconstruite par Louis XII à l'occasion de son mariage avec Marie d'Angleterre, et fut surnommée *Chambre dorée* parce qu'elle était ornée de dorures faites d'un métal aussi fin que celui des ducats de Hollande. Des échelles mobiles accédaient à deux tribunes ou lanternes bien sculptées dont les places étaient fort recherchées. Elle servit de salle de cérémonie jusqu'à Louis XII, qui y faisait admirer par les princes étrangers le *bon ordre de sa justice*.

Elle fut affectée ensuite au service de la Grand'chambre du Parlement, et alors les rois y tinrent des lits de justice. Là siégea une magistrature, illustre entre toutes, qui pouvait *citer à comparaître* l'empereur Charles-Quint ; magistrats taillés dans le roc de la vertu, de la tradition, de l'amour de la patrie, ils administraient aux jours de désastre ; tuteurs de rois, médiateurs entre le prince et les peuples, donneurs de grands exemples : tel premier président monte, après Pavie, la garde à l'une des portes de la Cité. Ces magistrats, dit Frédéric Thomas, esclaves et dispensateurs de la loi, austères et puissants comme elle, portaient aux pieds du trône les avis déplaisants de la sagesse qu'ils appuyaient des témérités réfléchies d'une insubordination fidèle et d'une hargneuse obéissance ; car si la royauté trouva quelquefois en eux des complaisances de courtisan, elle y trouva aussi des résistances de héros. Initiateurs de la parole indépendante, propagateurs de l'esprit d'examen, comme ils pratiquaient les mœurs de la liberté, ils furent les premiers à en parler le langage.

Qui ne sait l'héroïque conduite de M. de Harlay et de soixante présidents quand un des chefs des Seize, Bussy-Leclerc, vint les arrêter le 15 janvier 1589? Un contemporain, Despesses (X° remontrance 1587), peint ce barreau « départi en trois rangs, où d'un costé sont assis les vieux pères, d'un autre ceux d'un âge moyen, et d'un autre les nouveaux venus; tous gens d'eslite, tous fleurs d'esprit ». En 1648 la Fronde sortit de cette salle, après entente des assemblées du Parlement, de la Cour des comptes et de la Cour des aides. C'est là aussi que Louis XIV, botté, le fouet en main, prononça le 13 avril 1654 cette redoutable parole : « L'Etat, c'est moi. » A sa mort, le Parlement cassa dans cette même pièce le testament du grand roi. Mais une tourmente autrement terrible devait faire sentir ici sa violence. Un décret de 1790 renverse le Parlement. Le 2 avril 1793 le sanguinaire tribunal révolutionnaire s'installe en juge souverain des magistrats dont il a pris les sièges, et qu'il condamne dans le lieu où ils avaient rendu la justice. La reine de France comparut les 12 et 14 octobre 1793, environnée par la foule, à quatre heures et demie du matin; le président Hermann, d'une voix mal assurée, prononça ce verdict dans la Chambre dorée : « Le tribunal condamne Marie-Antoinette, dite de Lorraine d'Autriche, veuve de Louis Capet, à la peine de mort. »

C'est ainsi que les souvenirs de cour laissés dans cette salle par tant de monarques étrangers, tels que l'empereur Sigismond ou le czar de toutes les Russies Pierre le Grand, firent place alors aux accents suprêmes des Girondins, aux mâles paroles de Charlotte Corday, de Mme Roland, aux faiblesses de la Dubarry. Deux mille sept cent quarante victimes y furent condamnées à mort, notamment les deux Robespierre, Couthon, Saint-Just, Henriot, et l'accusateur public lui-même, Fouquier-Tinville.

Aujourd'hui, la salle affectée à la première chambre du Tribunal est diminuée d'une travée; on voit sur le mur du fond de la salle une peinture par E. Delaunay représentant le Christ accompagné par deux saints personnages. Les murs sont tendus d'étoffes bleues qu'encadrent des boiseries dans le style de la Renaissance; on a peint au-dessus de l'entablement, dans les arcatures, des sirènes, des enfants, des centaures, des dauphins alternant avec des écussons fleurdelisés, des porcs-épics cou-

LA CITÉ. — LE PALAIS DE JUSTICE.

ronnés; incidemment l'épée et la balance de la justice paraissent comme égarés au milieu de ces allusions mythologiques que couvre un plafond, à nervures plein cintre surbaissées et à culs-de-lampe en pendentifs. Les dépendances de la Grande Salle sont installées dans les tours d'Argent et de César (p. 122).

La Conciergerie ou maison de justice est réservée aux condamnés qui n'ont pas encore signé leur pourvoi en cassation et aux accusés avant leur comparution en cour d'assises. On y a installé une prison de détenus en commun, affectée aux condamnés à des peines légères; et un quartier des Cochers, qui doit son nom à la présence forcée des cochers récalcitrants. — La Conciergerie a la même origine que le Palais, dont elle était une dépendance; elle servit toujours de prison et doit son nom au concierge qui y commandait. Cet officier prélevait sur les maisons de la place Saint-Michel le chantelage du vin, soit quatre deniers parisis par tonneau et par muid d'avoine; il percevait chaque jour un setier de vin, douze pains de cour et un de bouche, deux poules, du porc, des chandelles, et les cendres qui se trouvaient dans le Palais, quand le roi le quittait. C'est lui qui permettait aux merciers et marchands de s'établir au Palais. Il taxait les vivres qu'il fournissait à ses prisonniers, le loyer des meubles, et plus d'un prisonnier libéré fut retenu jusqu'à ce qu'il eût payé le mémoire de geôlage. Parmi ces concierges on compte Thibaut de Mézeray et Jacques Coictier, médecin de Louis XI. La Conciergerie est mentionnée dans les registres de la Tournelle du 23 décembre 1391, à l'occasion de l'emprisonnement de Nivernais révoltés contre leur évêque. Le 13 juillet 1543, le Parlement y mit des lits à la disposition des malades, alors couchés sur de la paille.

La Conciergerie a vu dans ses murs Pierre de la Brosse, accusé d'avoir empoisonné un fils de Philippe le Hardi; Gérard la Guette, receveur sous Charles le Bel; Jourdan de l'Isle, représenté comme un tyran de la Gascogne; Philippe de Commines, politique et historien; des trésoriers tels que Pierre Remy, Macé de Maches, René de Siran (1333), des Anglais, des juifs, des lépreux, des accusés de trahison tels qu'Olivier de Clisson, père du connétable; des nobles, des chevaliers, des bandits, un prévôt des marchands de Paris, P. Juvénal des Ursins (1388). Puis ce sont les épouvantables massacres des Cabochiens; puis c'est un gentilhomme picard, Louis Berquin, accusé de propagation des doctrines de Luther. Le meurtrier involontaire de Henri II, le comte de Montgomery, apprit à connaître la Tour carrée. Voici ensuite l'ordre d'écrou de Ravaillac, conservé aux archives de la Préfecture de police :

« Du samedy 16 mai 1610.

« François Ravaillac, praticien, natif d'Angoulesme, amené prisonnier de M. Joachim de Bellangeville, chevalier (un mot illisible), prévost de l'hostel du roy et grand prévost de France, par le commandement du roy, pour l'inhumain parricide par lui commis sur la personne du roi Henry quatrième. »

Une porte moderne (1858) du quai de l'Horloge donne passage à la cour de la Conciergerie; on a détruit en 1853 la *tour de l'Inquisition*; elle est malheureusement célèbre par les massacres de Septembre. En face de l'entrée (côté sud), on voit le mur de la *Grande Salle* et de son étage inférieur ou *salle Saint-Louis*; à gauche, on accède dans les *cuisines de Saint-Louis*; à droite (nord-ouest), au *Grand Guichet*, aux tours, puis, par la rue de Paris, au *cachot de Marie-Antoinette* et aux autres *cachots historiques*.

Salle Saint-Louis ; on y accède par la grille qui la sépare du grand guichet. Un triple rang de piliers à chapiteaux à feuillages la divise en quatre nefs; ceux qui portent la file des colonnes médianes de la salle supérieure sont plus forts. Les doubleaux sont en ogive, les voûtes croisées de nervures rondes avec filet en saillie. Les piliers ont été longtemps à moitié enterrés. Elle contient quatre immenses cheminées; l'une se nomme le Donjon, l'autre le Diadème. Cette pièce servait jadis de salle de gardes et de refectoires pour les personnes de la maison du roi.

La cuisine dite de Saint-Louis est une salle quadrangulaire divisée en quatre nefs par neuf colonnes disposées en quinconce. Terminées par de simples moulures, elles reçoivent la retombée des nervures croisées de la voûte et des arcs en ogive. Chacun des quatre angles est occupé par une cheminée colossale établie en pan coupé. La hotte est conique; leur manteau s'étaye à la colonne voisine par l'intermédiaire d'un étrésillon de pierre.

LA CITÉ. — LE PALAIS DE JUSTICE. 135

Le style de cette cuisine, contemporaine des ouvrages élevés sous Philippe le Bel, dénote la fin du treizième et le début du quatorzième siècle. Elle avait peut-être deux étages : la salle que l'on voit de nos jours aurait été réservée aux familiers, et la cuisine du premier étage devait être destinée à la table du roi. Dulaure signale un escalier par lequel on montait à la salle supérieure, sans doute pour y transporter les mets quand les rois y donnaient des festins. La salle actuelle est aujourd'hui un

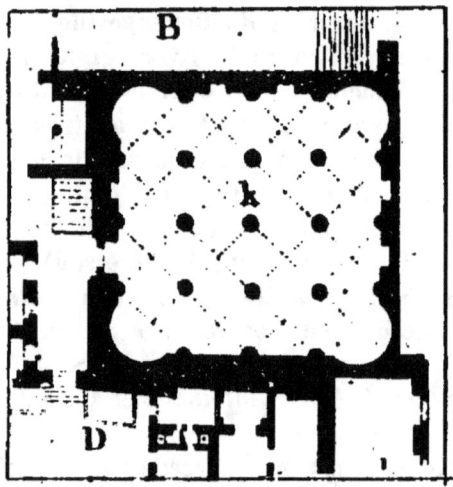

Fig. 42. — Plan de la cuisine dite de saint Louis.

B. Tribunal de première instance à l'étage du dessus. — D. Emplacement de la Police correctionnelle en 1825. — K. Cuisine de saint Louis avec cheminée à chaque angle.

dépôt dans lequel on voit un fragment de la vieille table de marbre qui indiquait le siège du tribunal des maréchaux de France ayant juridiction en matière de duel.

GRAND GUICHET. — On ouvre, à l'ouest de la cour de la Conciergerie, deux fortes grilles ; on descend quelques marches, et par une porte moderne, due à Duc et Dommey, l'on pénètre dans une vaste salle ; elle a grand air avec ses quatre travées qu'une file de trois colonnes partage en deux nefs. Des fleurons décorent les clefs de voûte. Les feuillages des chapiteaux sont compliqués d'animaux plus ou moins fantastiques. A main gauche en entrant, au-dessus d'une grosse colonne, on remarque quatre groupes : chacun d'eux est composé d'un jeune homme et d'une jeune fille assis et adossés, avec des banderoles ou des livres. On a cru reconnaître sur l'un d'eux Héloïse et Abeilard, car, suivant l'heureuse expression de Maxime du Camp, on peut y voir « le plus sérieux épisode » de leur histoire. Ici se tenaient les condamnés à mort depuis l'arrêt jusqu'à l'heure du supplice. L'escalier moderne, construit par Duc et Dommey, se termine en couronnes de feuilles sculptées. Une porte pratiquée dans le mur ouest constitue l'entrée de l'enceinte cellulaire ; une autre, vers le sud, conduit à la vaste salle basse des pas perdus désignée plus haut sous le nom de salle Saint-Louis. C'est une travée détachée de cette salle qui forme la galerie, comprise entre deux grilles à l'extrémité du grand guichet, nommée *Rue de Paris*; pendant la Terreur on y entassa jusqu'à 250 personnes. Tout auprès on trouve le **Cachot de Marie-Antoinette**; le concierge Richard, qui reçut la reine après son violent transfèrement dans la nuit du 2 août 1793, lui donna d'abord sa propre chambre ; il n'avait pas été prévenu et n'avait pu lui réserver de cachot ; le lendemain il l'installa à la place du général Custine dans la *chambre du conseil*, ainsi nommée parce que les magistrats y recevaient jadis les réclamations des détenus ; c'est dans cette pièce, dont on ignore l'emplacement, qu'eut lieu la célèbre tentative d'évasion connue sous le nom d'*affaire de l'œillet*, qui valut à la reine un redoublement de rigueurs : elle fut alors enfermée dans un autre cachot qui porte encore son nom ; il se trouve à l'extrémité d'un obscur couloir, pavé en briques, posées de champ et en arêtes de poisson ; le reste de la pièce a été défiguré sous la Restauration, qui la transforma en chapelle. On rapporta alors des Tuileries le fauteuil ; l'architecte Peyre construisit un autel sur lequel on voit deux flambeaux et le crucifix tenu par Marie-Antoinette en montant sur l'échafaud. Louis XVIII a composé en latin l'inscription qu'on y lit : « Dans ce lieu, Marie-Antoinette-Josèphe-Jeanne d'Autriche, veuve de Louis XVI, après la mort de son époux et l'enlèvement de ses enfants, fut jetée en prison et y demeura soixante-seize jours dans les anxiétés, dans le deuil et dans l'abandon. Mais appuyée sur son courage, elle se montra, dans les fers comme sur le trône, plus grande que la fortune. Condamnée à mort par des scélérats, au moment même du trépas, elle écrivit ici un éternel monument de piété, de courage et de toutes les vertus, le 16 octobre 1793. Vous tous qui venez ici, adorez, admirez et priez. » On a effacé les paroles de pardon à ses ennemis que la reine avait prononcées et qui étaient inscrites au bas de ce marbre. Une peinture par Drolling (1817) représente la *Communion de la reine* entourée de Magnin, Mlle Fouché et deux gendarmes; une autre, par Pajou (1817), figure le *Transfèrement de Marie-Antoinette du Temple à la Conciergerie*, entourée des époux Simon. A l'époque de l'emprisonnement de la reine, la partie gauche de la chambre était occupée par deux gendarmes, tandis qu'elle habitait le côté droit : on y voyait un lit de sangle avec traversin, une cuvette de propreté, une petite table, deux chaises, un tabouret et un siège mobile. Une toile clouée sur un cadre en bois décorait le mur, mais on la fit disparaître à cause de son mauvais état. Les couverts étaient d'étain et des fleurs ornaient la table de chêne ; l'eau à boire venait de Ville-d'Avray. On trouve aux Archives nationales (carton W. 534. Registre II) l'inventaire des objets possédés par la reine dans sa prison.

On ne peut passer par la porte qui donne sur le couloir qu'en baissant la tête, disposition adoptée, dit-on, pour obliger la reine à saluer, malgré elle, le peuple français; on prétend que la reine n'ayant pas voulu s'incliner, sa tête heurta la porte et que des mèches de ses cheveux s'y accrochèrent. Cette même cellule fut occupée en l'an III, pendant quatre mois et demi, par le chevalier de Bastion, accusé d'avoir renseigné les armées anglaises et autrichiennes.

Par une coïncidence terrible, le même toit abrita la reine et ses adversaires du 10 août, déchus à leur tour. La Prison des Girondins touche, en effet, au cachot de Marie-Antoinette ; les Girondins furent enfermés dans la chapelle après leur condamnation ; ils y tinrent des discours héroïques, y parodièrent le tribunal révolutionnaire, Fouquier-Tinville et la guillotine. A minuit, quand les geôliers dormaient « après beaucoup d'exécutions, nous dit Riouffe, un de leurs compagnons, d'accusateur devenait accusé et succombait à son tour. Revenant alors couvert d'un drap

de lit, il peignait les tortures qu'il endurait aux enfers, prophé-
tisait leur destinée à tous ces juges iniques et s'emparant d'eux,
avec des cris lamentables, il les entraînait dans les abîmes ».

Pendant la nuit qui précéda leur mort, le député Bailleul,
proscrit comme eux, mais caché, leur fit tenir à minuit un superbe festin ; les mets les meilleurs, les vins les plus rares, de
joyeuses saillies égayèrent ce repas funèbre; on discuta de l'im-
mortalité de l'âme, des malheurs de la République, de l'existence
de l'Être suprême, et de Socrate, et de Cicéron, et du Christ et
de tous les justes immolés. Et, dans un coin de la chapelle, Va-
lazé assistait immobile, raidi par la mort que son poignard lui
avait procurée en face même de ce tribunal qui décida que son
corps serait « réintégré dans la prison, conduit sur la même
charrette que ses complices au lieu du supplice et inhumé
comme eux ». Quand le jour parut, treize Girondins restèrent
dans cette chapelle ; les autres se jetèrent sur le matelas de leur
chambre. « Jeunesse, beauté, vertus, talents, génie, tout ce
qu'il y a d'intéressant parmi les hommes, écrit Riouffe, fut
englouti d'un seul coup [1] ». — « Pour vingt et un députés de la
Gironde : les bières 147 livres, frais d'inhumation 63 livres, total
210 », lui répond la funèbre et brutale éloquence des registres
de la Madeleine ! Tout près du cachot de la reine on trouve une
petite pièce, une sacristie : c'est là que *Robespierre*, enfermé à
son tour (1794), en même temps que Couthon, Henriot, Saint-
Just, croisa le général Hoche.

Des prisonniers moins connus se rassemblaient dans la cour
voisine, dite **Cour du préau de la Conciergerie** : les hommes
n'étaient séparés des femmes que par une grille; de tendres
propos s'échangeaient, des liaisons s'y formaient que troublait à
peine le passage de condamnés à mort. Des guichetiers, souvent
ivres, accompagnés de chiens, faisaient l'appel une heure avant
le coucher du soleil. Mais la gaieté gauloise y conservait ses
droits ; on y fredonnait :

> Quand ils m'auront guillotiné,
> Je n'aurai plus besoin de nez.

D'autres n'avaient pas moins de courage que ces chanteurs :

[1]. Disons que la légende du banquet est fortement contestée aujourd'hui et qu'elle aurait été inventée par Ch. Nodier.

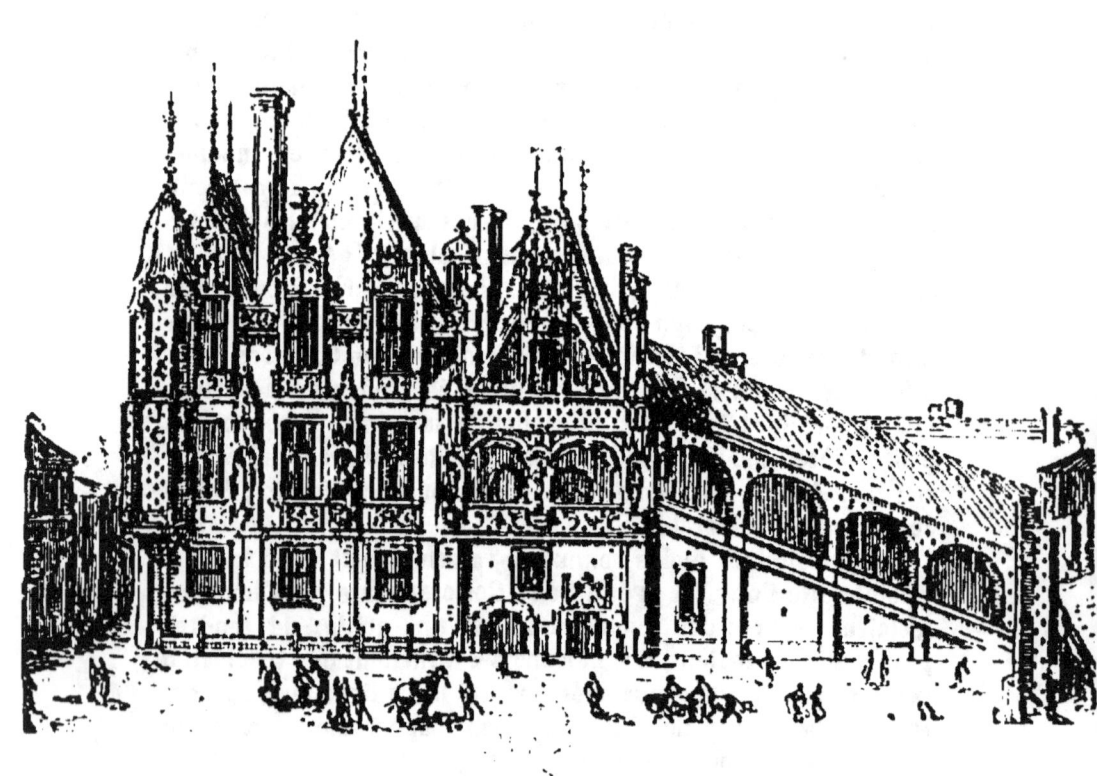

Pl. 43. — La Cour des Comptes au xvi⁰ siècle, d'après une estampe ancienne.
Bâti sous Louis XII ce bâtiment qui occupait le fond de la cour de la Sainte-Chapelle fut incendié en 1737.

(Collection Arthur Rhoné).

le grenadier Gosnay, aimé d'une riche personne qui avait tout fait pour le sauver, demanda fièrement qu'on le menât à la guillotine. Des prisonniers, accusés de délits contre la patrie ou la liberté, y faisaient pour elles des vers ainsi tournés :

Ah! quand on est Français, change-t-on de patrie? (Bis.)

On se résignait à une mort certaine, on soupait, on jouait, on traduisait Socrate, on imitait la guillotine à l'aide d'une chaise d'où le patient devait tomber avec grâce, on tentait de se sauver, on corrompait les chiens... en attachant à leur queue un assignat de cent sous et un paquet de pieds de mouton.

La complicité des lueurs incertaines du crépuscule permettait des scènes intimes; l'élégance des toilettes portées par les plus jolies personnes avait conservé tous ses droits, dans cette cour, qualifiée alors de l'épithète aristocratique de *Boulevard de Gand*. On s'y moquait de Marat, de Robespierre. Des courtisanes vulgaires surent, par leur courage, justifier la leçon que l'une d'elles donnait à un duc pusillanime : « Ceux qui n'ont pas de nom en acquièrent un ici, et ceux qui en ont un doivent savoir le porter. » Financier ou philosophe, législateurs, ducs ou princes, poètes ou vils misérables ont prouvé que l'honneur de l'intrépidité doit être attribué à la nation entière et qu'il ne fut l'apanage d'aucune des factions qui s'entre-détruisaient.

Après la Révolution, l'Empire et la Restauration peuplèrent à leur tour la Conciergerie de leurs ennemis, mais avec une activité incomparablement inférieure (*Chronologie du Palais*), qui se fit sentir à Georges Cadoudal, au comte de la Valette, à Louvel, aux quatre sergents de La Rochelle, à Béranger. Puis on y enferme Guinard, Godefroy Cavaignac, Marrast, Lamennais, Nefftzer, Proudhon, Ch. et Fr. Hugo, Vacquerie, Paul Meurice, Pianori, Orsini, les otages de la Commune! On dit que les plaques de porte de la prison de Napoléon datent de l'époque du maréchal d'Ancre; les vieilles portes du cachot de la Dubarry ont été données à M. de Liesville.

Dans le préau de la vieille prison on désigne, à tort, des tables de pierre comme ayant servi à saint Louis pour des distributions qu'il faisait lui-même aux pauvres : d'où leur nom de *Tables de charité*.

Près des cachots historiques on trouve le *Quartier nouveau de la Conciergerie*, achevé en 1862 par Duc et Dommey. Ce sont les plus belles cellules des prisons d'Europe. Le préau est à ciel

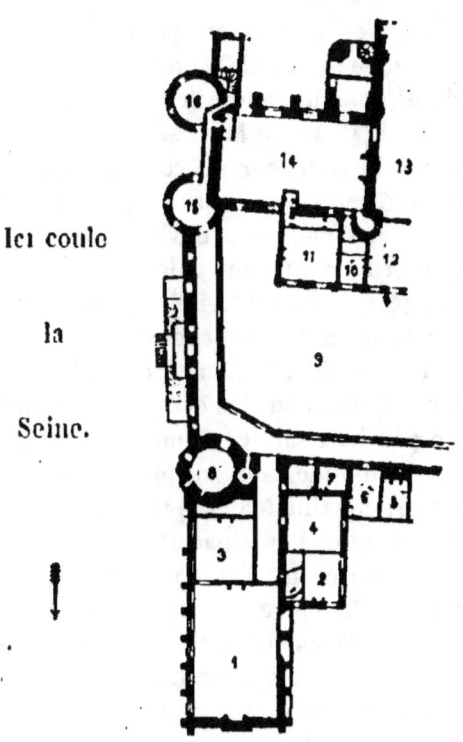

Ici coule la Seine.

Pl. 43 *bis*. — Plan inédit de la Grande Chambre et Tournelle, d'après un document ancien de la collection Albert Lenoir, de l'Institut.

1. Chambre Saint-Louis. — 2. Greffe. — 3. Tournelle. — 4. Chambre d'instruction. — 5. Cabinet du greffier en chef. — 6. Greffe. — 7. Cabinet du doyen. — 8. Tour Bombec. — 9. Préau de la Conciergerie. — 10. Cabinet. — 11. Chambre du conseil. — 12. Parquet. — 13. Salle des Pas perdus. — 14. Grande Chambre. — 15. Tour d'Argent. — 16. Tour de César.

ouvert, avec jardinets aux extrémités. On y enferme les criminels qui doivent passer en cour d'assises, et des condamnés qui font appel.

LA CITÉ. — LE PALAIS DE JUSTICE.

COUR D'APPEL, reconstruite sous Louis XVI. — Sur le milieu de la galerie marchande, une porte ouvre sur un escalier ; dans la cage, une niche renferme une statue de la *Loi* par Gois. Les salles ont peu d'intérêt. « Un seul objet, dit de Guilhermy, y mérite une attention particulière ; c'est le *tableau*, peint sur bois, qui était autrefois placé au fond de la Grand'Chambre du Parlement, et qui se voit aujourd'hui dans la salle affectée aux audiences de la *première chambre* de la Cour. Le beau style de cette peinture, le fini de l'exécution, la fraîcheur du coloris, sont autant de raisons qui ont déterminé les connaisseurs les plus expérimentés à l'accepter comme l'un des meilleurs ouvrages de Jean Van Eyck[1], l'illustre artiste de Bruges. Au centre, le Christ expire sur la croix ; au-dessus de sa tête, le Père Éternel, entouré d'anges, et le Saint-Esprit, sous la forme d'une blanche colombe, assistent à ce sanglant baptême du Calvaire, comme ils s'étaient manifestés naguère au baptême donné dans les eaux du Jourdain. La mère de Jésus, soutenue par deux saintes femmes, et saint Jean l'Évangéliste, le disciple bien-aimé, sont au pied de l'arbre du salut. A la suite de la Vierge, saint Jean-Baptiste porte sur un livre l'image de l'agneau, et saint Louis paraît avec les insignes fleurdelisés des rois de France. De l'autre côté, l'apôtre de Paris, saint Denis, tient sa tête entre ses mains, en souvenir de son glorieux martyre, et Charlemagne, en costume impérial, se montre le glaive à la main. Derrière la croix, quelques édifices figurent la cité de Jérusalem. Mais, par une licence d'artiste dont nous ne saurions trop nous applaudir, Van Eyck a meublé les autres parties du second plan avec des monuments parisiens. D'une part il a placé la tour de Nesle, le vieux Louvre, la Seine, le quai sur lequel sont groupés plusieurs personnages ; de l'autre, les bâtiments gothiques du Palais de Justice. Nous sommes persuadé aussi qu'il aura voulu donner à saint Louis les traits du prince pour lequel il travaillait alors. Nous ne croyons pas qu'on puisse contester la ressemblance de la tête du saint roi, telle que nous la voyons ici, avec le buste de Charles VII conservé dans l'église de Saint-Denis, et le portrait authentique du même prince, dans la galerie du Louvre. »

---

1. Cette attribution est aujourd'hui fortement contestée.

La nouvelle première chambre de la Cour d'appel contient un plafond en cours d'exécution, qui sera magnifique, tout en bois sculpté, dû à Daumet, ainsi que tout le bâtiment nouveau de la Cour d'appel, élevé sur le côté ouest de la cour de la Sainte-Chapelle.

Une partie des bâtiments de la Cour d'appel, qu'on ne signale jamais, donne sur la cour de la Sainte-Chapelle : évidemment échappée à l'incendie de 1776, on ne saurait la conserver avec trop de soins, car elle seule permet de se rendre compte de l'*aspect ancien du Palais*; construite sous les Valois, ou sous Henri IV, la façade sur la cour compte quatre fenêtres à chaque étage avec des traces de fleurs de lis formant semis.

Daumet vient de terminer la façade ouest de la cour de la Sainte-Chapelle. Elle remplace celle que Gabriel avait élevée après cet incendie de 1737 qui détruisit la merveilleuse façade élevée sous Louis XII (planche 43), dont les hauts toits trahissaient l'origine toute française, bien qu'on l'ait attribuée à l'Italien Jean Joconde : on y voyait la statue de Louis XII, escorté des quatre Vertus cardinales. Tout auprès de ce bâtiment si longtemps occupé par la Cour des comptes se trouvait la rue de Nazareth, où le roi logeait les pèlerins de Terre-Sainte. Un arc d'une sculpture excellente reliait, en la traversant, deux corps de bâtiments de l'ancienne Chambre des comptes; il a été rétabli en 1889 à l'entrée du jardin du musée Carnavalet; le monogramme de Diane de Poitiers s'y marie à l'H de Henri II. Les détails sont de Jean Goujon, les Renommées des tympans des façades peut-être de Pajou. Cette arcade, construite sous Henri II, retombe sur des consoles (pl. 44). Le musée de Cluny a recueilli de son côté un ravissant escalier en bois sculpté, du temps de Henri IV[1], et quelques pierres ornées de dauphins couronnés. Enfin, quand la Cour des comptes abandonna en 1842 la vieille demeure de ses pères pour le palais du quai d'Orsay, brûlé en 1871, elle emporta un curieux tableau peint au dix-septième siècle par Louise, princesse Palatine de Bavière; elle « transporta aussi, dit de Guilhermy, une inscription gothique en rimes françaises, qui constate la construction faite en 1486 d'un corps de bâtiment sous la direction de deux magistrats, Pierre Souvelin et Nicolas Viole. La pierre

---

1. Voir la grande gravure de notre monographie de l'hôtel de Cluny.

sur laquelle le texte est gravé, a été encastrée dans le mur de l'escalier d'honneur » du palais du quai d'Orsay.

Les Cours d'assises sont précédées en façade sur la place Dauphine par le grandiose *vestibule de Harlay*; élevé sur un perron, long de cinquante-cinq mètres, haut de vingt-quatre, il est orné de colonnes entre lesquelles s'ouvrent des baies dont la partie inférieure est ornée de statues allégoriques de « la Prudence » et de « la Vérité », par Dumont; du « Châtiment » et de « la Protection », par Jouffroy; de « la Force » et de « la Justice », par Joly.

Une petite reproduction du temple égyptien de Denderah, écrit Paul Sédille dans sa remarquable biographie de Duc, trouvée au milieu de ses croquis, semble avoir fixé les idées du maître. Il voulait en effet que son œuvre symbolisât la justice dans ce qu'elle a de supérieur et d'immuable. Son architecture, s'affranchissant des styles dérivés, comme aussi du milieu et du temps, devait donc s'inspirer d'une architecture primordiale, hiératique, éternelle comme un type.

Toutefois, si la nouvelle façade du Palais procède dans ses lignes générales de l'art égyptien, le détail emprunte la pureté de ses formes aux plus belles époques de l'art antique. M. Duc s'assimile les précieux débris découverts en Grèce et en Asie Mineure, particulièrement à Stratonicée, dont il restitue le puissant chapiteau dans le grand ordre de la façade.

Franchissons les portes de bronze qui défendent l'entrée du temple. La nouvelle salle des Pas perdus, si bien écrite sur la façade, nous surprendra par des dispositions grandioses autant qu'imprévues. Poursuivant toujours la réalisation d'une architecture vraie, qui ne sacrifie rien cependant de la beauté et de la poésie des formes, Louis Duc s'efforce d'associer l'arc, expression de la construction, à l'ordre, expression poétique du sentiment. La décoration, la structure, l'exécution tiennent à cette belle et pure composition qui fut pour tous une surprise et une leçon. Duc obtint en 1869 du suffrage de ses confrères le prix de 100 000 francs institué par Napoléon III pour récompenser une œuvre d'art d'un mérite exceptionnel, et l'Institut des architectes britanniques lui accorda la distinction du prix de la Reine. La perspective qu'offre ce côté de la salle est heureuse, originale et laisse entrevoir au travers des arcades largement ouvertes, supportées par des colonnes monolithes, les vestibules riches et superbes où s'ouvrent les magnifiques portes des assises, aux splendides parures de bronze, par Chapu, surmontées de deux frontons ornés de deux figures de Gumery. Une porte monumentale, dont le haut est orné de *la Justice* par Perraud, forme l'entrée d'un escalier, accédant aux nouvelles salles des assises, orné de *la Loi*, statue par Duret. A gauche, on gagne la *salle des Assises*, dont la décoration somptueuse est rehaussée par le tableau *le Christ*, de Bonnat, cadre sobre, imposant, d'une coloration sombre comme il convient à la vue des drames solennels. Les deux figures en grisaille dont les cartons sont du même artiste ont été exécutées par Guifard. Le plafond à caissons rehaussés d'or a été peint par le même artiste; la porte d'entrée du côté de la salle de Harley a son fronton orné de deux lions aux emblèmes de la Justice par Hayon. La *salle des appels de police correctionnelle*, à droite, était décorée de peintures de Lehmann détruites par l'incendie de 1871, qui dévasta ces deux salles; rebâtie en 1875, elle n'a pas recouvré sa splendeur.

Le service des Signalements Anthropométriques est installé près du dépôt de la Préfecture de police, au dernier étage, en bordure sur le boulevard du Palais, avec l'établissement photographique qui le complète; il a pour but l'établissement d'une collection de fiches, éléments d'une « méthode pour la reconnaissance des récidivistes qui déclarent un faux état civil. Elle est basée sur un système de signalements dits anthropométriques, c'est-à-dire dont les indications reposent essentiellement sur la connaissance de diverses longueurs osseuses, relevées sur le sujet examiné, telles que la taille, la longueur du doigt médius, du pied, de la tête, etc., » ainsi que l'a exposé au congrès pénitentiaire de Rome (1886), Bertillon, qui a créé ce service en 1883.

Le bâtiment de la Police correctionnelle, élevé sur l'emplacement de constructions romaines qu'on a retrouvées, fut terminé en 1852. Toute une génération d'artistes — écrit Paul Sédille, — étudiait alors avec amour et foi cette belle architecture qui, on le sait, a eu grande influence sur notre art contemporain. Quand on revoit ce beau monument, il semble créé d'hier, tant sa beauté, exempte d'artifice, est de sorte durable. C'est que

Pl. 44. — Clef de l'Arc de Nazareth existant autrefois sur l'emplacement du Palais de Justice (Région de la Cour du Dépôt, ancienne rue de Nazareth). Longtemps abandonné dans le jardin de l'Hôtel Carnavalet, il a été rétabli en 1889 pour former l'entrée monumentale de ce musée.

cette architecture remet en honneur la logique et la vérité. L'artiste y cherche l'accentuation de la structure et des moyens employés. Nous voyons à l'intérieur les éléments de la construction moderne apparaître dans des plafonds à poutrelles en métal apparent formant décoration : ce sont deux joues en fonte, ornées de profils et d'ornements d'une grande finesse et reliées par une armature intérieure en fer forgé ; au-dessus, Duc fait appel à toutes les ressources de la pierre appareillée pour suspendre dans le vide avec autant de hardiesse que de bonheur d'exécution, les courbes savantes d'un *escalier* mouvementé érigé en 1852. Mais si, par ce retour à des traditions de raison et de vérité, cette architecture satisfait l'intelligence, elle charme l'imagination par une ordonnance simple et fière qui, à l'extérieur comme à l'intérieur, est la parure de cet édifice et en assure l'harmonieuse unité. Cette *façade*, du côté de la *rue de la Sainte-Chapelle*, élève sur un soubassement pour ainsi dire lisse, deux ordres superposés, dorique et composite. Quelle richesse d'aspect et en même temps quelle tranquillité digne dans cette succession rythmée de colonnes et d'entablements superposés, dont trois abondantes guirlandes, suspendues dans les entre-colonnements du milieu, rehaussent la beauté sereine! Sur la cour de la Sainte-Chapelle, un rappel de cette ordonnance signale au centre de la façade l'entrée du monument et les larges vestibules intérieurs soutenus par des ordres de pilastres vigoureux. L'art y est simple, robuste, dégagé de recherche excessive, et surtout homogène.

La rue disparue de Jérusalem est occupée aujourd'hui par les constructions sud-ouest du Palais. C'est dans cette rue que se trouvait une maison, logis du chanoine Gillot ; sous son toit, deux magistrats et deux poètes, dans un pique-nique d'esprit, poussèrent le cri de ralliement, l'indignation du bon sens, la revendication du patriotisme, en un moment de défection universelle, formulé dans la fameuse *Satire Ménippée*. Dans la même maison, peut-être dans la même chambre, Boileau, fit éclore le poème du *Lutrin*. Et Voltaire, dans son épître à Boileau, lui dit :

Dans la cour du Palais, je naquis ton voisin.

Cour de cassation. *La galerie de Saint-Louis*, ornée avec une grande richesse, débouche sur la galerie des Prisonniers.

Cette galerie, dit Paul Sédille, souillée par la Révolution, restaurée par M. de Gisors en 1833, démolie en 1868, est une des dernières œuvres de M. Duc. Obligé par un programme nouveau de renoncer à certaines dispositions anciennes, nous voyons l'architecte s'inspirer de l'art aux temps passés pour produire cependant une œuvre personnelle, que rehausse l'attrait d'une décoration intéressante : des peintures murales relatives à la vie de saint Louis, dues à Luc Olivier Merson, flanquent la niche que décore une statue polychrome de saint Louis, due à Eugène Guillaume.

La **Chambre criminelle**, ajourée sur la galerie de Saint-Louis, date aussi, continue Paul Sédille, de ces derniers temps. Elle est de caractère somptueux ; une juridiction supérieure y siège. Les riches ornements du plafond, les emblèmes répétés, les cartouches et les cuirs enroulés et enlacés s'y détachent tout en or sur un fond bleu sombre. Ce plafond est certainement inspiré par les plafonds, si étonnants et si flamboyants, du vieux Palais ducal à Venise. Mais cette décoration, d'un caractère quelquefois excessif, est ici assagie par l'étude et soumise aux lois d'un art sûr de lui.

Au pourtour de la salle on voit une riche boiserie, et au fond de la salle un tableau du Christ.

Une *galerie*, établie derrière la Chambre criminelle, est ornée de bustes de grands jurisconsultes : Domat par Eude, Pothier (Lanson), Cambacérès (Chambard), Portalis l'ancien (Osbach), Bigot, Préameneu (Hébert), Treilhard (Frison), Favart de Langlade (Destrez), Malleville (Roger). Au-dessus des portes, bustes de Solon (Marcilly), Démosthènes (Lequien), Lycurgue (Daniel Dupin). Ulpien (Amy). — Des salles affectées aux services de la Cour de cassation sont desservies par cette galerie. Une pièce, dite *salon de conversation*, est installée dans la tour Saint-Louis.

Le petit côté sud du vestibule de Harlay est occupé par un la porte d'entrée de la Cour de cassation. Aux côtés de ces portes, des niches sont ornées de statues de Philippe Auguste, Saint Louis, Charlemagne, Napoléon I*er*, par Lemaire.

La Cour de cassation possède avec la Chambre criminelle deux autres Chambres, la *Chambre des requêtes* et la *Chambre civile de la Cour de cassation*, qui est de beaucoup la pièce la plus importante du Palais, et dans laquelle les magistrats de ces trois

Chambres se rassemblent aux jours solennels dits *Toutes Chambres réunies*; la Chambre civile est inachevée. Une grande porte, et deux plus petites qui la flanquent, donnent entrée dans la Chambre civile, dont nous publions la description inédite; le public et les avocats seront séparés des conseillers par une puissante balustrade de marbre; Paris y montrera enfin un plafond qui peut rivaliser avec ceux de Venise; œuvre de Coquart, artiste qui, au travers de mille difficultés, a su assurer à l'art français un triomphe digne de lui. Baudry a composé la peinture centrale, « Le Triomphe de la Justice ou de la Loi », et Delaunay étudie à cette heure les deux panneaux de forme ovale, *la Loi, la Vérité*, qui occupent les extrémités de ce délicieux et puissant fouillis, empreint d'une noble ordonnance; Delaunay peint également les Génies pour chacun des quatre angles. De grandes clefs, tombant des plafonds, porteront des lustres qui donneront à ces moulures chargées d'or les effets les plus variés. De puissantes consoles, disposées au pourtour, supportent ce plafond; comme sur les panneaux, entre les fenêtres et leurs embrasures, on trouve une décoration formant rappel d'or. Le petit côté nord de la salle est décoré par un Christ de Henner. Au-dessus se dresse déjà une riche décoration, en staf comme presque toutes celles de cette salle, et que retiennent de solides armatures : à droite et à gauche, deux Génies, par Cugnot, gardent les Tables de la Loi. Au milieu, trois boucliers symbolisent les trois mots qui forment la devise de la société démocratique : Liberté, Égalité, Fraternité. Des faisceaux de drapeaux, habilement groupés, reçoivent ces boucliers dans leurs plis; les trois couleurs nationales apportent une note claire et brillante qui fait valoir cette décoration en or; leurs couleurs ont une transparence particulière, parce que le drapeaux ont été dorés avant d'être peints : ce sont de véritables drapeaux sur lesquels on a jeté du plâtre, ce qui leur donne un caractère exceptionnel de vérité.

Une fort belle porte donne accès à la *galerie-salon*. Cette porte est couronnée par un splendide cadran et par deux figures, le *Soir* et la *Nuit*, dues à Cugnot, composition et étude d'un effet des plus saisissants.

A côté, salle des Délibérations avec une importante cheminée, par Coquart, en campan mélangé, construite à la fin de 1889.

Histoire du Palais de Justice.

Telle qu'une maison de haute lignée, celle de la Justice a son origine qui se perd dans l'obscurité des âges. Nul ne sait le jour de sa fondation. Pourtant, aux lueurs incertaines du crépuscule qui timidement éclaire les premières heures de notre histoire, la puissance publique apparaît, ayant demeure déjà dans ce Capitole de la cité gauloise. Des témoins sortent du sol du Palais de Justice, chaque fois que les juges des choses de l'histoire les font appeler au bruit des pioches qui troublent cette terre si souvent rapportée et remuée.

Mercure, Apollon ont paru en août 1784 sur un cippe à quatre pans, en pierre; un autre personnage mythologique se dresse sur chacune des deux faces de ce monument conservé à la Bibliothèque Nationale. L'historien apporte d'autres pièces à conviction : voici les fûts de colonne trouvés couchés les uns auprès des autres en 1847, dans un des angles de la Sainte-Chapelle, tout auprès des fondations de cette chapelle Saint-Michel où fut baptisé Philippe Auguste en 1165 et retrouvée en 1847. Voici encore des baies et des chapiteaux que l'on peut admirer à l'hôtel Carnavalet (voir les *Notes et éclaircissements*). Voici enfin les plans de cet édifice romain, assez considérable, couvert encore en 1818 de peintures et d'enduits comme on en voit sur les maisons de Pompéi; Albert Lenoir a pensé qu'un forum romain a pu exister en ce lieu.

Observez cette proue, sculpture en marbre trouvée dans la maçonnerie, et cette base de colonne romaine qui porte la trace du frottement des câbles; peut-être le portique dont elle faisait partie était-il situé au bord de la Seine, sur un mur de terrasse baigné par les eaux; l'inclinaison de ces rainures provient des cordes qui servaient d'amarres aux bateaux.

Si le palais des Thermes paraît avoir servi aux empereurs romains pendant leur séjour dans les Gaules, le palais de la Cité était destiné aux magistrats municipaux, nommés les *défenseurs de la Cité*, et à la garde des actes municipaux, *gesta municipalia*. Julien habitait le Palais quand il y fut acclamé empereur. Eudes transporta au neuvième siècle sa résidence dans ce monument et le fortifia. Robert le Pieux le compléta (1003), construisit la chambre de la Conciergerie et des chapelles dont il ne reste que des vestiges d'une douteuse authenticité. Louis le Gros (1137) et Louis le Jeune (1180) y moururent. Un diplôme de 1160 apprend que Louis VI fonda la chapelle Saint-Nicolas, sur l'emplacement de laquelle saint Louis éleva la Sainte-Chapelle, et qu'on a le tort d'attribuer au roi Robert, auteur d'une reconstruction du Palais, si l'on en croit le moine Helgand. Un autre moine, Rigord, médecin et biographe de Philippe Auguste, conte en les termes suivants qu'en 1184 ce roi conçut l'idée du *pavage des rues* de Paris : « Philippe, toujours Auguste, retenu alors quelque temps à Paris par les affaires de l'État, s'approcha d'une des fenêtres de son palais où il se mettait ordinairement pour se distraire par la vue du cours de la Seine. Des chariots qui traversaient, en ce moment, la Cité, ayant remué la boue, il s'en exhala une telle puanteur que le Roi ne put y tenir. Dès lors, il forma le projet d'un travail bien ardu, mais nécessaire et qu'aucun de ses prédécesseurs n'avait osé entreprendre, à cause des grands frais et des difficultés que présentait son exécution ; il convoqua les bourgeois et le Prévôt de Paris, et, en vertu de son autorité royale, il leur ordonna de faire paver toutes les rues et places de la ville avec de fortes et dures pierres. »

L'installation intérieure du Palais nous est révélée par ces mots des *Lettres de Philippe Auguste*, en 1208 : « Nous donnons à la maison de Dieu à Paris, élevée devant la grande église de la Bienheureuse Marie, pour les pauvres qui s'y trouvent, toute *la paille de notre chambre* de notre maison de Paris, chaque fois que nous partirons de cette ville pour aller coucher ailleurs. »

La Cour de saint Louis y siégeait, puisque l'on possède des arrêts qu'on y a rendus en 1230 et 1277 ; ce roi consomma son mariage dans la chambre de la Chancellerie, rendit la justice dans le jardin vêtu d'une cotte de camelot, d'un surcot de tiretaine sans manches et d'un manteau de sandal noir. Il fit construire la chapelle royale dite Sainte-Chapelle. Philippe le Bel bouleversa l'édifice par une reconstruction complète. Il « fit faire, disent les Chroniques de Saint-Denis, par Enguerrand de Marigny, coadjuteur et gouverneur de son royaume, un neuf palais de merveilleuse et constable œuvre, le plus très bel que nul, si comme nous créons, en France oncques veist. » Dès 1299 les payements du Journal du Trésor témoignent des travaux importants faits alors dans le Palais : Jacobus Lucée reçoit diverses sommes pour les œuvres du Palais. En 1303 il fallut, à cause des travaux, transporter au Temple le trésor royal qui avait été placé en 1300 au Palais, à proximité de la Chambre des Comptes. Philippe le Bel agrandit le monument, l'isole et entreprit à cet effet de grands travaux d'expropriation; on étendit le Palais du côté de la Sainte-Chapelle et de la place Saint-Michel qui en était voisine; le mur oriental de l'enceinte fut porté en avant; parmi les maisons acquises on cite celle qui aboutissait à la rivière de Jean-le-Bras, bras de la Seine aujourd'hui comblé, existant alors entre la Sainte-Chapelle et le quai des Orfèvres. En septembre 1313 le roi acheta au chapitre Notre-Dame le moulin de Chante-Raine, situé sur le quai des Orfèvres, pour élever à sa place le bâtiment qui borde le quai du Nord; on construisit la tour de l'Horloge sur la voie qui donnait accès à l'ancien pont de Charles le Chauve dans la rue Saint-Barthélemy. Ces bâtiments furent appropriés à la destination toute spéciale que Philippe le Bel leur assigna en séparant les pouvoirs législatif et judiciaire et en établissant la Cour suprême de justice, le Parlement de Paris. Le Palais, devenu le domaine exclusif de la magistrature, ne perdit rien de son éclat : il fut, pendant une majestueuse suite de siècles, le sanctuaire du courage civique, de l'intégrité, de la gravité des mœurs, de la science des coutumes et du droit : il en sortait des oracles acceptés par toute la France, admirés par tous les peuples, châtiant dans de justes remontrances les excès du pouvoir royal, et inébranlable contre les émotions populaires. On distinguait particulièrement deux pièces : la Grand'Salle et la Grand'Chambre. Les deux grosses tours accouplées sont également de Philippe le Bel. Raoul de Calonne écrivait à la fin du treizième siècle, que Philippe le Bel fit construire à Paris un palais admirable, *palatium mirificum*, dont une partie considérable existe encore. L'épitome des grands chroniqueurs dit aussi : « Icelui roi Philippe le Bel fit faire, en son vivant, le Palais à Paris et le Montfaucon... et de ce faire eut la charge messire Enguerrand de Marigny.... » Puis le roi Jean a fait faire d'importantes constructions, notamment « de haultes chambres à galathas ». Elles étaient au-dessus de celles qui se trouvaient au premier étage et qu'on nommait la chambre « *de bois d'Illande,* qui est coste la *chambre verte,* et regarde d'une part sur les jardins du Palais et d'autre part à la Sainte-Chapelle ».

Un contemporain nous montre l'aspect du Palais en ce quatorzième siècle; Jan de Jandun s'exprime ainsi dans son *Tractatus de laudibus Parisius:*

« Du Palais du roi, où il est parlé des maîtres du Parlement, des maîtres des requêtes et des notaires royaux.

Dans ce siège très illustre de la monarchie française a été élevé un splendide palais, témoignage superbe de la magnificence royale. Les murailles inexpugnables offrent entre elles une enceinte assez vaste et assez étendue pour pouvoir contenir un peuple innombrable. Par honneur pour leur glorieuse mémoire, les statues de tous les rois de France qui jusqu'à ce jour ont occupé le trône, sont réunies en ce lieu; elles sont d'une ressemblance si expressive, qu'à première vue on les croirait vivantes. La table de marbre, dont la surface uniforme offre le plus brillant poli, est placée au couchant, sous le reflet des vitraux, en sorte que les convives sont tournés vers l'orient; elle est d'une telle grandeur que, si j'en citais les dimensions sans fournir la preuve de mon dire, je craindrais qu'on ne me crût pas.

Le palais du roi n'a été ni décoré pour l'indolence et les grossiers plaisirs des sens, ni élevé pour flatter la vanité fausse et trompeuse d'une vaine gloire, ni fortifié pour abriter les perfides complots d'une orgueilleuse tyrannie; mais il a été merveilleusement adapté aux soins actifs, efficaces, complets de la prudence de nos rois, qui cherchent sans cesse par leurs ordonnances à accroître le bien-être public. En effet, sur les sièges élevés qui s'offrent des deux côtés de la salle, on voit s'asseoir presque tous les jours des hommes d'État, que l'on nomme, d'après leurs fonctions propres, les uns, maîtres des requêtes, les autres, notaires du roi; Tous, suivant leur rang, obéissant aux ordres de la royauté, travaillent à faire prospérer la chose publique. »

L'aspect du Palais semble être resté le même du commencement du quatorzième siècle aux premières années du dix-septième; il couvrait environ le tiers de la cité; la muraille qui l'enfermait comptait de nombreuses tours : celles de Beauvais, du Trésor, des Joyaux, de Montgomery, de la Question, de la Grosse-Tour, la Tour-Carrée, la Tour-Civile, la Tournelle. Les jardins s'étendaient jusqu'à la place Dauphine; des treilles les entouraient, comme nous l'apprennent des comptes pour réparations en l'an 1437. Mais ce séjour devint odieux à Charles V, témoin en 1358 de l'exécution des maréchaux de Champagne et de Normandie par les partisans de Marcel. Le roi s'installa à dater de ce jour dans l'hôtel Saint-Pol, sur le quai des Célestins.

L'ampleur des salles, la richesse du lieu, firent toujours choisir le Palais pour la célébration des cérémonies publiques, des mariages des rois et des princes, pour les réceptions de grands personnages étrangers, pour ces festins d'apparat dont l'un des plus célèbres avait été ordonné, dès 1313, par Philippe le Bel en l'honneur de la chevalerie de son fils. L'année suivante on y tient les États généraux. Les Chroniques de Saint-Denis content la magnificence de la réception de l'Empereur en 1378, le banquet tenu dans la Grand'salle, avec concert dans la Chambre du Parlement. Charles VI fit souvent déménager dame Justice pour faire la place nécessaire aux fêtes de l'entrée d'Isabeau de Bavière, ou aux noces du duc de Bourbon. Les convives emportaient les bancs, les parquets, les fenêtres même, comme nous le révèlent les comptes de l'huissier d'alors; pendant ce temps le Parlement tenait ses séances en face, dans l'église Saint-Éloi, ou bien dans le couvent des Augustins. Mais d'autres fois le roi tenait au Palais les séances plus graves des lits de justice : il siégeait sur un lit ou divan, richement orné, dont les parements, faits sur l'ordre de Charles V, restaient au Palais.

Pendant le siège soutenu contre Henri IV on ne trouvait au Palais, dit le P. de l'Estoile, « que ligueurs et fourbisseurs de nouvelles ». Le 5 mars 1618, un violent incendie détruit la Grand'salle. Au dix-septième siècle, la violence était de si bonne mise que clercs et laquais se livrèrent bataille dans la Grand'salle le 13 août 1663; des plaideurs voulaient par la force des armes imposer un jugement conforme à leurs intérêts. Louis XIV aida le président de Lamoignon à agrandir le Palais (lettres patentes de février 1671), en ces termes excellents : « Comme rien, écrivait le grand roi, n'est si digne de grands rois et si avantageux

LA CITÉ. — LE PALAIS DE JUSTICE.

pour les peuples qui jouissent d'une profonde paix que les ouvrages des bâtiments publics, nous croyons aussi qu'il est de notre gloire et de la grandeur de notre royaume d'orner les principales villes de nouveaux édifices, *et pour exciter nos sujets à nous servir dans ce dessein, nous avons toujours traité favorablement ceux qui nous ont proposé d'augmenter la décoration et la commodité publiques....* »

Un nouvel incendie dévasta le Palais en 1776; Louis XVI en répara les ruines. Sous la Révolution, l'administration de la justice fut dispersée dans la ville; on détruisit les marbres et les bronzes sur lesquels étaient gravés les arrêts du Parlement contre « les victimes du despotisme ». La loi de Ventôse an VIII rendit le Palais à l'administration judiciaire; depuis lors on n'a cessé d'exécuter de nouveaux travaux encore inachevés; une grande colonnade est toujours à l'état de projet sur la place Dauphine. Les évenements de la Commune et l'incendie de mai 1871 ont forcé à refaire des constructions dont certaines sont à peine achevées.

A l'ouest de la **Cour de la Sainte-Chapelle**, la Préfecture de police occupait l'emplacement d'un chef-d'œuvre, la Cour des Comptes, dont le ravissant escalier, commencé sous Louis XI et Louis XII, était décoré de fleurs de lis gravées et dorées; un incendie le détruisit ainsi que les belles lucarnes qui se silhouettaient sur la masse puissante de ses toits. (Planche 43.)

LA SAINTE-CHAPELLE

Cet oratoire de nos rois n'a cessé d'être admiré pour l'élégance de ses proportions, l'habileté de ses arrangements, la hardiesse de sa conception, le caractère somptueux et sans surcharge de sa décoration. L'architecte Pierre de Montereau en a fait l'expression la plus parfaite de l'art du treizième siècle; on a conté avec un pieux respect, pendant des siècles, les miracles, les privilèges de cette grande châsse consacrée (1245) par saint Louis aux reliques insignes de la Passion que l'empereur Baudouin II lui avait vendues. Trois ans après, le monument était inauguré, resplendissant des tons puissants de l'or, de l'azur, des verrières, des lumières jouant sur ses ciselures. Le 20 avril 1248, le légat du Saint-Siège, Eudes de Châteauroux, consacrait la chapelle haute sous le titre de la Sainte-Couronne et de la Sainte-Croix, tandis que l'archevêque de Bourges, Philippe Berruier, célébrait la même cérémonie dans l'église inférieure, placée sous le patronage de la Vierge [1]. Par deux chartes, de Paris (1245) et d'Aigues-Mortes (1248), saint Louis pourvut à sa dotation ; aussi son chef y fut-il solennellement transféré dans un buste d'or, chef-d'œuvre disparu de l'orfèvre Guillaume Juliani. On crut retrouver le 15 mai 1843, sous une dalle de l'abside, le cœur du fondateur dans une boîte d'étain exhumée déjà le 21 janvier 1803 ; elle fut remise en place à cause de l'incertitude des conclusions des érudits [2]. Saint Louis avait fait construire une *bibliothèque* à proximité, car, se disait-on, *église sans bibliothèque est citadelle sans munitions* : cinq mille copistes reproduisirent les livres sacrés ou classiques, et ce roi y passa de longues heures en docte compagnie.

On assura la solidité par des soins extraordinaires : les travaux de restauration ont permis de constater, chose rare alors, que des crampons de fer relient des contreforts, et que des chaînages en fer sont disposés à diverses hauteurs dans la maçonnerie. La pierre employée, liais d'un admirable grain, provient des carrières retrouvées en 1852, par Lassus, sous le premier monastère de la Visitation, l'hospice des Enfants trouvés, carrières des Chartreux aujourd'hui abandonnées.

Les cérémonies les plus brillantes se succédèrent dans le sanctuaire dont la vue faisait avouer, en 1354, à un roi d'Angleterre, Henri III, que cette seule visite lui aurait fait faire le voyage. Marie de Brabant, Marie de Luxembourg, Jeanne d'Évreux, Isabelle de Bavière y furent couronnées. On y célébra les mariages de Henri VII et de Richard II, roi d'Angleterre. Philippe de Valois y annonça un projet de croisade, inexécuté ; le roi Charles V et

---

1. L'inscription de la dédicace, en date du vij des calendes de mai MCCXLVIII, se trouve à la Bibliothèque bourguignonne de Bruxelles. Manuscrits de la fin du xviii° siècle, n° 17,875.

2. Copie d'un inventaire des reliques de saint Louis déposées en 1322 à la Sainte-Chapelle et provenant de la famille de Chambly (Antiquaires de France, février 1861). — On connaît des inventaires des reliques de la Sainte-Chapelle de 1341, 1480, 1573. *Voy.* Douet d'Arcq, *Revue archéologique* 1848, p. 167.

l'empereur Charles IV, Venceslas, roi des Romains, y adorèrent Jésus à la façon des rois mages. Les reliques de la Sainte-Chapelle furent la suprême espérance de Louis XI, moribond en août 1483. Boileau a conté, dans son *Lutrin*, l'histoire plus gaie des disputes du chantre et du trésorier au sujet de l'emplacement du lutrin.

Le Conseil d'État, par arrêt du 11 mars 1787, mit en séquestre les biens de la Sainte-Chapelle, supprimée trois ans plus tard; on porta les reliques à Saint-Denis, d'autres objets soit au cabinet des Antiques, soit au Musée des monuments français, tandis que l'édifice devenait *Propriété nationale à vendre*. Un club y tint ses séances sous le Directoire, puis on y installa un magasin de farines. Vers 1800, des prêtres louèrent la chapelle basse pour y célébrer le culte. On y installa en 1803 un dépôt pour la Cour des Comptes, et, dans la chapelle haute, les archives judiciaires; enfin, en 1837, la restauration de la Sainte-Chapelle fut résolue; grâce à Duban, Lassus, Viollet-le-Duc et Beswillwald, l'édifice avait repris tout son éclat le 3 novembre 1849 pour la cérémonie de l'Institution de la magistrature. La dépense des gros travaux de la restauration s'élevait en 1853 à 1 164 778 francs.

L'extérieur est commandé par une **flèche**, élevée en bois de chêne recouvert de plomberies historiées; elle mesure 33^m,25 au-dessus du comble, élévation égale à celle démolie en 1791; mais aujourd'hui le système de charpente, au lieu de poser sur quatre points d'appui, est réparti sur huit contreforts; ainsi il porte sur l'ensemble de l'édifice, car la charpente du comble et de la flèche sont solidaires grâce à des moises et à des croix de Saint-André[1]. Dès l'origine de la Sainte-Chapelle, Pierre de Montereau avait ainsi couronné le comble : Charles VI ayant en effet donné 500 francs d'or « pour tourner et convertir en grens réfections », on s'aperçut que la pourriture des bois rendait inutiles les travaux projetés, « et Robert Fouchier, nostre charpentier, ordonné de par nous à refaire le dit clochier, nous voulons à ce pourvoir. » Cette

1. Le poids de la flèche est reporté sur le poinçon central suspendu au-dessus de la voûte et saisi à des niveaux différents par deux groupes d'arbalétriers. — Poids de la flèche 230 700 kilogrammes, savoir : bois de chêne 168 397 kilogrammes, plomberie et figures en plomb repoussé 64 081 kilogrammes.

deuxième flèche, construite à la suite de l'ordonnance de 1383, était une des merveilles du monde, au dire de Sauval; elle fut incendiée le 26 juillet 1630 ainsi que toute la charpente. Louis XIII en fit élever une troisième (pl. 36) qu'on abattit en 1791, à cause de son inclinaison. Lassus, qui a réalisé en 1853 cette étourdissante conception, pour le prix de 266 068 fr. 88, eut recours à l'estampe de Châtillon : les lucarnes du superbe hôpital de Beaune[1] lui ont servi, à ce qu'on m'a dit là-bas, d'élément pour l'ornementation; lui-même s'est fait représenter dans le groupe des douze apôtres, sous la figure de saint Thomas, armé d'une équerre, en compagnie de ses principaux collaborateurs[2]. A l'étage supérieur, des anges exposent les instruments de la Passion et des fleurs de lis d'or resplendissent sur l'aiguille. Une crête découpée couronne le comble aux feuilles de plomb recouvertes de baguettes dorées; un Saint Michel, de taille surhumaine, profile fièrement sa masse de plomb à la pointe de la croupe absidale.

ASPECT EXTÉRIEUR. L'édifice mesure à l'extérieur 36 mètres de long, 17 de large et 42 mèt. 50 de haut, du sol de la chapelle basse à la pointe du pignon de la façade ouest. Il comprend deux chapelles superposées, sans bas-côtés apparents, ni transept. Une galerie moderne s'élève sur l'emplacement de la délicieuse sacristie primitive; respectée par les incendies de 1618 et 1776, elle fut démolie, malgré les justes protestations du chapitre, par l'architecte Desmaisons, chargé de réparer ces désastres; il la sacrifia pour élever la galerie de la cour du May. Le *trésor des chartes* qu'elle contenait, et qui lui valait d'être désignée sous ce nom, fut transporté à la chancellerie du Palais en 1783; il se trouve, à la Bibliothèque nationale, et principalement aux Archives nationales dont un fonds spécial porte ce nom de « trésor des Chartes » : on désignait ainsi le dépôt des titres qui concernaient les tailles, les impôts, le revenu du domaine royal, les traités de paix, les droits et les intérêts de la Couronne, depuis

---

1. Voir la revue *l'Ami des monuments, des Arts et de l'Archéologie*, Paris, 98, rue de Miromesnil, splendide recueil d'eaux-fortes, héliogravures, et d'articles inédits sur les chefs-d'œuvre des différents arts et de la curiosité.
2. Geoffroy-Dechaume a modelé toutes les figures; charpente de Bellu, ornementation de Pyanet, plomberie de Durand.

LA CITÉ. — LA SAINTE-CHAPELLE.

une époque ignorée, mais tout au moins depuis l'an 1105. La garde en fut confiée à partir de 1582 au procureur général près le Parlement; l'inventaire comprenait huit volumes in-folio quand Mathieu Molé le fit dresser en 1615 par Pierre Dupuy et Théodore Godefroy, savoir : 350 layettes, 260 registres, 52 sacs, 42 guichets, 15 coffres. Le trésor occupait deux grandes salles superposées au-dessus de la sacristie haute (pl. 48-49, légende). La première, dit de Guilhermy, était voûtée et paraissait avoir primitivement servi de chapelle. Les ouvertures en étaient solidement grillées en barreaux de fer. Des armoires et des layettes, disposées contre les parois, renfermaient les chartes et registres; ces boiseries avaient été refaites par ordre du célèbre Fouquet, lorsqu'il remplissait les fonctions de procureur général au parlement de Paris, et d'après les dessins de l'architecte Girard. Des pilastres en formaient la décoration. La chambre supérieure, couverte d'un comble de charpente, était bordée de tiroirs, et ne contenait pas moins de titres que la première.

Des gables ou frontons aigus placés au-dessus des *fenêtres* assurent la stabilité des ogives; c'est la tradition architectonique des charpentes qui recouvraient provisoirement les formerets. En bas, les fenêtres éclairent la chapelle inférieure, les grandes fenêtres le sanctuaire supérieur; ces travées sont séparées par des contreforts dont la masse résiste à la poussée des voûtes. Un réduit en saillie sur le côté sud-est forme, au rez-de-chaussée, un oratoire dédié jadis à saint Louis, et, au premier, une cachette où Louis XI assistait aux offices sans être vu, annexe dont les maigres profils trahissent une époque moins ancienne que l'ensemble de l'œuvre. Un *escalier* de style pseudo-égyptien, démoli par Lassus, s'élevait jadis le long de cette façade méridionale et masquait les quarante-quatre degrés de l'escalier construit par Joconde et détruit par la chute de la flèche embrasée : d'élégantes sculptures, le porc-épic et les dauphins, le chiffre de Louis XII, la composition générale, rappelaient l'escalier de la Cour des Comptes qu'il avait élevé à côté. Un tableau de Versailles montre, dans un lit de justice de Louis XV, les débris de l'escalier, avec l'agencement de ses échoppes de libraires, dont un auvent porte le nom de Barbin, rendu célèbre par Boileau.

Le portail, à l'ouest, est divisé en deux étages, traduction matérielle du programme de division adopté dans le Palais, en partie basse pour la maison du roi, et en partie haute pour le souverain et sa cour, avec majestueux perron d'accès ; telle est la raison d'être des deux porches, dont la superposition était dictée par les galeries hautes et basses du Palais aboutissant ici.

Au-dessus de la plate-forme, la **grande rose**, magnifique substitution du xv° siècle, où l'ouvrier s'est joué, avec un art exquis, de toutes les difficultés de taille et de coupe de pierres ; il respecta les données primitives qu'on retrouve dans un monument analogue du xiii° siècle, la chapelle de la Vierge à Saint-Germer près Gournay ; on a laissé subsister du pignon primitif tout ce qui n'avait pas été détruit ; dans les tourelles d'angle, qui sont aussi du xv° siècle, on s'est arrêté au strict nécessaire : on a conservé dans les angles les fûts des colonnes du xiii° siècle, bien qu'elles ne soient plus couronnées par leurs chapiteaux. La *balustrade*, au-dessus de la rose, composée de fleurs de lis ajustées dans des quatrefeuilles, est décorée au milieu, comme celle de l'Oratoire de Louis XI, d'un R couronné, initiale du mot Roy, du genre de celle du chapiteau de la chapelle basse de l'hôtel de Cluny ; cette sculpture semble indiquer le règne de Charles VIII pour l'époque de cette construction.

Au-dessous sont les deux porches superposés ; les gestes, les attitudes des statues des voussures et des tympans du *portail* de la **chapelle haute**, célèbres parmi les hermétistes ou les chercheurs du grand œuvre, ont fait l'objet d'interprétations variées dans les traités de science occulte ; au-dessus du *Christ*, un linteau avec la *Résurrection générale* et le Pèsement des âmes, puis, dans le tympan, le Christ juge avec saint Jean et la Vierge, intercédant en faveur des humains.

Dans la voussure, trois cordons de sculptures complètent cette scène : — deux groupes d'élus : Abraham reçoit les âmes que des anges conduisent au ciel avec des couronnes, des navettes, des encensoirs ; — trois groupes de réprouvés, soumis aux angoisses de l'Enfer, à la fureur des bourreaux, à la vue des martyrs qui montrent les instruments de leurs souffrances comme titres de gloire ; les douze Apôtres jugent en compagnie du Maître. Les bas-reliefs du bas de la porte représentent la *Création*, le *Déluge*, le *Sacrifice de Gédéon*. — Toutes ces sculptures, enlevées

Pl. 46. — Sainte-Chapelle. Pignon de couronnement de la face d'entrée (côté ouest).

au ciseau, ont été rétablies par Geoffroy-Dechaume d'après celles de Notre-Dame, de Saint-Germain-l'Auxerrois, et les traces visibles sur la pierre. La *boiserie* de la porte reproduit exactement la décoration des vantaux primitifs, encore existants à l'époque de cette restauration, mais qu'on n'a pu remettre en place.

A la *porte* de la **Chapelle basse**, sur les stylobates des colonnes les fleurs de lis de saint Louis de France alternent avec les tours de Castille de la reine Blanche, sa mère, suivant l'habitude de ce temps. Au trumeau, la *Vierge* qui, dit-on, inclina sa tête pour approuver la doctrine sur l'Immaculée Conception professée en 1304 par le théologien Jean Duns Scot. Elle a été refaite par Geoffroy Dechaume, ainsi que le *Couronnement de la Vierge* du tympan. Les colonnettes, d'une seule pièce, ici comme dans les autres parties de l'édifice, sont faites au tour; celles qui font partie de la construction sont en plusieurs assises taillées au ciseau.

INTÉRIEUR DE LA SAINTE-CHAPELLE

La **CHAPELLE BASSE** est régulièrement orientée, le chœur au levant; l'architecte fit l'originalité de l'édifice des conditions qui lui étaient imposées (*V. Portail*, p. 159) d'avoir double étage de chapelle. Dans la **CHAPELLE BASSE**, l'architecte, condamné à donner une proportion peu élevée à la nef inférieure, se voyait dans la nécessité d'avoir une voûte large, d'une grande portée, qui entraînait à des proportions excessives en hauteur; Pierre de Montereau se tira de la difficulté en établissant un rang de colonnes en avant des murs; habile disposition qui permit de rétrécir l'espace à voûter et de conserver à la nef médiane sa prééminence sur les deux galeries collatérales, sans faire descendre la naissance de son arc au niveau du sol : quatorze colonnes couronnées de chapiteaux à feuillages sont rattachées aux murs par de petits arcs-boutants ajourés analogues à ceux des cuisines de saint Louis (p. 134); ils maintiennent la verticalité des colonnes en contre-butant la poussée de la voûte de la grande nef. Les clefs à rosaces, sculptées en bois, sont boulonnées dans la maçonnerie des voûtes, dont l'épaisseur n'excède pas 25 cent. Au rond-point, deux colonnes sans chapiteaux percent la voûte et supportent la charge supérieure ; elles ont été élevées à l'époque où fut construite la tribune absidale de la chapelle haute. — Sur les parois, douze médaillons aux encadrements incrustés de verroteries, représentent les apôtres avec des croix de consécration ; seul le saint Pierre était à peu près conservé ; les autres n'existaient qu'à l'état de fragments et ont été restitués.

La *chapelle latérale*, du xv⁰ siècle, est dite *Chapelle du Cimetière*, parce qu'une petite porte, murée à la fin du xvii⁰ siècle, conduisait à la partie de la cour qui servait de cimetière ; à l'intérieur, une porte percée dans une des arcatures la reliait à la nef ; en 1691 l'arcature entière fut supprimée et remplacée par une grille de fer ; l'accès de la chapelle était facilité, mais comme l'ordonnance générale de l'édifice était ainsi contrariée, on rétablit, lors des travaux de restauration, l'arcature primitive ; la chapelle se trouve sans communication avec l'intérieur.

On a rétabli *la décoration peinte* de la chapelle basse d'après des traces retrouvées sous le badigeon ; on a découvert, puis détruit les peintures refaites au début du xvii⁰ siècle, peut-être par Martin Fréminet : à côté d'écussons aux armes de France et de Navarre, des anges nus portaient les insignes de la Passion et de la Royauté. Dans la première travée nord de l'abside on remit à nu le trait et le coloris effacés de l'*Annonciation*, peinture du xiii⁰ siècle, qui indique le choix, la proportion des personnages placés autrefois dans les verrières absidales ; son sujet se reliait à celui des fenêtres, par suite de l'impossibilité de pratiquer une baie au-dessus de la porte conduisant à la sacristie. On enleva en 1691 les anciens vitraux et les compartiments de pierre qui diminuaient le jour, pour y mettre du verre blanc. Steinheil a établi de *nouvelles verrières*. Dans le compartiment central des baies des quatre premières travées figure une des scènes de l'histoire de la Vierge qui ont précédé l'Annonciation, entourée de grisailles semées de fleurs de lis ; dans l'abside on voit, à côté de la peinture de l'Annonciation, la Visitation, l'Adoration des Mages, la Présentation de Jésus au Temple, le Couronnement de Marie par son fils. Des personnages de l'Ancien Testament, dans les tympans, déroulent les textes prophétiques. — Sur les colonnes peintes en rouge, des tours castillanes ; sur celles peintes d'azur, les fleurs de lis françaises ; la voûte est semée de France; une sainte légende figure entre les colonnettes des trois travées extrêmes de l'abside : son état actuel ne permet plus de l'expliquer.

Dans le pavé de la chapelle basse, il y a *trente-sept dalles funéraires*; l'une, du xiiie siècle, est celle d'un chapelain de l'oratoire du roi saint Louis. La plupart datent du xive siècle; ce sont des chanoines sous un arc ogival, l'aumusse sur la tête, vêtus d'aubes et de chasubles, l'étole descendant jusque vers les pieds, les mains jointes, le manipule sur le bras gauche. La société laïque n'est représentée dans la chapelle basse que par trois enfants, par un jeune homme sans fonction, par un écuyer, l'épée et la dague aux côtés, et par la pierre tombale d'un « honorable homme et sage maître... *concierge* », haut fonctionnaire du xive siècle qui avait garde et intendance de tout le palais. On distingue parmi ces dalles celle de Maistre Jehan Mortis, qui a laissé sur la Sainte-Chapelle un important répertoire qui s'étend jusqu'en 1457, que conservent les Archives, et qui lui valait un service au 5 novembre de chaque année. Le xvie siècle a laissé l'unique monument funéraire *en relief* de la Sainte-Chapelle, retrouvé en août 1861, image du cadavre d'un chanoine couché dans un encadrement. On voit encore trois inscriptions du xiiie siècle; il n'en reste plus du xviiie : l'inscription relative à Boileau, présenté en 1636 sur les fonts baptismaux de la chapelle basse, se trouve à Saint-Germain-des-Prés (voir ce chapitre). On voyait dans la chapelle basse celles du trésorier Claude Auvry et du chantre Jacques Barrin, dont le *Lutrin* a immortalisé les querelles; Boileau d'ailleurs y reposait aussi, avec son père et ses frères; l'épitaphe de cette illustre famille, issue d'un prévôt de Paris du temps de saint Louis, a disparu après avoir été transportée au musée des Monuments français, d'où les cendres seules du grand poète furent transférées en 1819 à Saint-Germain-des-Prés par les soins de l'Académie française. On maria dans la chapelle basse la femme de Molière avec le comédien d'Estriché.

Quatre chapelles s'élevaient jadis sur les côtés de la nef, deux en l'abside, une dans la chapelle du cimetière.

Un petit escalier, dans l'angle, conduit à la **CHAPELLE HAUTE**, resplendissante d'un éclat enchanteur dû aux splendides vitraux du xiii° siècle qui en font le principal intérêt : saint Louis affecta les offrandes à la réparation des vitraux par des chartes de 1245 et 1248 ; le Trésor royal de la tour du Temple devait combler les insuffisances. Les cartons des vitraux ne sont pas de la même main, mais l'unité du style est conservée. Charles VIII consacra les revenus des régales aux réparations, notamment à celles des verrières. En 1485, Jean Racine était préposé aux comptes des travaux en cours de la Sainte-Chapelle : de cette époque doivent dater les verrières moins anciennes qui garnissent la rose. Guillaume Brice remit en plomb plusieurs panneaux de verrières en 1705. On mura plus tard deux mètres de vitrage sur tout le pourtour de l'édifice ; en 1845 de Guilhermy fut chargé de reconnaître l'ordonnance des verrières, et, grâce aux planchers établis pour les travaux, il put établir la minutieuse description que nous reproduisons [1]. Henri Gérente obtint au concours la

---

1. En 1855, les quinze verrières de la nef et de l'abside étaient entièrement restaurées. Les verrières du pourtour de la Chapelle appartiennent au xiii° siècle. Les vitraux de la rose sont un ouvrage très remarquable de la fin du xv°. Aucun document n'a fait arriver jusqu'à nous les noms des artistes qui ont vitré la Sainte-Chapelle. Nous pouvons croire qu'ils travaillaient dans leurs ateliers en même temps que Pierre de Montereau élevait l'édifice, et que la décoration se trouva complète pour le jour de la consécration. Il fallait que les fabriques de vitraux peints eussent alors une prodigieuse activité pour satisfaire, en si peu de temps, à des commandes aussi considérables. Lorsqu'on examine en détail les vitraux de la Sainte-Chapelle, on s'aperçoit bien que les cartons n'ont pas tous été dessinés par la même main ; mais les différences partielles n'altèrent en rien l'unité du style et l'harmonie générale. Ce ne sont que des nuances légères qui se perdent dans l'ensemble.

L'Ancien Testament remplit sept verrières de la nef et quatre de l'abside ; le Nouveau Testament n'en occupe que trois au fond de l'abside ; la dernière de la nef retrace l'histoire de la translation des Saintes Reliques ; l'Apocalypse se développe tout entière dans les zones circulaires de la rose occidentale.

Première fenêtre de la nef au nord. — Quatre-vingt-onze sujets. La Genèse. Création du monde en six jours. Création de l'homme et de la femme. Les animaux passent devant Adam qui leur impose leurs noms. Le péché originel. L'expulsion du paradis. Le travail. Abel et Caïn. Meurtre d'Abel. Invention des arts et des métiers. Mort de Caïn. Le Déluge et l'histoire de Noé. La tour de Babel. Vocation d'Abraham. Melchisédech. La destruction de Sodome. La naissance, le sacrifice, le mariage d'Isaac. L'histoire de Jacob et de Joseph. Jacob et ses fils reçus

mission de restaurer les vitraux; elle fut confiée, la mort ne lui ayant pas permis de commencer, à Steinheil pour la partie gra-

en Égypte par Pharaon. L'histoire de Jacob se termine dans la rose de la baie suivante.

Deuxième fenêtre. — Cent vingt et un sujets. L'Exode. Histoire de Moïse. Le buisson ardent. Moïse et Aaron devant Pharaon. Les plaies d'Égypte. La Pâque. Le passage de la mer Rouge. Les Israélites dans le désert. La manne et l'eau du rocher. Combats. Le mont Sinaï. Le veau d'or. Les offrandes du peuple. Construction du Tabernacle. Sacre d'Aaron.

Troisième fenêtre. — Quatre-vingt-dix-sept sujets. Le livre des Nombres. Les Princes des tribus assis sur des trônes et portant les insignes de l'autorité suprême. Offrandes du peuple. Consécration des Lévites et du Tabernacle. L'Arche d'alliance. Rébellions et châtiments du peuple de Dieu. Floraison de la verge d'Aaron. Mort d'Aaron. Le Serpent d'airain. Balaam. Élection de Josué. Cérémonies légales.

Quatrième fenêtre. — Soixante-cinq sujets. Le Deutéronome. Nouvelle promulgation de la Loi. Derniers actes de Moïse; sa mort et son ensevelissement. Combats et victoires sous la conduite de Josué. Passage du Jourdain. Chute de Jéricho. Le soleil arrêté; prises de villes et supplices de rois. Mort de Josué. Dans les roses du tympan, histoire de Noémi, de Ruth et de Booz.

Cinquième fenêtre, première de l'abside. — Trente-deux sujets. Les Juges. Aod et Débora. Défaite des Moabites. Mort de Sisara. Victoires et mort de Gédéon; Abimélech. La fille de Jephté. Samson, ses travaux, son mariage, sa captivité, sa vengeance et sa mort.

Sixième fenêtre. — Dans la première division de la fenêtre, les prophéties, l'histoire et le supplice d'Isaïe en vingt-quatre sujets. Dans la seconde, l'arbre généalogique du Christ, l'arbre de Jessé, tel qu'il a été révélé au même prophète. Un des panneaux représente Isaïe reprochant au peuple l'adoration des divinités étrangères. Pour mieux personnifier l'idolâtrie, le verrier du XIIIe siècle a placé le moins idolâtre des législateurs, **Mahomet**, à genoux devant une idole d'or élevée sur un autel, et tenant une coupe à la main. Le nom du fondateur de l'islamisme est tracé à côté du personnage en caractères de l'époque, et l'orthographe en est absolument semblable à celle que je viens d'employer, suivant notre manière de dénaturer les noms étrangers. Différentes visions d'Isaïe. Les justes marchent à la lumière du Seigneur. La vigne stérile est arrachée; le Seigneur se construit un pressoir. Le mystère de l'Incarnation est manifesté au prophète. Les soldats de Manassès s'emparent d'Isaïe et lui déchirent le corps avec une scie.

L'arbre de la généalogie sort du flanc de Jessé. Quatorze rois sont assis entre les rameaux. David se reconnaît à sa harpe, et Salomon à sa jeunesse. La Vierge paraît au-dessus de ses ancêtres royaux. La branche la plus élevée porte le Christ adoré par deux anges; sa main droite bénit; la gauche s'appuie sur un livre fermé et tient une petite croix d'or; autour de sa tête rayonnent sept blanches colombes,

phique, à Lusson pour la fabrication. — L'*Apocalypse* se développe sur la Rose; on voit, à la dernière fenêtre de la nef, la *Trans-*

emblèmes des dons de l'Esprit-Saint. Trente-quatre patriarches et prophètes s'étagent dans les bordures, et d'autres se montrent dans le tympan.

Septième fenêtre. — Trente-deux sujets. La légende de saint Jean l'Évangéliste et la vie de la Vierge se partagent les deux divisions de la fenêtre. Supplice de saint Jean à Rome, devant la porte Latine. Son exil à Pathmos. Résurrection de Drusiana. Miracles des feuilles d'or changées en cailloux, de la coupe empoisonnée, des cadavres ressuscités par le contact de la tunique du saint apôtre. Saint Jean annonce sa mort; son sépulcre.

Présentation de Marie au Temple. Annonciation. Visitation. Naissance de Jésus. Adoration des bergers et des mages. Circoncision. Massacre des Innocents. Fuite en Égypte. La chute des idoles.

Huitième fenêtre. — Cinquante-sept sujets. Les diverses scènes de la Passion étaient ici parfaitement à leur place, un peu en arrière de la grande châsse qui renfermait la couronne d'épines, le bois de la croix, le fer de la lance et d'autres insignes de la Rédemption. Après la Sépulture, la Résurrection et les Apparitions qui l'ont suivie. Dans les panneaux les plus élevés, le Christ en sa gloire, au milieu du chœur des apôtres et des anges.

Neuvième fenêtre. — Trente sujets, dont une moitié pour saint Jean-Baptiste et l'autre pour le prophète Daniel.

Naissance et Prédication de Jean. Baptême de Jésus. Jean rend témoignage de la mission du Christ. Il réprimande Hérode; sa captivité; sa décollation.

Daniel dévoile les fourberies des mages. Songe et métamorphose du roi Nabuchodonosor. Festin et mort de Balthasar. Daniel exposé aux lions. Le songe du bouc et du bélier. Révélation par l'ange Gabriel du temps marqué pour la venue du Messie.

Dixième fenêtre. — Trente sujets. Actions et prophéties d'Ézéchiel. Vision de la gloire de Dieu. Idolâtrie, abominations du peuple. Le prophète se charge de chaînes; il se rase la tête; il trace sur une brique le plan de Jérusalem; il est enlevé par les cheveux. Promesses du David de la nouvelle Alliance. Parabole de la Vigne et des Raisins verts. Le Temple nouveau; la Jérusalem céleste.

Onzième fenêtre. — Quinze sujets de l'histoire de Jérémie, et autant du livre de Tobie.

Vocation de Jérémie. Ses visions; ses actions symboliques. Le roi Sédécias le fait mettre en prison. Jérémie dicte à Baruch les paroles de Dieu. Il voit le Seigneur armé d'un glaive pour châtier l'idolâtrie. Le Seigneur présente à la fille de Juda la coupe de sa colère. Le Seigneur a tendu l'arc et tiré le glaive pour disperser ses ennemis. Destruction de Jérusalem; les bêtes sauvages à tête de femme habitent sur ses débris; le prophète pleure sur les ruines de la cité sainte.

Œuvres pieuses et charité de Tobie; ses émigrations; naissance de

LA CITÉ. — LA SAINTE-CHAPELLE.

lation des reliques, origine de la Sainte-Chapelle; le *Nouveau Testament* se développe sur trois des verrières de l'abside; les

son fils; il devient aveugle. Voyage du jeune Tobie, en compagnie de l'ange Raphaël. L'ange lui ordonne de prendre le fiel d'un poisson pour rendre la vue au père. Le jeune Tobie arrive chez Raguel dont il épouse la fille Sara; il part pour retourner auprès de ses parents.

Douzième fenêtre. — Soixante-trois sujets, dont quarante tirés du livre de Judith et les autres de celui de Job.

Les soldats d'Holopherne dévastent la Judée; ils coupent les moissons; ils enlèvent les troupeaux. Les Juifs accourent avec des présents et des instruments de musique au-devant du vainqueur, dans l'espoir de l'apaiser. Achior s'expose à la mort pour sauver le peuple. Holopherne assiège Béthulie et met des gardes aux fontaines voisines. Judith annonce son projet aux anciens. Elle demande à Dieu de pouvoir tromper Holopherne. Une inscription du xiiie siècle explique ce sujet, *ci prie ivdit dev qve le puist enginier*. On lit un peu plus loin: *Ci est venve ivdit a oloferne et si sacointe a li*. Judith prend un bain; elle se pare; elle enivre Holopherne; elle lui tranche la tête. Cette tête est exposée sur les murs de la ville. Judith est glorifiée; elle meurt pleurée par le peuple; *ci plerre la mort*.

Job sacrifie au Seigneur. Le démon est autorisé à le tenter. Enlèvement de ses troupeaux; incendie de ses étables; mort de ses enfants. Sa femme et ses amis insultent à sa détresse. Nouvelle prospérité de Job; Dieu lui rend plus qu'il n'avait perdu.

Treizième fenêtre. — Cent vingt panneaux, dont les sujets appartiennent tous au livre d'Esther. Pour remplir tous les compartiments de cette immense fenêtre, le peintre verrier a souvent employé deux et même quatre panneaux à développer une même action.

Présentation d'Esther au roi Assuérus et son couronnement. Mardochée découvre la conspiration des eunuques du roi et la révèle à sa nièce qui en instruit Assuérus. Condamnation et châtiment des coupables, qui sont pendus à un gibet. La faveur d'Assuérus élève Aman à la suprême puissance. Mardochée seul refuse de se prosterner devant lui. Aman fait écrire un édit qui ordonne le massacre des Juifs. Esther se dispose à paraître devant le roi. Assuérus lui présente son sceptre. Elle reçoit Aman et le roi à un grand festin. Triomphe de Mardochée. Aman est saisi par les gardes du roi; on l'attache au gibet qu'il avait fait préparer pour Mardochée. Esther obtient la révocation de l'édit porté contre les Juifs. Assuérus les autorise à se venger de leurs ennemis. Puissance de Mardochée.

Les sujets du tympan paraissent compléter l'histoire de Job, en partie représentée dans la fenêtre qui précède.

Quatorzième fenêtre. — Cent vingt et un sujets du livre des Rois. Histoire d'Héli et de Samuel. L'arche du Seigneur tombe aux mains des Philistins. Ils sont bientôt forcés de la rendre aux Israélites. Samuel fait briser les idoles; il parle à Saül; il coupe le roi Agag en morceaux; il sacre David. Victoire de David sur Goliath. Triomphe de

autres verrières de l'abside et les sept de la nef sont consacrées au *Nouveau Testament.*

Dans les fenêtres de l'abside, sur lesquelles figurent l'histoire

David; son mariage avec la fille de Saül. Sa femme Michol le sauve de la fureur du roi. David chez le grand prêtre Achimélech; Abigaïl lui donne l'hospitalité; Saül le poursuit. David disperse les Amalécites. Mort de Saül. Prise de Sion par David; il est sacré de nouveau et reconnu roi. David et Bethsabée. L'Ange exterminateur. Mort d'Absalon. Mort de David. Salomon reçoit le sceptre de la main de son père, il prie devant l'Arche; le Seigneur lui apparaît; la reine de Saba vient lui rendre hommage; il tombe dans l'idolâtrie. Histoire d'Élie, d'Achab et de Jézabel. Lapidation de Naboth. Joas enfant est sauvé de la mort; il devient roi. Incendie du temple et captivité des Juifs.

Quinzième et dernière fenêtre. — Soixante-sept sujets. Il a fallu refaire la plus grande partie des panneaux. Le peu qui restait de la verrière ancienne a cependant suffi pour indiquer quelle en devait être l'ordonnance primitive. On s'est donc trouvé autorisé à représenter ici la légende de la Croix, depuis la découverte qui en fut faite par sainte Hélène jusqu'au jour où elle fut déposée dans le trésor de Constantinople, l'acquisition des reliques de la Passion par les envoyés de saint Louis, leur translation solennelle, et enfin la consécration de la Sainte-Chapelle. Dans le tympan, la croix, la couronne, la lance et d'autres reliques précieuses sont déposées sur un riche autel, au milieu d'anges qui les éclairent et les encensent.

La partie de la verrière où sont retracées les circonstances principales de la translation des Reliques comprend dix-neuf panneaux anciens, dont la valeur historique nous fait vivement regretter l'absence de ceux qui ont été détruits. Saint Louis y figure six fois: recevant les reliques près de Sens; portant pieds nus, avec son frère Robert, comte d'Artois, le brancard où elles sont placées; assistant avec une reine, sa mère ou sa femme, à l'ostension de la Sainte Couronne; donnant audience à un messager de l'empereur Baudouin; portant sur une nappe la croix byzantine à double traverse qui contient le bois sacré. Un des panneaux représente la cité de Paris, avec son palais entre les deux bras de la Seine. Ces vitraux nous paraissent d'autant plus dignes d'intérêt que les artistes qui les ont peints avaient certainement assisté aux cérémonies de la translation, et qu'ils ont dû les reproduire telles qu'elles venaient de se passer sous leurs yeux. Serait-il permis de croire qu'ils auront aussi voulu nous transmettre quelque chose de la physionomie de saint Louis, de Robert de France, de Blanche de Castille et de Marguerite de Provence?

Rose occidentale. — Les peintures transparentes de la grande rose n'ont plus les tons vigoureux de la mosaïque des verriers du treizième siècle. Ce sont de petits tableaux, d'une exécution toujours très fine et quelquefois charmante, qui demandent à être vus de près, et dont l'auteur inconnu s'est plutôt proposé de conserver son individualité

Pl. 47. — Sainte-Chapelle. Une travée extérieure de la façade latérale (côté sud).

LA CITÉ. — LA SAINTE-CHAPELLE.

des prophètes du vieux Testament, la généalogie du Christ; sa vie, sa passion; on voit, au bas d'un des médaillons, le nom de Mahomet, en majuscules du xiii° siècle, avec l'orthographe

que de sacrifier son œuvre à l'harmonie générale. Les vitraux de la rose appartiennent, comme son treillis de pierre, au règne de Charles VIII. Les fonds fleurdelisés, les initiales couronnées, les écussons de France entourés du collier de l'ordre de Saint-Michel, indiquent clairement la date de la verrière et le nom de son royal donateur. L'ordre de Saint-Michel avait été institué, en 1469, par Louis XI. L'Apocalypse, cette mine inépuisable de compositions à la fois étranges et grandioses, a fourni tous les sujets qui remplissent les soixante-dix-neuf compartiments principaux qui tournoient dans la circonférence, et les six autres des encoignures à jour percées au-dessous du cercle. Au centre, le Fils de l'homme, assis sur l'arc-en-ciel, au milieu des sept chandeliers, des sept étoiles et des sept anges des Églises d'Asie. Chacune de ces Églises est figurée par un petit édifice à la porte duquel veille un ange et que surmonte un clocher. Saint Jean, prosterné, attend les ordres divins. L'Éternel sur son trône; les quatre animaux symboliques; les Vieillards, magnifiquement vêtus et jouant de la harpe. L'Agneau ouvrant le livre des sept Sceaux. Les quatre Cavaliers qui fondent sur la terre pour la châtier. Le dernier est la Mort, montée sur un cheval pâle; l'Enfer vient à sa suite. Sous l'autel, les âmes de ceux qui ont été tués pour la parole de Dieu, et qui demandent que leur sang soit vengé. Des anges leur apportent des robes blanches. Le soleil perd son éclat, la lune prend la couleur du sang, les maisons croulent sur leurs habitants. Quatre anges, placés aux angles de la terre, tiennent les quatre Vents. La foule des Justes, palmes en mains, devant le trône et devant l'Agneau. Au son de la trompette des sept anges, la terre est dévastée par le feu, par le fer et par la peste. Saint Jean reçoit le livre; il mesure le temple et l'autel. L'armée du roi de l'Abîme, la Bête et le Dragon; la Femme mystérieuse et son fils. Michel et ses anges combattent le Dragon. Le Dragon est adoré. Combat de la Bête et du Dragon. Le démon séduit les hommes par ses prestiges. Le Fils de l'Homme armé de la faucille. Les anges versant sur la terre et sur les eaux les coupes de la colère de Dieu. La grande prostituée de Babylone. Le Roi des rois sur son cheval blanc, suivi de l'Armée céleste. Le dragon enchaîné et réduit à l'impuissance. La Jérusalem nouvelle, toute brillante d'or et de perles, dont les portes sont gardées par des anges. Les quatre Évangélistes.

Le nombre des panneaux que nous avons indiqués arrive à peu près à onze cents. C'est, on en conviendra, une œuvre prodigieuse. Une pareille série, unique aujourd'hui, nous fait assister à l'origine du monde. Nous traversons ensuite l'histoire tout entière du Peuple de Dieu, pour arriver, par les prophètes, au mystère de la Rédemption, et nous pénétrons enfin, avec l'Apocalypse, jusque dans les secrets de l'éternité. Tout s'est déroulé à nos yeux, le commencement et la fin, l'alpha et l'oméga.

d'aujourd'hui : on lui a fait l'outrage de le présenter comme un coupable faisant amende honorable devant une idole d'or : il est à genoux pendant qu'Isaïe lui fait de sévères remontrances. Les artistes se vengeaient souvent de la sorte ; ainsi, à Saint-Saturnin de Toulouse, un sculpteur de stalles représente Calvin et le désigne de cette façon : *Calvin le Porc*.

La flore française, houx, chêne et fraisier, a fourni les motifs des *chapiteaux*. Steinheil a pu reconstituer les scènes de martyres des quarante-deux *quatrefeuilles des tympans*, grâce à l'accentuation des poses accusées par les incrustations de plaques de verre, azurées ou rehaussées d'or, qui suivaient les contours des personnages peints sur pierre[1] : Lassus a restauré le *mur occidental*, défiguré au siècle dernier par un buffet d'orgue, qu'on transporta à Saint-Germain-l'Auxerrois en 1791[2].

Nef. L'arcature pratiquée dans la muraille de la troisième travée recevait, du côté de l'Évangile, le siège et le prie-Dieu du *roi*, et celle de gauche celui de la *reine*, du côté de l'Épître ; sur l'archivolte, le *Christ bénissant reçoit les hommages des esprits célestes*. — A la quatrième travée, une baie : à côté, une *ouverture* est percée obliquement dans le mur méridional et garnie d'une grille de fer : cette chapelle, dite de Saint-Louis, élevée au-dessus de celle du cimetière (p. 164), permettait à Louis XI de voir l'autel sans être aperçu. Elle n'a pas d'ornement : on voyait sur la peinture du retable de son autel

1. On y voit saint Sébastien tué à coups de flèches, saint Hippolyte tiré à trois chevaux ; la décollation de saint Jean-Baptiste ; saint Thomas de Cantorbéry que vont assassiner à l'autel trois chevaliers ; sainte Marguerite sort du dragon pour subir le martyre ; l'apôtre de Paris, saint Denis, avec le prêtre Rustique et le diacre Éleuthère. Au sud, saint Blaise avec des peignes de fer, saint Laurent avec le gril, saint Clément l'ancre au cou, la lapidation de saint Étienne, saint Quentin auquel on enfonce des coins de fer dans les épaules. On a supprimé deux quatrefeuilles du fond de l'abside pour construire la tribune.

2. Steinheil a peint le fond des arcs. Au-dessus de la porte, le Christ bénit le peuple, ayant à gauche les trois sacrifices de l'ancienne Loi, Abel offrant l'agneau, Abraham près d'immoler son fils, Melchisédech avec le pain et le vin, à sa droite les symboles du sacrifice de la Croix, des anges prient et balancent des encensoirs, et aux côtés de l'arc central, Isaïe et Jérémie annoncent le mystère de la Rédemption.

Pl. 48-49. — Vue du Palais, prise de la pointe de l'île en aval (XVᵉ siècle).
(Gravure extraite du *Dictionnaire d'Architecture* de Viollet-le-Duc, t. VII.)

Le *Trésor des Chartes*, aujourd'hui détruit se trouve à l'arrière-plan et à gauche de la Sainte-Chapelle à laquelle il est relié par un étroit bâtiment percé d'une fenêtre.
La *Cour des Comptes* se trouvait en A, la chapelle Saint-Michel en K. Les deux longs toits D, D, terminés par des pignons percés chacun de deux baies ogivales, recouvrent la salle des Pas-Perdus; à côté le *May*, arbre qui a donné son nom à cette cour (voir p. 108). En H, la Sainte-Chapelle. — F, Tour de l'Horloge. — Le boulevard actuel du Palais se trouve en FG, la Seine coule de B en C, la place Dauphine occupe l'emplacement des jardins du Palais L.

les reliques rangées dans la grande châsse, et saint Louis en prière. Sur le vitrail on voit encore ce roi à genoux devant une croix entrelacée de couronnes d'épines.

Au pourtour de la nef, les douze apôtres expriment un des actes les plus importants du cérémonial de la *consécration* d'une église : le prélat doit tracer douze croix sur les piliers principaux; parfois le Christ ou les anges, disait-on jadis, les traçaient eux-mêmes. Ici comme dans la cathédrale de Troyes et dans la chapelle du collège de Beauvais, ce sont des apôtres qui portent ces croix. Ces *croix de consécration* à forme de monstrances, posées sur une console, sous un dais, avec incrustations de verres de couleur, posent sur un disque muni de son pied. Les *statues* en pierre de liais, plus grandes que nature, revêtues de la tunique et du manteau traditionnels, richement colorés et incrustés, ont trouvé grâce devant les critiques qui ne comprenaient point le moyen âge. Ces apôtres sont pieds nus, suivant les traditions de l'iconographie chrétienne, au visage barbu, sauf saint Jean ; ils ont un bâton à la main, sans doute en souvenir de la recommandation du Christ; saint Pierre a une longue croix et deux grandes clefs, saint Paul tient une énorme épée. Ils occupent le même rang que dans le canon de la messe, mais les autres sont sans ordre particulier.

Six de ces statues ont été refaites, deux ont été restaurées[1] ; les quatre demeurées intactes occupent le quatrième et le cinquième rang de chaque côté de la nef à partir de la porte d'entrée.

A l'époque révolutionnaire ces statues furent dispersées au musée des Monuments français et à Saint-Denis; Créteil honora longtemps, sous la qualification de saint Louis, la quatrième de la face nord ; quatre autres partagèrent le sort du calvaire du Mont Valérien, qu'elles ornaient, lors du saccage de 1830. Les dais furent retrouvés à Saint-Denis ; des fragments des culs-de-lampe muraient une des portes des escaliers à vis. Le Louvre possède des panneaux du jubé et une tête qu'on a dit provenir de

---

1. La tête de saint Pierre par Perrey, la plus grande partie de la seconde au nord, par Pascal. — La première et la troisième au nord, de Geoffroy-Dechaume et de Perrey, qui a fait la troisième du sud et le saint Paul ; les deux premières au sud, par Delarue.

la Sainte-Chapelle, mais qui n'est qu'une copie exécutée par l'un des restaurateurs.

Le *dallage de la chapelle haute* a été dessiné par Bœswillwald et Steinheil, en pierres dures gravées en creux avec mastics incrustés, diversement colorés ; il présente, près de l'abside, d'un côté les quatre *Fleuves du Paradis terrestre*, symboles de la grâce divine, et de l'autre l'*Église assise* près d'un rocher d'où jaillissent des sources, les sept sacrements pour la regénération de l'humanité.

Abside. Le *maître autel* primitif a disparu depuis longtemps [1]. En arrière s'élève une *plate-forme* qui servait de tribune pour l'exposition des Saintes-Reliques : elles étaient placées sous un baldaquin dans la grande châsse, étincelante de pierreries, de lampes et de cierges. Détail curieux : un orfèvre, Cayn, ancêtre du célèbre acteur Le Kain, ne payait pas le loyer de la quarante-quatrième forge qu'il occupait sur le Pont au Change, parce que, dit un compte de 1470, il visite et remet à point les reliquaires de la Sainte-Chapelle. — Quelques portions de l'autel et du baldaquin sont anciennes. Deux *escaliers* circulaires en bois y donnent accès; celui du nord, du xiii° siècle, sauvé par Alexandre Lenoir, qui l'avait recueilli au musée des Petits-Augustins, a servi de modèle pour l'autre. — Les anges des écoinçons de l'arcade médiane ont été rétablis d'après des traces laissées sur le mur et qui auraient pu se rapporter à d'autres motifs d'ornementation. — Un autel dit *de retro*, au fond de l'absidiole, s'appuyait contre un mur qui garde les traces d'une peinture, le *Christ sur la croix*, encadré par divers personnages dont l'un couronné en tête, et par le soleil et la lune.

La piscine, destinée aux ablutions, est, avec celles de Saint-Urbain de Troyes et de l'église de Saumur, l'une des plus belles qui existe. Elle a 3 mètres d'élévation et 2 de largeur. Les deux quatrefeuilles, dans le haut de chaque ogive, étaient à fond bleu ; l'un des bassins recevait les restes du vin et de l'eau du

---

[1] Le *Missel de Jouvenel des Ursins*, brûlé pendant la Commune, montre la vue intérieure de la Sainte-Chapelle et l'exposition des Insignes Reliques au xv° siècle. On y voit nettement la disposition de l'autel. Viollet-le-Duc l'a reconstitué dans son *Dictionnaire d'architecture*.

Pl. 50. — La lucarne du quai des Orfèvres (île de la Cité).

saint sacrifice, l'autre les eaux qui avaient servi à laver le calice et les doigts.

Du côté nord il reste de l'ancienne sacristie une petite salle voûtée en berceau cintré, élevée au-dessus d'une autre couverte en berceau d'ogive.

Le Vandalisme à la Sainte-Chapelle. Jadis un *jubé* en boiserie sculptée et ornée, du xvi° siècle, marquait, peu après la seconde travée, le terme de la nef. Un calvaire surmontait l'entrée du chœur et deux autels adossés au jubé étaient décorés chacun d'un retable en émail signé Léonard Limosin 1553 : on peut admirer au Louvre dans la galerie d'Apollon le *Christ en croix*, sa *Résurrection*, entourés d'emblèmes, de scènes de la Passion, des évangélistes, d'apôtres, des portraits de François Ier et de sa seconde femme Éléonore d'Autriche, de Henri II et de Catherine de Médicis.

Le chœur était garni de *stalles*, boiseries trahissant les royales amours par l'enlacement des chiffres de Henri II; le *maître-autel* primitif était une table de pierre posée en avant sur trois colonnettes, en arrière sur une dalle de champ, sans tabernacle ni gradin afin de laisser voir l'autel de *retro*, érigé sous la tribune; les angles des degrés de l'autel étaient marqués par quatre *colonnes* de marbre noir portant des anges de bronze. — Sur l'autel de *retro*, l'orfèvre Pijard exécuta en 1651 un *modèle en vermeil de la Sainte-Chapelle* au prix de 13 000 livres; cette châsse contenait des reliques, telles que la discipline de saint Louis. Le *saint ciboire*, au lieu d'être dans le tabernacle, était placé ici dans un *ostensoir suspendu* à une crosse feuillagée placée au-dessus de l'autel.

Au bas de la grande verrière de l'abside se trouvait un *panneau de vitres blanches*: il permettait d'apercevoir le reliquaire du dehors quand le roi, usant de son privilège, présentait au populaire amassé dans la cour, la monstrance contenant la couronne d'épines renfermée dans une grande châsse aujourd'hui fondue.

Bibliographie. Morand, Histoire de la Sainte-Chapelle, 1700. — F. de Guilhermy, Description de la Sainte-Chapelle, avec gravures de Gaucherel. — Decloux et Doury, La Sainte-Chapelle. — Paris dans sa splendeur : Article de Lassus sur la Sainte-Chapelle. — Encyclopédie d'architecture 1853, p. 39. Texte de l'acte de 1383 (flèche). — Saintes Reliques. Les textes relatifs à leur venue en France ont été réunis par le comte Riant dans ses *Exuviæ sacræ Constantinopolitanæ.* Voir aussi les notes du tome II de l'ouvrage de l'abbé Lebœuf, édité par Cocheris.

ESSAI D'UN RÉSUMÉ CHRONOLOGIQUE

DE

L'HISTOIRE DU PALAIS DE JUSTICE

ET DE LA SAINTE-CHAPELLE

ÉPOQUE ROMAINE : DES FOUILLES DIVERSES ONT ÉTABLI L'EXISTENCE DE CONSTRUCTIONS FAITES DÈS CETTE ÉPOQUE.

1003.	Le roi Robert complète la construction du Palais par la Chambre de la Conciergerie et quelques chapelles.
1137.	Mort de Louis VI, dit le Gros, au Palais.
1165.	Philippe Auguste baptisé dans l'ancienne chapelle Saint-Michel du Palais.
1180.	Mort de Louis VII, dit le Jeune, au Palais.
1184.	Philippe Auguste conçoit l'idée du pavage des rues de Paris.
1208.	Philippe Auguste lègue à l'Hôtel-Dieu la paille de sa chambre.
1230.	Arrêts divers rendus au Palais au temps de saint Louis.

1248.	Consécration de la Sainte-Chapelle construite par les ordres de saint Louis.
1274.	Philippe le Hardi épouse Marie de Brabant dans l'église du Palais.
1277.	Arrêts royaux rendus au Palais.
1283.	Philippe le Hardi exempte la Sainte-Chapelle de la juridiction de l'Ordinaire; elle ne relève plus que du Saint-Siège, à cause des difficultés soulevées contre son mariage par l'évêque de Paris.
1290.	Le maître des œuvres, Pierre de Corbeil, travaille au Palais.
1299.	Payement à Pierre Pipelart de six livres tournois pour une horloge destinée au Palais.
4 juin 1299. sept. 1301.	Jacques Lucé, constructeur supposé de la Tour de l'Horloge, reçoit différentes sommes pour ses travaux.
1303.	Le Trésor royal est transporté au Temple.
sept. 1313.	Achat du Moulin de Chante-Reine pour y élever à sa place la tour de l'Horloge.
1320.	Hommage de Robert de Béthune à Philippe le Long.
	Mariage de Louis de Crécy avec Marguerite de France.
1333.	Le trésorier René de Siran prisonnier à la Conciergerie.
1357.	Les maréchaux Robert de Clermont et Jean de Conflans sont tués en présence du dauphin Charles, par Étienne Marcel, en la chambre de galetas.
1369.	Le maître des œuvres Perrin l'Angle exécute divers travaux à la Chambre du Parlement pour la réception de la reine.
1370.	Renouvellement par Henri de Vic de l'horloge de la tour de ce nom.
1371.	Fonte de la cloche dite *tocsin* de la tour de l'Horloge.
1378.	Réception au Palais de l'Empereur.

1383.	Le peuple vient crier miséricorde en faveur des meneurs de l'émeute des Maillotins, soulevés pendant que Charles VI était en Flandre.
1387.	Le maître des œuvres Philippe de Grigny exécute au Palais différents travaux sous la direction de Raymond du Temple.
1388.	P. Juvénal des Ursins, prévôt des marchands, enfermé à la Conciergerie.
1391.	Première mention d'une incarcération de prisonniers à la Conciergerie : emprisonnement de Nivernais révoltés contre leur évêque.
XIV° siècle.	Le roi ajourne le payement de ses ouvriers et ordonne qu'en conséquence leur aubergiste, qu'ils n'ont pas payé, soit dispensé de régler ce qu'il doit à ses créanciers.
1400.	Mariage de Jean Ier de Bourbon.
1401.	On déchire les bulles de l'antipape Bénédict ; amende honorable de ceux qui les avaient apportées.
27 nov. 1401.	Emprisonnement à la Conciergerie de Frère Martin de Ronelles, cordelier de Paris, pour désobéissance aux officiers du roi.
1413.	Henri Bic (de Vic?), horloger de la Tour, réclame son salaire à la municipalité de Paris.
1415.	L'empereur Sigismond loge au Palais, tient audience et excite les murmures des assistants en prenant la place du roi.
1416.	Percement d'une porte dans la chambre des procès criminels par le maître des œuvres Jehan Bidault.
1417-1418.	Pose du cadran de l'horloge de la tour de ce nom.
4 avril 1418.	Refus de la municipalité parisienne de payer le salaire de l'horloger Henri Bic (de Vic?).
1431.	Charles VII abandonne l'entière jouissance du Palais au Parlement.

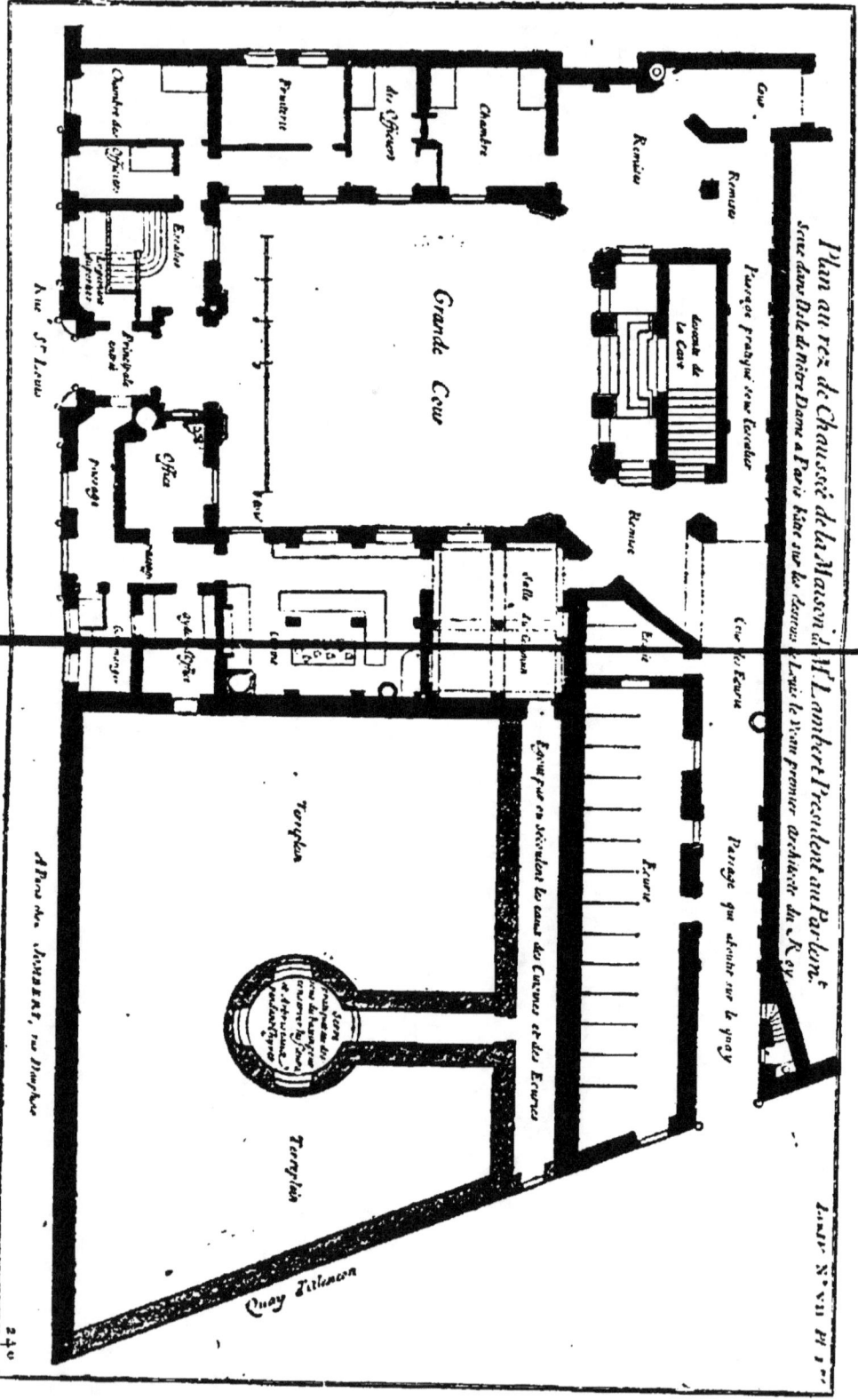

Pl. 31-32. — L'hôtel Lambert (île Saint-Louis). État primitif d'après Blondel.

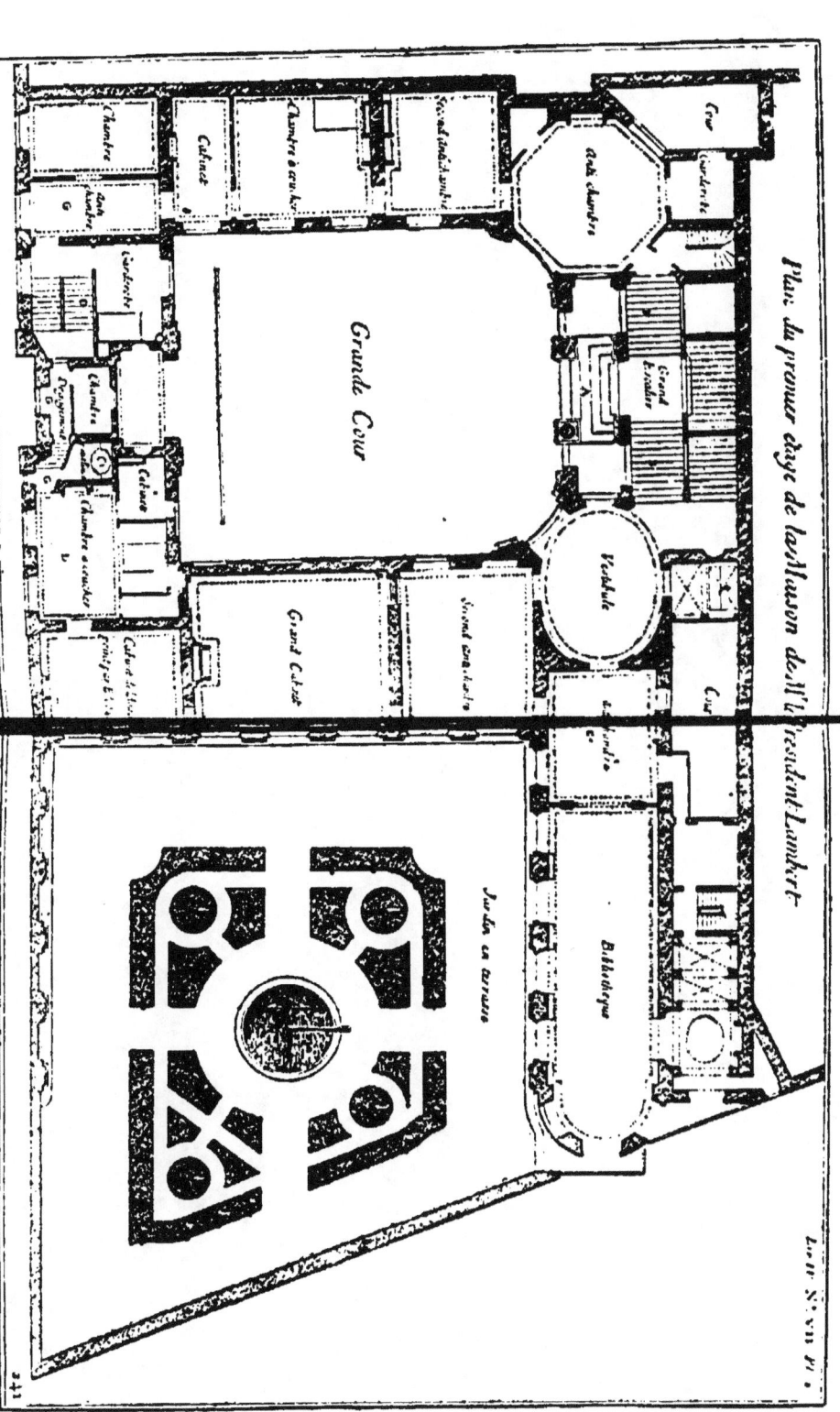

Pl. 124. — L'hôtel Lambert (île St-Louis). État primitif d'après Blondel.

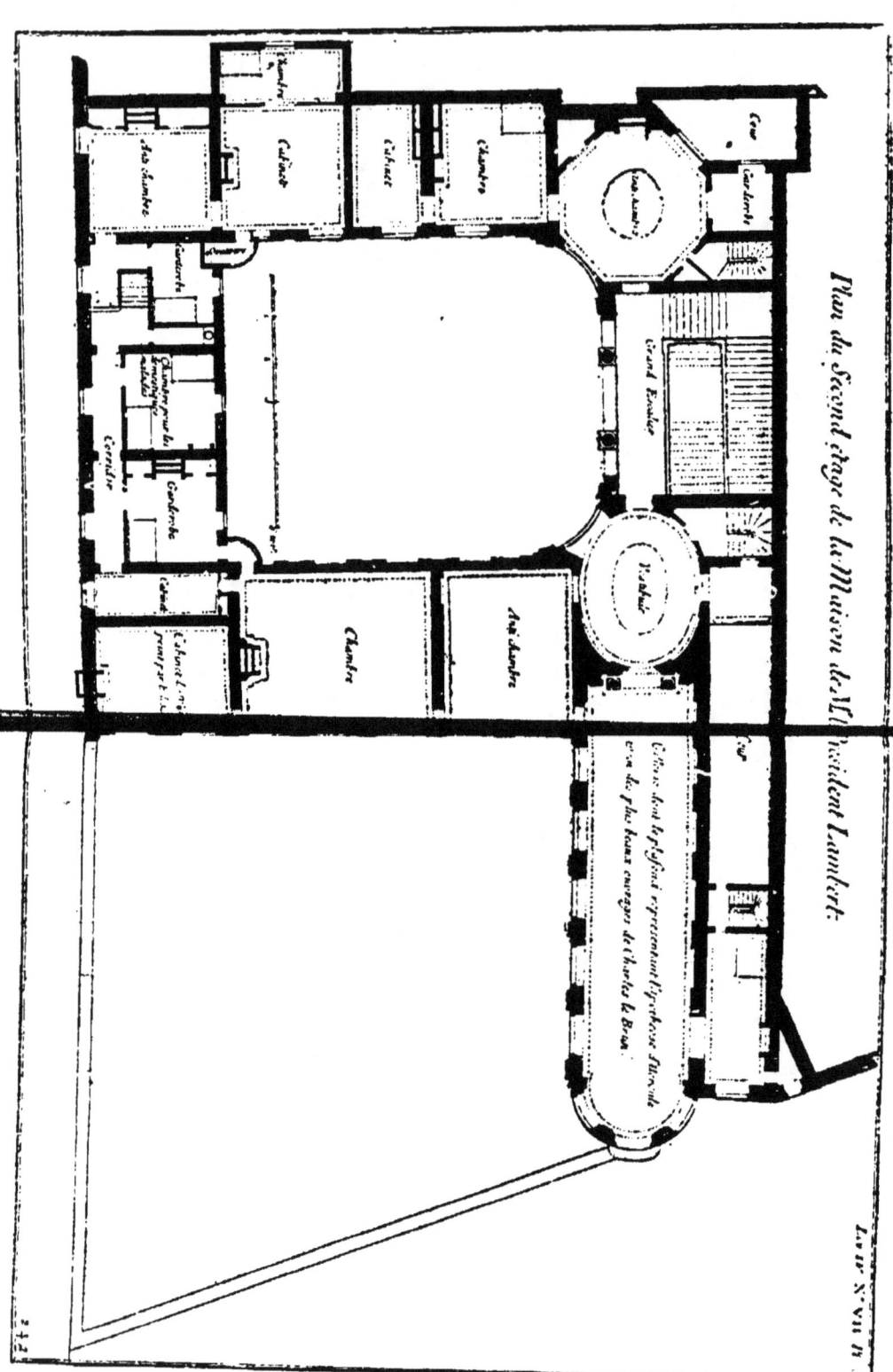

Pl. 55-56. — L'Hôtel Lambert (Île Saint-Louis) État primitif d'après Blondel

RÉSUMÉ CHRONOLOGIQUE.

1447.	Louis XI fait élever une chapelle à l'extrémité de la grande salle.
1451.	La grande salle du Palais occupée par des marchands de toutes sortes.
1472.	Philippe Brille est payé pour travaux de peinture et de dorure exécutés à l'horloge de la Tour.
1473.	Le maître des œuvres Simon Duval exécute divers travaux au Palais.
1479.	Construction d'une niche devant recevoir une statue de la Vierge dans la chapelle du Parlement par le maître des œuvres Cailletet.
1480	Sous la direction des magistrats Pierre Souvelin et Nicolas Viole, des constructions nouvelles sont exécutées dans la cour de la Sainte-Chapelle.
1502.	Fra Giovanni décore l'ancienne grand'chambre du Palais.
13 juillet 1543.	Le Parlement fait mettre des lits dans la Conciergerie à la disposition des malades.
Août 1548.	La peste se déclare à la Conciergerie. Transfèrement des prisonniers.
1561.	Claude de Buttet donne dans un poème une description du Palais en 32 vers.
1568.	Mathurin Benoist, « M. Horloger », est « garde et conducteur du gros horloge du Palais ».
1574.	Mort de Gabriel de Lorges, comte de Montgommery, enfermé dans la tour de ce nom.
24 août 1572.	La cloche de la tour de l'Horloge sonne la Saint-Barthélemy.
18 février 1585.	Restauration de l'horloge de la tour de ce nom.
15 janvier 1589.	Arrestation de M. de Harlay et de soixante magistrats par Bussy-Leclerc, l'un des chefs des Seize.
1590.	Gilbert Martinot est « gouverneur du gros horloge du Palais ».
1592.	Denis Martinot est « garde et conducteur du gros horloge ».

10 janvier 1598.	Confiscation des biens de Jean Lebel sur lesquels cent écus au soleil sont applicables aux réparations nécessaires à la Conciergerie.
16 mai 1610.	Ravaillac, l'assassin de Henri IV, est écroué à la Conciergerie.
5 ou 6 mars 1618	Violent incendie : destruction de la grande salle : on en accuse les complices de Ravaillac.
1618-1622.	Réédification du Palais de Justice par l'architecte Salomon de Brosse.
1639.	L'architecte Villedo est chargé de faire une nouvelle sortie de la cour du Palais de Justice, pratiquée sous la grande salle et la cour des Pairs et débouchant sur le quai.
1648.	La Fronde prend ses origines dans la grand'-chambre du Palais.
21 août 1651.	Le cardinal de Retz a le cou pris entre les battants d'une porte de la grand'salle poussés par La Rochefoucauld.
13 avril 1654.	Louis XIV, botté et fouet en main, fait irruption dans la salle du Parlement et prononce l'apostrophe fameuse : « L'État c'est moi ! »
13 août 1663.	Bataille entre clercs et laquais dans la grand'-salle.
Février 1671.	Lettres patentes du roi aidant le président Lamoignon à l'agrandissement du Palais.
1685.	Restauration de l'horloge de la tour de ce nom.
1698-1717.	Martinot, horloger, loge dans la grande galerie du Louvre.
1724.	La Bourse est transférée dans l'hôtel de Mazarin, rue Vivienne ; elle se tenait jusqu'alors en plein air dans un coin du Palais nommé *la place au change* et dans une galerie sombre : mesquinerie dont s'étonnait fort, en 1644, l'Anglais Evelyn.
1737.	Incendie de la cour de la Sainte-Chapelle. L'architecte Gabriel reconstruit la façade ouest de cette cour, dont Daumet vient de terminer la nouvelle reconstruction.

Pl. 57. — Hôtel de Lauzun (île Saint-Louis et quai d'Anjou).
Balcon au 1ᵉʳ étage.

1756.	Pierre-Noël Rousset donne les dessins de l'ancien orgue de la Sainte-Chapelle.
11-12 janv. 1776	Grand incendie, qui détruit notamment la bibliothèque du Grand Conseil.
1776.	L'architecte Couture (Guillaume-Martin) est chargé avec Moreau et Antoine de reconstruire les parties du palais incendiées.
1778.	Démolition de la tour de Montgommery, élevée par Eudes sur l'emplacement d'une tour romaine, au dire de Sauval.
27 mars 1780.	Lettres patentes de Louis XVI portant réunion de terrains aux bâtiments du Palais; il y est question de porter remède à l'insalubrité de la Conciergerie.
1784.	Découverte d'un Mercure et d'un Apollon dans des fouilles exécutées au Palais de Justice.
1787.	Pose de la grille dorée de la cour du May.
1790.	Le Parlement renversé par décret.
21 août 1792.	La cloche de la tour de l'Horloge et celle de Saint-Germain-l'Auxerrois décrétées d'accusation pour avoir donné le signal de la Saint-Barthélemy.
2 sept. 1792.	Massacres dits de Septembre à la Conciergerie, notamment de Montmorin et de quatre-vingt-cinq victimes; le chiffre de 299 est inexact.
15 nov. 1792.	Delaunay, d'Angers, lit un rapport à la Convention, qui constate la présence à la Conciergerie de deux cents prisonniers, dont trente-trois déserteurs prussiens.
5 décem. 1792.	Arrêté de la Commune ordonnant d'envoyer chaque jour un rôle détaillé des arrestations.
25 janvier 1793. 6 heures du soir.	Envahissement de la Conciergerie par le peuple, à propos du supplice d'un faussaire.
17 mars 1793.	Rapport au ministre de l'Intérieur, constatant l'état horrible de la Conciergerie.
23-24 avril 1793	Séjour de Marat à la Conciergerie.

Du 13 au 17 juil. 1793.	Charlotte Corday, après avoir assassiné Marat, est arrêtée et conduite le jour même à la Conciergerie, où elle reste quatre jours; elle n'en sort que pour être conduite à l'échafaud.
2 août 1793.	La reine Marie-Antoinette est amenée du Temple à la Conciergerie, « prévenue d'avoir conspiré contre la sûreté du peuple français », dit son acte d'écrou en date du 22 septembre. Deuxième jour de la troisième décade du premier mois de l'an second.
14 août 1793.	Le général Custine est écroué à la Conciergerie
14 octob. 1793.	Marie-Antoinette est condamnée à mort par le tribunal révolutionnaire.
16 octob. 1793.	Marie-Antoinette sort de la Conciergerie pour être conduite à l'échafaud.
30 octob. 1793.	Les Girondins détenus à la Conciergerie se préparent à la mort dans un festin resté célèbre. Le lendemain, ils sont extraits de leur prison pour être exécutés. Dixième jour du deuxième mois de l'an second.
31 octob. 1793.	Mme Roland, femme du ci-devant ministre, est enfermée à la Conciergerie.
2 nov. 1793.	Écrouement à la Conciergerie de Philippe-Égalité, ci-devant duc d'Orléans.
12 frim. an II.	Bailly, ex-maire de Paris, est constitué prisonnier à la Conciergerie.
24 frim. an II.	Emprisonnement à la Conciergerie de la Du Barry, maîtresse de Louis XV.
24 vent. an II.	Le directeur du *Père Duchêne*, l'auteur de tant de morts, Hébert, pour avoir « provoqué l'anéantissement de la représentation nationale... est constitué prisonnier à la Conciergerie ».
13 germ. an II.	Danton est enfermé à la Conciergerie, puis exécuté.
20 germ. an II.	Écrouement de Camille Desmoulins.
9 mai 1794.	« La nommée Élisabeth-Marie Capet, sœur de

Pl. 58. — Rue Saint-Louis en l'Ile, n° 51. — Couronnement de la porte d'entrée, d'après FATALOT (*Semaine des Constructeurs*)

20 floréal an II.	Louis Capet, dernier tyran, prévenue d'avoir conspiré contre la liberté et la sûreté du peuple français. « Signé Monet. » (Ordre d'écrou.)
7 therm. an II.	Le poète André Chénier est extrait de la Conciergerie pour être exécuté.
Juillet 1794, 9 thermidor an II.	Emprisonnement de Robespierre à la Conciergerie.
1794.	Les 132 Nantais sont enfermés dans la tour de Montgommery, démolie en 1778.
1795.	Le chevalier Bastion, accusé de renseigner les armées ennemies, est enfermé à la Conciergerie.
Juin 1804.	Emprisonnement à la Conciergerie de Ceracchi, Arena, Topino le Brun et Cadoudal, accusés d'avoir conspiré contre la vie de Bonaparte.
24 oct. 1812.	Le général Malet tente un soulèvement en annonçant la fausse nouvelle de la mort de l'Empereur, il est arrêté aussitôt; enfermé à la Conciergerie, il en sort le 29 du même mois pour être fusillé.
15 août 1815.	Emprisonnement du général Labédoyère à la Conciergerie; il en sort le 19 du même mois pour être fusillé.
7 déc. 1815.	Le maréchal Ney est extrait de la Conciergerie pour être fusillé.
20 déc. 1815.	La Valette, directeur des Postes sous l'Empire, condamné à mort, s'évade de la Conciergerie revêtu des vêtements de sa femme, qui prend sa place.
1816 et 1817.	Reprise en sous-œuvre des piliers et des voûtes de la cuisine de saint Louis.
1817-1818.	L'architecte Pape transforme les oubliettes du Palais en aqueduc.
19 juin 1818.	Écroulement de deux des voûtes de la cuisine de saint Louis.
Février 1820.	Emprisonnement de Louvel, assassin du duc de Berry. Son cachot n'existe plus.

Septembre 1820	Emprisonnement des quatre sergents de la Rochelle : Bories, Pommier, Goubin et Raoulx.
1822.	Peyre (Antoine-Marie) est nommé architecte du Palais. Il exécute divers travaux de restauration à la Conciergerie et à la Cour de cassation (1822 à 1828).
1833.	Restauration de la galerie de Saint-Louis (Cour de cassation) par de Gisors.
1835.	Séjour à la Conciergerie de Fieschi, l'auteur de l'attentat dit de la Machine infernale contre la vie du roi Louis-Philippe.
1838.	Louis Lenormand est nommé architecte de la Cour de cassation.
1840.	Emprisonnement de Napoléon III après l'affaire de Boulogne, au premier étage de la Conciergerie, dans la lingerie actuelle.
1840.	L'architecte Dommey est adjoint à Duc pour l'agrandissement du Palais de justice.
1842.	L'architecte Duc exécute dans l'ancienne Cour des comptes les travaux d'installation de la Préfecture de police, dont les locaux furent incendiés en 1871.
1842.	La Cour des comptes abandonne le Palais pour le quai d'Orsay.
1842.	On continue encore à vendre, sous les galeries du Palais, des pantoufles, des livres et des jouets.
1843.	Découverte des vestiges de l'ancienne horloge dans les crevasses de la tour de l'Horloge.
1844-1845.	Reprise en sous-œuvre de la tour de l'Horloge.
1845.	L'architecte Duc restaure et élargit les bâtiments en façade sur la rue de la Barillerie.
1847.	Découverte de fûts de colonnes gallo-romaines dans des fouilles exécutées dans un des angles de la cour de la Sainte-Chapelle.
Octobre 1848.	Montage de la cloche du lanternon de la tour de l'Horloge.

1849.	Remise à neuf de la toiture de la tour de l'Horloge.
1850.	Duc restaure la tour de l'Horloge, et refait le pignon de la salle des Pas-Perdus.
22 mars 1852.	Les architectes Duc, Dommey terminent la restitution de l'horloge de la tour de ce nom.
1852.	Reconstruction du *bâtiment de la police correctionnelle*.
1854.	L'architecte Duc construit les bâtiments élevés sur les cuisines de saint Louis.
1857.	L'architecte Duc commence la façade sur la place Dauphine et construit le bâtiment des Assises.
1861.	Duc est nommé architecte de la Cour de cassation en remplacement de Lenormand. Il commence le bâtiment de la Cour de cassation sur le quai et la galerie dite de Saint-Louis.
1864.	Duc et Dommey achèvent la nouvelle Conciergerie, autorisée le 15 mai 1855.
1864.	Percement de la porte d'entrée de la Conciergerie sur le quai de l'Horloge. Achèvement du *Nouveau Quartier* de la Conciergerie par Duc et Daumet.
1868.	Démolition de la galerie de Saint-Louis (Cour de cassation) par Duc.
1869.	L'architecte Duc obtient un prix de 100 000 f. pour la construction du Palais. Inauguration des salles d'assises terminées par Duc et Daumet.
11 janvier 1870.	Incarcération à la Conciergerie du prince Pierre Bonaparte, accusé de meurtre (affaire Victor Noir).
Novembre 1870	Emprisonnement des futurs membres de la Commune : Félix Pyat, Ranvier, Flourens, Razoua, Vésinier, Tridon, docteur Pillot, Élie Ducoudray, Lefrançais, Eudes.
18 avril 1871.	Emprisonnement de treize prêtres.
19-20 mai 1871	Emprisonnement comme otages d'un grand

	nombre de gendarmes, sergents de ville, gardes de Paris qui n'échappent à la mort que grâce à Deville, directeur nommé par la Commune, dont la conduite fut honnête.
Mai 1871.	Incendie du Palais sous la Commune.
25 mai 1871.	Remise de quatre cent cinquante otages à l'armée régulière. Après la Commune, emprisonnement de Courbet, du père et du frère de Paschal Grousset, d'Urbain, de Mlle Alice Acard.
1875.	Reconstruction de la *salle des Assises*, détruite en 1871, par Duc et Daumet.
1878.	La statue de Berryer, œuvre de Chapu, est élevée dans la grande salle du Palais.
20 janv. 1879.	Inauguration du monument élevé à Berryer.
16 janvier 1883	Emprisonnement du prince Napoléon (Joseph-Charles-Paul Bonaparte.)
1883.	Création du service des signalements anthropométriques.

FIN DE LA CITÉ : LES ALENTOURS DU PALAIS

Entre le Pont-Neuf et le Palais, au pourtour de la **Place Dauphine**, se trouve l'ancienne *Ile aux Juifs* : l'espace compris entre la *rue de Harlay* et la pointe occidentale était occupé par trois îles, notamment celles de Bussy et de Jourdaine ; Henri III les fit réunir en 1578 et Henri IV les céda au chancelier de Harlay, à la condition qu'il bâtirait ce terrain suivant un plan de Sully. Des lenteurs amenèrent de vertes représentations de la part de Sully. M. de Harlay dut si bien se hâter que, le 5 octobre 1607, Malherbe écrivait à Peiresc : « Le plus grand changement est en l'isle du Palais, où l'on fait un quai qui va du Pont-Neuf au pont aux Meuniers, comme l'autre va du Pont-Neuf au bout du pont Saint-Michel. On fait, en cette même isle, une place, que l'on appellera, à ce qu'on dit, la place Dauphine, qui sera très belle et bien plus fréquentée que la Royale. »

Le peu qui restait alors du Jardin royal fut réservé au premier président et à Jean Robin, *arboriste et simpliciste du roy*, qui acclimata l'acacia, et qui avait introduit des plantes étrangères destinées à servir de modèles pour broderies.

En même temps, on bâtissait les murs du *quai des Orfèvres* et du *quai de l'Horloge*, commencés tous deux en 1580 ; le premier, qui dut son nom au grand nombre d'orfèvres qui y établirent boutique, fut terminé en 1643 : jusqu'alors c'était un terrain en pente. L'autre avait été achevé en 1611 ; avant sa construction la Seine battait les pieds des tours ; on a surnommé ce quai, *quai des Morfondus*, à cause de la bise qui s'y fait sentir, et *quai des Lunettes*, en raison des opticiens qui étaient installés entre les tours du Palais. Turgot l'ayant fait élargir au xviiie siècle, Piron répandit ces vers :

> Monsieur Turgot étant en charge
> Et trouvant ce quai trop peu large,
> Y fit ajouter cette marge.
> Passants qui passez tout de gô,
> Rendez grâce à M. Turgot.

Aujourd'hui on n'habite plus l'îlot, dont on rêve d'enlever les dernières maisons pour faire au Palais une entrée majestueuse. Notre-Dame, l'Hôtel-Dieu, le Palais ! Voilà la vie d'aujourd'hui pour la Cité : le soleil se couche, laissant dans l'ombre silencieuse l'antique berceau devenu un lieu de prière, de souffrances, et d'arrêts de Messieurs de la Cour.

NOTES ET ÉCLAIRCISSEMENTS

PARTIE DE LA CITÉ A L'OUEST DU BOULEVARD DU PALAIS

MUSÉE CARNAVALET (Voir p. 91)

Galerie Nord : Chapiteau, sculptures, rosace de plafond avec inscription (voir Mowat, Objets épigraphiques de l'époque romaine à Paris, *Revue archéologique*) (P. J.). — Sur un palier, surélevé de quelques marches, on trouve deux fragments dans une niche (P. J.)[1]. — *Galerie Ouest :* Au-dessus de la cheminée, inscription funéraire (P. J.). — Jardin. *Portique Nord :* Six mascarons originaux provenant du Pont-Neuf. *Portique Sud :* Six autres mascarons du même monument enlevés également lors de la restauration du pont en 1852 et de l'abaissement de son tablier. — Balustrade de la Sainte-Chapelle. — L'entrée de la cour est formée par une arcade, dite *Arc de Nazareth*, parce qu'elle se trouvait autrefois dans la rue de ce nom, qui occupait l'emplacement du Palais de Justice dans les alentours du n° 50 du quai des Orfèvres : nous donnons une des consoles qui reçoivent la retombée de cet arc qui vient d'être reconstruit, après être resté à terre pendant de longues années.

OUEST DE LA CITÉ : MUSÉE DE CLUNY

10. — Fragments d'architecture gallo-romaine, trouvés dans les fouilles du Palais de Justice.

11. — Inscription gallo-romaine, trouvée dans les fouilles du Palais de Justice.

Cette inscription est incomplète ; elle paraît néanmoins se rapporter à la mort d'une jeune fille. Les caractères que l'on peut lire sont les suivants :

```
....E. BAPVISTIS. ALA....
.. .BAT. PROPENSO. D....
...IXTO. LASCIVA.....
...NS COMIS, PIA, CA....
...ATORUM. MORT....
...IO. IVNCIT. SES....
```

1800. — Divers objets antiques et gallo-romains, trouvés dans les fouilles du Palais de Justice et donnés au Musée par M. le préfet de la Seine.

1801. — Médailles antiques et jetons anciens, trouvés dans les fouilles du Palais de Justice de Paris, donnés au Musée par M. le préfet de la Seine.

1. P. J. désigne les objets trouvés dans les fouilles du Palais de Justice.

1913. 1914. 1915. — Fragments divers provenant de l'ancienne décoration de la Sainte-Chapelle de Paris : 1° balustrades, fleurs de lis des balcons; 2° lettres initiales; 3° colonnettes (xvi° s.).

3513. — Petit vase en grès émaillé, trouvé à une grande profondeur au-dessous de la surface du sol, dans les fouilles faites devant le Palais de Justice pour la construction du Tribunal de Commerce, en 1861; — xiv° au xv° siècle.

BIBLIOGRAPHIE DE L'OUEST DE LA CITÉ.

Bibliographie du Palais.

Sauvan et Schmit : *Histoire et description du Palais*, 1825, in-fol. — Rittiez : *Histoire du Palais*. Paris, 1860, in-8°. — Boutaric : *Recherches sur le Palais, principalement sur la partie consacrée au Parlement jusqu'en 1422*. Paris, in-8° (1862). *Extrait des mémoires de la Société des Antiquaires*, t. 27. — E. Pottet : *Histoire de la Conciergerie*, Paris, in-8°, 1887. — *Rapport sur les découvertes d'antiquités faites aux mois de juin et juillet 1845 derrière le chevet de la Sainte-Chapelle* (*Mém. de la S. des Antiquaires*, t. 18, p. 337). — Corrozet donne la description de l'état antérieur à l'incendie de 1618, avec la liste des rois de la grand'salle; on la retrouve dans Vignati. — Barthélemy Maurice : *Histoire politique et anecdotique des prisons de la Seine*, 1840. — *Discours à l'audience de rentrée de la Cour de cassation* prononcé le 3 novembre 1857 par M. le premier avocat général de Marnas. — Berty : *Trois îlots de la Cité* (*Revue archéologique*, 1860, p. 197); — *Le tableau de la grand'chambre*. Antiq. de Fr. 1864, p. 51-92, Antiq. de Fr., t. 17 des Mémoires. Taillandier. — *Registres d'écrou de la Conciergerie* depuis 1564, conservés dans les archives de la préfecture de police, mis en ordre par Eugène Labat père, sauvés en 1871 grâce à Cresson, alors préfet de police (sauf deux où se trouvait l'écrou de Marie-Antoinette), répertoriés par Labat fils. — *Gazette des Tribunaux*, 10-11 juillet 1882. — L. Labat : *Les archives de la préfecture de police et l'incendie de 1871*.

L'ILE SAINT-LOUIS

Bordée de peupliers et couverte de prairies, l'île était inhabitée jusqu'au XVII° siècle, et divisée en deux par un canal occupant la rue Poulletier : la partie la plus rapprochée de la cathédrale se nommait *île Notre-Dame*, parce qu'elle appartenait à l'évêque; elle était défendue du côté du canal par une muraille et la tour Loriaux, construite en 1370; des chaînes barraient le petit bras; l'autre partie portait le nom d'*île aux Vaches*, à cause de ses pâturages. On décida, dans l'île, en 968, que les enfants dont les parents étaient morts auraient droit à la succession de leurs aïeux. Jusqu'à Louis XIII il n'y eut d'autre maison qu'une verrerie; elle occupait la place de l'hôtel Lambert. L'île servit de théâtre à de grandes cérémonies : en 1313 Philippe le Bel y donna des fêtes en l'honneur de ses fils nouvellement armés chevaliers, auxquelles participaient le roi d'Angleterre Édouard II et sa femme Isabeau de France : les deux monarques prirent la croix des mains du légat du pape, qui prêcha une expédition aux Saints Lieux. Suivant une tradition, l'île aurait servi de lice pour les duels judiciaires appelés *jugements de Dieu*. Dès juin 1371 deux « muttes » servaient aux exercices des archers comme encore au XV° siècle. En 1614, Marie, entrepreneur général des ponts et chaussées de France, obtint la concession de ces deux îlots, à condition de combler le canal qui les séparait et de lier l'île au quai des Ormes par un pont qui a gardé son nom tandis que deux rues consacraient le souvenir de ses associés, Le Regrattier, trésorier des Cent-Suisses, et Poulletier, commissaire des guerres.

L'île[1] possédait en 1648 quatre quais, vingt hôtels et soixante-dix maisons qui firent dépenser 65 millions; de sa vogue et de son opulence primitive l'île n'a gardé qu'un souvenir attesté par la présence de maint hôtel jadis habité par la noblesse de robe ou d'épée; c'est ainsi que l'**Hôtel Lambert**, situé rue Saint-Louis n° 2, fut bâti par Nicolas Lambert, président de la seconde

---

1. Nommée l'Isle en 1790, île Saint-Louis en 1791 et 1792, île de la Fraternité en 1793 et 1813, elle retrouva son ancien nom en 1814.

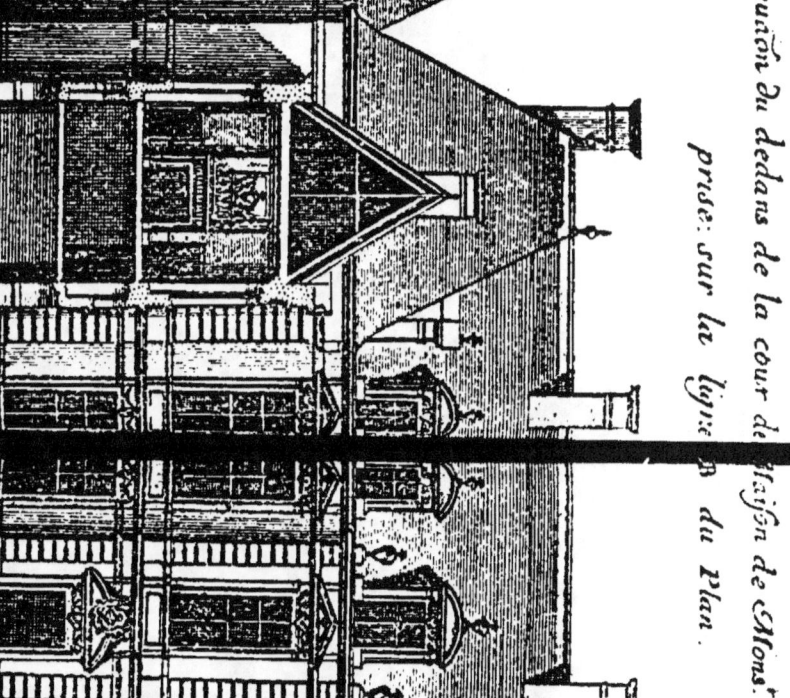

Élévation du dedans de la cour de Maison de Mons.' de Bretonvillers prise sur la ligne B du Plan.

Pl. 59-60. — Fac-similé de ... de Marot. (État ancien).

chambre des requêtes du Parlement. Pour la postérité, le grand mérite du fondateur fut d'avoir fourni à trois grands artistes l'occasion de déployer leurs talents. « Mme du Châtelet vient d'acheter une maison bâtie par un des plus grands architectes de France, Le Vau, et peinte par Lebrun et par Lesueur; c'est une maison faite par un souverain qui serait philosophe; elle est heureusement dans un quartier éloigné de tout; c'est ce qui fait qu'on a eu pour deux cent mille francs ce qui a coûté deux millions à bâtir et à orner. » Voilà ce qu'en 1739 écrivait Voltaire, dont on connaît les relations d'amitié avec la savante et spirituelle Mme du Châtelet.

George Sand, dans l'*Histoire de Marie*, rappelle que Mme Dupin, propriétaire du château de Chenonceau, était de ses ancêtres, et qu'avec l'immense fortune dont son mari lui avait apporté une part « ils avaient pour pied-à-terre à Paris l'hôtel Lambert, et pouvaient se piquer d'occuper tour à tour deux des plus belles résidences du monde.... L'hôtel Lambert était habité par notre famille et par l'amie intime de Mme Dupin de Chenonceau, la belle et charmante princesse de Rohan-Chabot. C'était un vrai palais. En une nuit, M. de Chenonceau, fils de Mme Dupin, cet ingrat élève de Jean-Jacques, marié depuis peu de temps à Mlle de Rochechouart, perdit au jeu sept cent mille livres. Le lendemain il fallut payer cette dette d'honneur. L'hôtel Lambert fut engagé, d'autres biens vendus. De ces splendeurs, de ces peintures célèbres, il ne me reste, dit-elle, qu'un très beau tableau de Lesueur, représentant trois Muses, dont une joue de la basse. Il l'avait peint deux fois : l'autre exemplaire est au Musée. »

On travaillait fort dans la résidence de l'île; tandis que M. Dupin y composait des ouvrages d'économie, Madame avec Jean-Jacques écrivait sur la morale et traduisait Pétrarque. Ensuite l'hôtel fut vendu à Marin La Haye, fermier général, et alors commença la dispersion des peintures : « Sa Majesté, lit-on dans le *Mercure de France* d'août 1770, voulant offrir aux artistes de grands modèles et assurer à la nation la jouissance des chefs-d'œuvre qui ont illustré l'école française, vient d'autoriser le comte d'Angiviller à acquérir pour elle les tableaux dont le célèbre Lesueur avait orné l'hôtel Lambert. Les propriétaires

Mme de La Haye) se sont fait un devoir de sacrifier à des vues si dignes de Sa Majesté le désir qu'ils avaient de garder ces tableaux. » Cet hôtel est aujourd'hui la propriété de la famille du prince Czartoryski.

Le *rez-de-chaussée* (pl. 51, p. 187) est destiné aux écuries et cuisines. La principale entrée est du côté de la rue Saint-Louis avec dégagement par la porte n° 1, du quai d'Anjou, autrefois quai d'Alençon. Dans le corps de logis du fond de la cour le *grand escalier* s'annonce d'une façon monumentale; on lit dans son fronton : Lesueur, Lebrun, Levau, 1640; l'escalier est à deux rampes; si l'on en trouve de plus grand il n'en est guère offrant plus magistrale tournure; des tapisseries le décorent à l'intérieur.

De la salle des communs, aujourd'hui cuisine, dont les piliers ont disparu, on passe dans un couloir désigné sur notre plan comme un égout; la porte à droite mène à ce que Blondel désigne comme une serre, aujourd'hui (1890) remplie de gravois et abandonnée; la tradition locale la qualifie d'oubliettes!

Le *premier étage* (pl. 53, p. 101) comporte de grandes et belles pièces ornées avec une magnificence « digne de la curiosité des connoisseurs », dit Blondel. Elles sont encore revêtues de menuiserie dorée et de peintures, la plupart de Lesueur.

Le *cabinet de l'Amour* a conservé les encadrements des tableaux qui sont au Louvre. Plusieurs modifications légères ont été faites dans la distribution quand M. de la Haye en fut devenu propriétaire. Il fit élever sur le quai d'Anjou des bâtiments, non indiqués sur nos plans, qui donnent l'état primitif; ces constructions occupent l'angle supérieur de droite.

Au *second étage* (pl. 55, p. 196), on trouve un chef-d'œuvre; on pénètre, en effet, d'un vestibule ovale que Lesueur orna de grisailles, par une porte à colonnes corinthiennes, dans une admirable *Galerie* : sur la voûte Lebrun a laissé une étonnante *Apothéose d'Hercule et son mariage avec Hébé*; les trumeaux des murs sont décorés de bordures alternativement ovales ou octogones; Van Obstal y a sculpté les travaux d'Hercule avec du stuc peint en bronze : on voit au-dessous, soit des termes, soit des groupes d'enfants, soit un aigle; au-dessus, des génies accouplés. Deux pièces précèdent ensuite le *cabinet des Muses*, où l'on trouve un beau plafond, une porte remarquable ; les cadres de ses parois étaient ornés de peintures actuellement au Louvre.

Un escalier moderne donne accès à la *chambre de Voltaire*, au troisième étage, pièce basse et petite, ornée d'une voûte composée avec habileté et peinte d'un joli ton.

L'HOTEL DE LAUZUN OU DE PIMODAN[1], quai d'Anjou, n° 17, fut bâti vers 1657, pour Charles Gruin, commissaire général de la cavalerie ; son contrat de mariage avec Mme de Lanquetot, née de Moüy, spécifie « qu'elle habitera l'hôtel que le futur époux est en train de faire construire ». Gruyn, entraîné dans la disgrâce de Fouquet, fut ruiné en 1661 et son fils vendit l'hôtel, en 1682, au duc de Lauzun, qui pour 80 000 francs le céda en 1685 au marquis de Richelieu ; ce dernier le vendit à Ogier, receveur général du clergé auquel succéda son fils le président Ogier ; le marquis de Tessé l'acquit de la présidente, puis le céda en 1779 au marquis de Pimodan, dont la famille le conserva pendant la Révolution. De la Viollaye posséda l'hôtel pendant le Directoire ; en 1801 il est acquis par Capon, ancien droguiste et inventeur de la colle de pâte. En 1841 le baron Jérôme Pichon, le bibliophile célèbre, achète cette résidence et lui rend son éclat primitif ; il en loue une partie à une pléiade de littérateurs tels que Roger de Beauvoir, auteur d'un recueil de nouvelles intitulé *l'Hôtel de Pimodan*, Théophile Gautier, Charles Baudelaire, Boissard qui y recevait Victor Hugo.

Peu de demeures offrent un plus grand contraste entre la noble simplicité de l'extérieur et le luxe déployé dans l'intérieur. Le *balcon de fer* est ce que la façade offre de plus remarquable. Dans la cour est une loggia en encorbellement portée sur l'échine de deux lions. Des bornes en forme de gourde protègent les angles.

L'escalier actuel occupe au rez-de-chaussée la place de la salle à manger, et, au-dessus, celle de la chapelle. Il conduit à un rez-de-chaussée surélevé où l'on trouve l'ancien *grand salon*,

---

1. Nous donnons une place importante à cet hôtel, car il n'en existe encore aucune description exacte, ce que nous pouvons essayer d'entreprendre, grâce à l'extrême obligeance de M. le baron Jérôme Pichon.

aujourd'hui bibliothèque, ornée de boiseries par le baron J. Pichon, qui fit enlever la décoration en style premier Empire et le plafond qui dissimulait les poutres apparentes à ornements or et camaïeu. A l'extrémité le *petit salon*, actuellement chambre à coucher, occupée jadis par Théophile Gautier, possède un charmant plafond; dans l'ovale un peintre de l'école d'Eustache Lesueur, Colombel peut-être, a peint le *Printemps* et l'*Été*; sur le rang inférieur des boiseries, des paysages alternent avec les chiffres G. M. du fondateur Gruyn et de la fondatrice de Moüy; au-dessus, des panneaux de fleurs entre les portraits des Ogier; deux d'entre eux ayant été donnés à cette famille par M. Pichon, ont été remplacés par ceux de La Vallière et de Largillière.

Au premier étage, à gauche en arrivant sur le palier, se trouve la *salle à manger* qui occupe la place de la cage primitive de l'escalier; au plafond une grande peinture, *le Temps découvrant la Vérité*, peut-être de Simon Vouet. Dans les murs, décorés d'ornements blancs et or, on a pratiqué sur deux côtés une niche ornée l'une d'un *Apollon*, l'autre de *Minerve* et appartenant à l'époque de la construction primitive. Dans la pièce voisine, dite *salon de tapisserie*, à cause des rares tapisseries qui la décorent, on remarque les beaux panneaux des soubassements et la plaque de cheminée aux armes des de Moüy et des Gruyn. A côté on trouve la *chambre de parade* : au plafond, l'*Histoire de Vénus*, peinte à la façon des exemples laissés par Rubens dans ce Luxembourg que fréquentait de Lauzun; en face des fenêtres, un grand panneau, accoté de glace, remplace la baie où se trouvait l'alcôve; aux extrémités, deux panneaux, pétillants d'esprit français, de l'école de Gillot, provenant de la salle à manger, et figurant l'un *Bacchus* et l'autre *Cérès*. La cheminée, comme la plupart des autres, est de façon Berain, c'est-à-dire à glaces. A côté se trouve la *chambre à coucher*. Le grattage du badigeon permet de retrouver sur les murs les traces de la décoration primitive; c'était un jeu de fond, d'ornements or et bleu. Le tableau au-dessus de la cheminée, acheté à Évreux, viendrait de la Navarre. Enfin l'on pénètre dans un *boudoir* orné d'un beau plafond et d'une alcôve.

Sur ce même **quai d'Anjou**, au n° 5, belle porte de l'hôtel de

Poisson de Marigny, frère de la marquise de Pompadour. — Au n° 19, à l'angle de la rue Poulletier, une école, ancien hôtel de Neillant, possède une très belle boiserie de porte et un escalier. Au n° 39 on trouve un exemple intact d'un charmant petit escalier Louis XIII.

Sur le quai de Bourbon, au n° 3, ancienne devanture de boutique; au n° 15, l'hôtel Le Charron, orné d'une belle porte cochère, et, dans la cour, bel exemple du genre d'encorbellement nommé *trompe*; au n° 19, l'hôtel de Jassaud avec ses trois frontons pénétrant dans le toit; au n° 31, l'hôtel de Boisgelon garde une belle porte.

L'ÉGLISE SAINT-LOUIS-EN-L'ILE, d'abord simple oratoire bâti vers 1600 dans la maison du maître couvreur Le Jeune, fut érigée en paroisse en 1623, sous le nom de Notre-Dame-de-l'Ile. Elle le quitta, vingt ans après, pour celui du saint roi, en souvenir d'une chapelle construite, longtemps auparavant, sur cet emplacement et dédiée à saint Louis, qui, selon une tradition, venait réciter son bréviaire dans l'île Notre-Dame. La chapelle de Le Jeune, servant de nef, fut reconstruite sur les plans de G. Le Duc, qui avait projeté, sur le pignon qui fait face à l'abside, un portail souvent décrit mais qui n'a jamais existé. La flèche date de 1765 et le chœur fut agrandi en 1664. L'abbé Bossuet a donné à cette église un grand nombre d'œuvres d'art, qui en font un riche musée, notamment des broderies attribuées à la sœur de saint Louis; nous en rapportons la liste dans les *Éclaircissements*, d'après l'abbé Collignon, qui l'a dressée sous la direction du donataire, car aucune description de Paris ne l'a encore donnée; nous faisons nos réserves quant aux attributions, qui appellent le contrôle de la critique.

Dans le bas-côté sud, près de l'orgue, la grande *chapelle de la Communion* renferme quatre têtes en bois sculpté, des tableaux d'Ary Scheffer, de Mignard, de Velasquez (le *Saint Jérôme*), de Raphaël (*Annonciation*), de Coypel. La porte du tabernacle est attribuée à Girardon. Le plus grand des reliquaires de l'autel contient un fragment d'un ossement de saint Louis, de sa sœur Isabelle, une mèche de ses cheveux et une portion de ses vêtements. Nous rapprochant du chœur, nous voyons dans la chapelle voisine, sous l'autel, un retable du xvii° siècle, doré sur couleur, au-dessus un *Sauveur* et une *Vierge* du xvi° siècle, et un tableau par Blanche d'Orléans ; du côté opposé, un retable, sculpture de l'école allemande, se trouve au-dessus d'une inscription moderne relatant l'inhumation de *Quinault* dans cette église. Au-dessous des fenêtres, tableaux du xvi° siècle. La *Vierge* de la chapelle suivante est de La Datte (xvii° siècle). Dans les autres chapelles méridionales, on remarque des bas-reliefs en marbres du xvi° siècle, un médaillon de la *Vierge*, par Canova, et des faïences italiennes du xvii° siècle.

Une inscription sur la face postérieure de l'autel constate que Pie VII y célébra la messe en 1805. Passant dans le **bas-côté septentrional**, la chapelle Saint-François-de-Salles, contiguë à la *petite porte d'entrée*, renferme trois faïences dont l'une de Venise ; dans la suivante, on remarque une *Annonciation* de Fra Angelico, une *Mater Dolorosa*, de l'école française du xvii° siècle, une *Vierge* du Titien. Dans les autres chapelles, on trouve de vieilles peintures du xvi° siècle, un *Saint Pierre* par Van Loo et celles qui formaient un panneau de porte, représentant la famille des Bailleul, enfin des statuettes anciennes sur les autels et un émail de Limoges (*Sainte Famille*) ; l'épitaphe d'Hérouval garde la mémoire d'un de ces érudits honorés de tous, qui généreusement livrait aux travailleurs les découvertes qu'il faisait dans les archives. Le *Bénitier*, proche de la chapelle Czartoryski, provient de l'ancien couvent des carmélites de Chaillot. Au-dessus de la porte d'entrée, une *Communion*, par Doyen, provenant de Saint-Eustache, ainsi que le *Saint-Jean-Baptiste*, de Stella, qui se trouve dans la chapelle des Fonts.

Il faut signaler dans la *rue Saint-Louis-en-l'Isle*, construite de 1614 à 1646, au n° 9, une belle arcade qui franchit la *rue de Bretonvilliers*, rue dont le nom est celui du splendide hôtel qui occupait l'espace compris entre la rue Saint-Louis et le quai de Béthune, bâti par Jean Ier du Cerceau et orné de peintures par le Poussin, Mignard et Vouet ; il fut morcelé en l'an II et démoli en 1840. On remarque, au n° 51 de la rue Saint-Louis ancien n° 45), un bel exemple du style rocaille : c'est la porte d'entrée de l'hôtel Cheniseau, ornée d'une boiserie, surmontée d'un balcon porté par des chimères (pl. 58); résidence de l'ar-

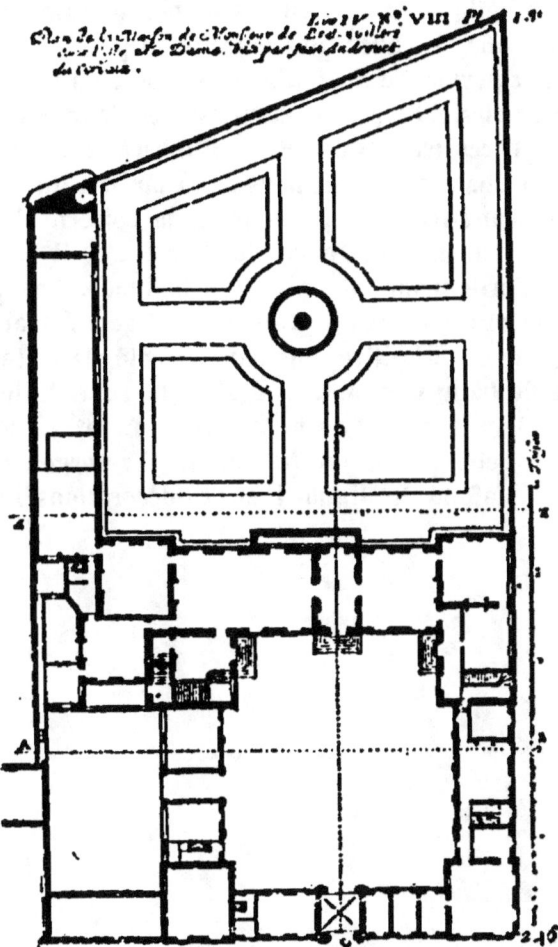

Fig. 61. — L'hôtel de Bretonvilliers, aujourd'hui détruit. Réduction photographique du plan de Blondel. Cet hôtel occupait la place comprise entre le pont de Sully, les rues de Bretonvilliers et Saint-Louis.

chevêque après l'émeute de 1831; on y apporta, en 1848, le corps de Mgr Affre, tué sur une barricade.

La **rue Boutarel** était, jusqu'en 1870, fermée par des grilles aux deux extrémités et éclairée par des quinquets, bien que l'inventeur du gaz d'éclairage, Lebon, ait demeuré dans l'île avant d'être assassiné aux Champs-Élysées, lors des fêtes du sacre de Napoléon Ier.

Le quai de Béthune, ancien quay Dauphin, se nommait aussi quay des Balcons, à cause des balcons disposés à toutes les fenêtres pour permettre de jouir de la vue charmante qu'on y avait au xviiie siècle. Sa plus belle maison est le n° **24**, construite par Levau, l'architecte de l'hôtel Lambert, pour **HESSELIN**, maître de la Chambre aux deniers de la maison du roy, grand amateur de beaux-arts; on y remarque la boiserie de la porte de la façade; sur la cour, enceinte d'arcature, il faut signaler une belle ordonnance de pilastres ioniques. Les peintures de l'escalier ont été recouvertes de badigeon, mais la cage garde toujours sa primitive ampleur. A côté de cette maison, Leveau en fit bâtir une autre, également reproduite dans le livre IV de Blondel : c'est le n° 20 réuni au n° 22 où l'on remarque une belle porte, un balcon de fer forgé; on trouve au n° 20 un plafond de Mignard et des décorations inédites de Bérain.

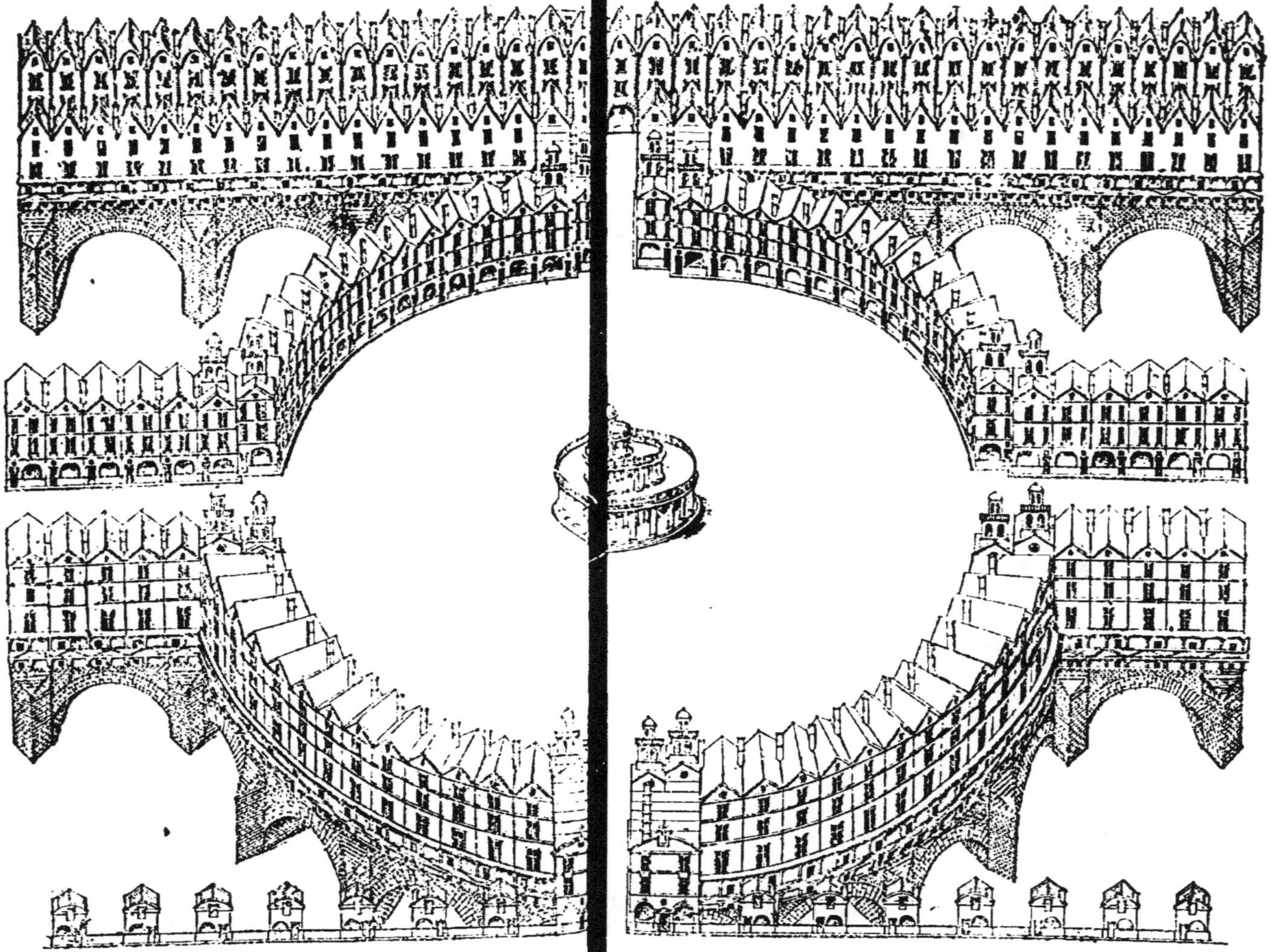

Pl. 62–63. — Le Pont-Neuf tel que l'avait projeté du C… …mile d'un ancien dessin, d'après le du Cerceau de M. de Geymuller.

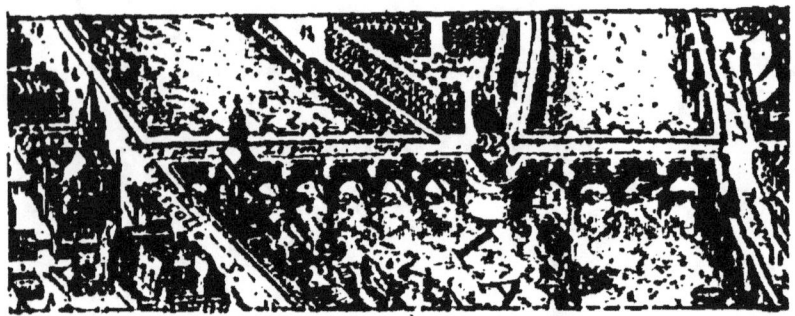

Fig. 64. — Le Pont Neuf avec la Samaritaine : à droite (rive gauche), les Augustins, l'hôtel de Nevers ; à gauche, le quai de l'Escolle, actuellement du Louvre. État au XVIIe siècle.

LES PONTS DE LA CITÉ

La Cité est reliée aux deux rives par neuf ponts ; quatre au nord sur le grand bras et quatre au sud sur le petit. Le neuvième, le **PONT NEUF**, traversant la pointe de l'île et les deux bras, est aujourd'hui le plus ancien de ceux qui ont conservé leur architecture primitive. Le projet de ce pont remonte à Charles V, qui lui donna un commencement d'exécution : le 12 juin 1379, le Parlement vota une première annuité, ainsi que le prouvent des recherches récentes ; mais bientôt, faute de fonds, les travaux furent abandonnés, quoique la population ne cessât de les réclamer, surtout en 1556. Les procès-verbaux de la construction révèlent la formation, en 1578, d'une commission consultative, dans laquelle le célèbre Pierre Lescot fit des observations sur la forme à donner aux piles. Le 3 mai 1578, Pierre Sales, Guillaume Marchand, Thibaut Méthezeau et Jean Petit furent chargés de la construction pour le prix de 180 livres la toise. Baptiste du Cerceau reçut 50 écus pour une collaboration qui l'a fait désigner, même dans les plus récentes publications, comme constructeur unique. « Un sol par livre fut imposé sur le principal de la taille » aux généralités de Paris, Champagne,

Normandie et Picardie, « parce qu'elles y avaient intérêt », car plus que jamais s'imposait à la France la nécessité de concourir au développement de Paris

Le dernier jour de mai 1578, Henri III posa la première pierre, avec grand apparat; le roi, revenant alors des obsèques de ses favoris, était fort triste; c'est pourquoi le pont projeté fut surnommé le *Pont des Pleurs*. En 1579, les piles étaient montées à hauteur des naissances des arches; de 1581 à 1584, on travailla aux quais; à la fin de 1583, un passage provisoire put être ouvert; la culée du côté du quai de l'Ecole fut entreprise en août 1585; le 7 septembre 1585, la Commission fut autorisée à faire démolir les maisons qui obstruaient les abords du pont, principalement dans l'île du Palais. Les travaux furent suspendus pendant les troubles de la Ligue; à cette époque, des malandrins irlandais, cachés dans les caves des maisons qui devaient border le pont, « la nuit prenoient par le pied ceux qui passoient sur le pont, et les ayant précipitez et depouillés, les jetoient dans l'eau », nous apprend Pigafetta. — « La fortune, écrit à son tour Montaigne, m'a fait grand desplaisir d'interrompre la belle structure du Pont Neuf de nostre grande ville, et m'oster l'espoir avant mourir d'en voir en train le service. » Henri IV dut un peu de sa popularité à l'achèvement du Pont Neuf, qu'il ordonna le 10 mai 1598 : un an après, on passait du quai des Grands-Augustins au terre-plein de l'île; il en avait coûté douze cents écus par semaine, payés aux entrepreneurs François Petit et Guillaume Marchand que dirigeait l'architecte Claude de Chastillon. Pour couvrir le bras septentrional, ces entrepreneurs demandèrent soixante mille écus. Trois ans plus tard, le 20 juin 1602, et conformément aux engagements, « le roy passa, dit L'Estoile, du quai des Augustins au Louvre par-dessus le Pont Neuf, qui n'estoit pas encore trop asseuré, et où il y avoit peu de personnes qui s'y hazardassent. Quelques-uns, pour en faire l'essai, s'estoient rompu le col et tombez dans la rivière, ce que l'on remontra à Sa Majesté, laquelle fit réponse (ainsy qu'on dit) qu'il n'y avoit pas un seul de ceux-là qui fussent roy, comme luy. » Malgré Messieurs de la Ville, Henri IV réussit à faire élever par Lintlaër une pompe monumentale afin de fournir d'eau le Louvre et les Tuileries. On commença en 1605 « le moulin servant à son artifice, et la deuxième arche du costé du Louvre », et le 3 octobre, Malherbe annonce à Peiresc que « l'eau de la pompe du Pont Neuf est aux Tuileries. » Elle alimentait aussi une fontaine où l'on voyait la Samaritaine servant de l'eau à Jésus-Christ. Horloge, carillon, bâtiment, tout fut démoli en 1813; seule l'enseigne du bain flottant du voisinage garde souvenir de la « Samaritaine » et de son palmier.

L'image des affections et des habitudes parisiennes apparait encore dans le parler populaire; on dit : « se porter comme le Pont Neuf » sans penser au délabrement dans lequel il se trouvait en 1830, 1838, 1848, 1854, 1885; le dicton désigne encore sous le nom de « pont-neuf » toute chanson banale, coulée dans un vieux moule; car c'est ici que régnaient la satire, la chanson et la farce, privilèges de bouffons, de chanteurs et charlatans célèbres : le *Savoyard*, le *Grand Thomas*, le *Tabarin* et les autres. Au xviiie siècle, tout affluait à ce centre bruyant de la Grand'Ville, surtout les tire-laines, voleurs de manteaux et d'épées, exploitant les bourgeois au milieu de la cohue des bouquinistes, porteurs d'eau, ramoneurs, arracheurs de dents et de ces baladins qui faisaient, dit-on, la joie de Molière, jeune enfant désertant, comme les autres, le logis pour s'inspirer de la muse du Pont. Louis XV abandonna à l'Académie de peinture la redevance des rotondes, que vinrent désormais lui payer les gagne-petits, cireurs de bottes et tondeurs de chiens; les gagne-deniers louaient des parasols aux passants. Les trottoirs, construits au début du xviie siècle, étaient les plus vieux de Paris : très hauts, encombrés d'étaux, jusqu'en 1756, de par un droit de louage cédé par Louis XIII à ses valets de pied, ils n'appartenaient guère aux promeneurs. En 1852 disparurent les dernières échoppes, encore bien pourvues de gaufres, pommes de terre frites et beignets.

Au milieu du Pont Neuf, à la pointe occidentale de l'île, se dresse sur le *Terre-plein* la statue équestre et moderne de Henri IV, bronze de Lemot dont le métal provient de la statue primitive de Napoléon Ier appartenant à la colonne Vendôme. Les bas-reliefs du piédestal représentent au sud *Henri IV faisant passer du pain aux Parisiens assiégés*, et, au nord, son *Entrée dans Paris*. L'intérieur contient un exemplaire de la

Henriade. Le monument, inauguré le 25 août 1818, fut érigé, avec l'aide d'une souscription publique, à la même place qu'occupait celui qui fut détruit le 12 août 1792. Le Louvre en a conservé, grâce à Lenoir père, les figures d'esclaves, de bronze, modelées par Tremblay, Bordone et Francqueville ; elles occupaient les quatre angles du piédestal, achevé en 1635 et orné par Richelieu de bas-reliefs qui ont disparu. La statue du roi était la plus ancienne en bronze que Paris possédât ; en 1792 on retrouva, sous

Fig. 65. — L'un des mascarons du Pont Neuf, attribué à Germain Pilon.

le pied du cheval, le procès-verbal de l'inauguration daté du 23 août 1614 ; le cheval, commencé par Francqueville et par le Français Jean de Bologne, terminé par Tacca, resté submergé pendant un an, près du Havre, fut offert par Cosme à Marie de Médicis ; la reine chargea Dupré de modeler la figure du feu roi, qui était d'une ressemblance parfaite, ainsi qu'elle le dit elle-même : *degna veramente di quello che rappresente*.

LA PLACE DAUPHINE, qui s'ouvre en face de la statue, présente, aujourd'hui encore, les maisons de 1607 (Voir p. 212). Les seules intactes sont les deux pavillons d'entrée sur le pont, n°° 13 et 15, et les n°° 15, 19, 26 sur la place.

C'est vers le milieu de la place Dauphine, qui était un îlot séparé du Palais, que Philippe le Bel fit brûler en 1314 le grand maître des Templiers Jacques de Molay et ses compagnons ; dans ces parages se trouvait la *Maison des Estuves* où mourut Germain Pilon le 3 février 1590, dans un « logis, dit l'acte, à l'isle du Palais, situé au bout du jardin du Roy ». La tradition voudrait qu'il ait sculpté les *mascarons* du pont Neuf, bien que la date de sa mort soit antérieure à l'époque où les arches furent couvertes.

LE PONT AU CHANGE, ou des Orfèvres, reconstruit en 1858 par De la Galisserie, occupe à peu près l'emplacement du Grand Pont. Dans son voisinage se trouvait, au dire de Grégoire de Tours, en 586, l'oratoire de Saint-Martin, construit, en souvenir de la guérison d'un lépreux, sur le haut d'une maison avec des branches entrelacées. Le pont élevé sous le vocable de Saint Jacques, à la place d'un pont de Charles le Chauve, a dû son nom aux changeurs qui occupaient ces maisons et dont parle ainsi, au xi° siècle, J. de Garlande : *Auri fabri sedunt ante fornaces suas et tabellas super Magnum Pontem.* On y signale encore les changeurs en 1141, les orfèvres et même des émailleurs tels que Garnot, auquel Philippe le Long accorde un atelier sur le Grand Pont en 1317. Parlant de richesses accumulées sur le pont au Change et sur son prolongement au-dessus du Petit Bras, le roman de Fauvel dit que

> Tout le réaume de Castèle
> Si ne vaut pas ce qu'ils portent.

« D'excellents ciseleurs, dit Jeandun en 1323, de vases de métal, principalement d'or et d'argent, d'étain et de cuivre, se trouvent sur le Grand Pont. » Même constatation par Vignati en 1517. De leur côté les oiseliers, par privilèges de 1402 et 1575, accrochaient leurs cages aux boutiques des orfèvres, « en considération de ce qu'ils sont tenus bailler et délivrer quatre cents oiseaux, quand nous et nos successeurs rois sommes sacrés, et pareillement quand notre amée et très chère compagne la reine vient et entre nouvellement en notre ville de Paris. » En dépit des protestations, tumultes et prises de becs amenés par ce singulier privilège, les oiseliers furent maintenus dans leur droit, « car, disait un arrêté, de les renvoyer à la Vallée de Misère (quai de Gesvres), lieu descouvert et où ils n'ont moyen de se sauver de l'injure des temps, ce ne seroit raison ». La Révolution supprima cette coutume, mais le **marché aux oiseaux** n'a guère changé de place, puisqu'il occupe le dimanche près du pont, en face de ce même quai de Misère, la place réservée en semaine au marché aux fleurs.

Ajoutons que le lâcher des oiseaux rappelait au souverain la liberté attendue par les prisonniers du Châtelet, forteresse primitivement à peu près carrée, avec cour au milieu et portes détournées, protégeant la tête de ce pont, les deux angles flanqués, vers le faubourg, par deux tours. En 1639-1642, Jean Androuet Du Cerceau entreprit la reconstruction du pont en compagnie de Denis Laud et Mathurin du Ry.

La chaussée du pont était au roi, les arches de côté au chapitre de Notre-Dame qui y faisait moudre ; nul bateau ne franchissait l'arche du milieu, appartenant au prévôt des marchands et réservée à la navigation, sans payer un droit aux pilotes ou *araleurs de nès* (nefs) ; la convention de 1313 révèle les droits et obligations de ceux qui seront nommés *les maîtres du pont de Paris* et qui conduisaient la batellerie entre les ponts *au Change, aux Meuniers, et Notre-Dame*, où la navigation était fort difficile.

Forgeais a recueilli pendant douze ans, dans le lit de la Seine, près du quai des Orfèvres, des milliers de **jetons, en étain ou en plomb**, de toutes sortes de **corporations** de métiers, que l'on voit au musée de Cluny.

LE PONT NOTRE-DAME a été identifié avec le *Grand-Pont* des Romains (voir le *Pont au Change*). Au dire du *Journal d'un Bourgeois de Paris*, « au dernier jour de may, audit an mil quatre cent treize fut nommé le pont de la *Planche-Mibray* (au milieu de la boue) le pont *Notre-Dame* », et Charles VI « frappa de la trie sur le premier pieu ». Reconstruit en 1421, il fut ruiné par la négligence des échevins, qui, au lieu d'employer à l'entretien le revenu des soixante maisons qui le bordaient, « le gardoient à leur singulier profit »; son écroulement arriva le 15 octobre 1498. Le 28 mars 1499, on commença les travaux de reconstruction, terminés en septembre 1512. Les deux maîtres des œuvres de l'hôtel de ville, le maçon Colin de la Chesnaye et le charpentier Gautier Hubert, eurent la superintendance de ce travail, auquel collaborèrent J. de Doyac, Didier de Felin, Colin Biart, André de Saint-Martin, ainsi que deux religieux, Jean d'Escullaint et Jean Joconde; c'est à ce dernier que, même les plus récentes publications, ont le tort d'attribuer tout le mérite de cette construction. En effet, les *Registres* de l'hôtel de ville disent nettement que « seize hommes pris dans les différents quartiers de Paris travaillaient sous leurs ordres, et, comme marque du pouvoir souverain qu'ils exerçaient, Colin de la Chesnaye et Jean de Doyac portaient un bâton blanc ». Il faut donc, ici encore, abandonner la légende qui attribue tout travail aux artistes italiens, en dépit des vers de Sanazar gravés jadis sur un des arcs du pont.

Le nouveau pont fut, comme le précédent, l'objet de toutes les admirations; car, au dire de Gaguin (*De Gestis Francorum*, 1522), le pont écroulé « méritoit avoir le premier lieu entre les plus rares ouvrages de France ». Un *marchand citain de la ville de Metz*, Philippe de Vigneulles, ayant parcouru une grande partie de l'Europe, s'exprime ainsi : « En cette année mil v° et vii, fut achevis le pon Nostre Dame de Paris, lequel avoit cheu et fondu en la rivier en l'an mil iiii° et xix; et fut ledit pon la plus belle pièce d'ewre que je vis oncques, et croy qu'il n'y ait point de pareil pont à monde sy biaulx ne sy riche; et y a sus ledit pon lxviii maixons et chacune maixon sa boutiçque, lesquelles maixons avec les boutiçques sont faictes sy très fort semblables et pareilles sont en grandeur comme en lairgeur, qu'il n'y ait rien à dire; *et à une chacune maixon une escripture sus son huis faicte en or et en asur, là où est escript le nombre d'ycelle maixon, c'est assavoir en comptant une, ii, iii jusques lxxiii*; et sont les dictes maixons mises à prix, c'est assavoir que quiconque en veult avoir, il fault qu'il donne sûreté de la tenir ix ans durant, et paier chacune des dictes années xx escus d'or de luaige pour an, du moins fut-il ainsi tauxés pour icelluy temps. » J'ai souligné le passage relatif au numérotage, signalé également en 1517 par Vignati ; il s'extasie devant le pavage du pont et observe « qu'aux maisons qui sont sur les piles est chacune escrite selon le nombre de son rang en lettres d'or ». Mais il est inexact d'avancer, comme on l'a fait jusqu'ici, que le plus ancien essai de numérotage date de 1512, puisque Bournon a signalé deux maisons de ce pont qui, dès 1436, étaient « du costé de l'aval de l'eaue signées en nombre XIII et XIIII ». Ce pont qui servait de passage aux reines lors de leur entrée solennelle à Paris a reçu des décors remarquables, notamment à l'occasion des mariages d'Isabeau de Bavière, de Marie-Thérèse d'Autriche. On entrait par une porte ionique du dessin de Bulet, sur laquelle on avait apporté du Marché Neuf, un bas-relief d'un *fleuve* et une naïade couchée sur l'arc, œuvres de Jean Goujon. Les maisons, démolies depuis 1786, étaient ornées de termes ; aux extrémités du pont, des niches renfermaient les statues de Louis XIII et d'Henri IV, de Louis IX et de Louis XIV, qu'on peut voir au Louvre. Au milieu, deux pompes placées dans un bâtiment élevé en 1670, démoli en 1855, décoré de sculptures et d'une inscription de Santeul, produisaient sous l'arche un courant pittoresque, bruyant et périlleux.

LE PONT D'ARCOLE, par Oudry (1854), remplace une passerelle de 1828.

LE PONT SAINT-LOUIS, liant la Cité à l'île Saint-Louis, établi non loin de l'ancien *Pont Rouge*, remplace une partie du pont en fil de fer de 1842, qui avait succédé à des ponts détruits en 1710 et 1717. L'autre portion, qui lie l'île Saint-Louis à la rive droite, est devenue le **pont Louis-Philippe.** Tous deux ont été construits par Romany en 1862.

LE PETIT PONT, bâti en 1852, est, avec le Grand Pont (voir Pont au Change), le premier bâti à Paris. Il forme le prolongement de la rue Saint-Jacques dont le tracé a épousé, croit-on, la voie romaine qui conduisait de la cité des Parisii à Genabum (Orléans). Primitivement en bois, reconstruit en pierre par

Pl. 68-69 – Le Pont-Marie qui relie l'Île à la rive droite. Dessin de …

Pl. 68-69. — Vue de la Tour de l'Horloge et du pont [au Change] après l'incendie du Pont-au-Change (Dessin de F. Hoffbauer).

Maurice de Sully en 1185, ses vieilles arches furent retrouvées en 1851 et 1876. Godefroy, chanoine de Saint-Victor, écrivait, dès le xii° siècle, qu'il était déjà pavé.

Le dicton « payer en monnaie de singe » aurait pour origine la convention par laquelle baladins et jongleurs étaient exempts du droit de péage, à la condition d'exhiber au gardien quelques tours de leur troupe ambulante, dont les singes étaient les premiers sujets.

La tête de ce pont était défendue, dès le ix° siècle, et peut-être même avant, par un châtelet, nom donné au moyen âge à de petites constructions destinées à défendre l'entrée d'un pont ou d'un défilé; celui-ci était une porte avec tours flanquantes et logis au-dessus; on le distinguait du *Grand Châtelet*, qui commandait le Pont au Change, en le qualifiant de *Petit Châtelet*. Ce fortin avait aussi pour mission de gêner les incursions des écoliers dans la Cité; ils allaient vider leurs démêlés chez le gouverneur du Petit Châtelet, rue Saint-Julien-le-Pauvre, en face du porche de cette église. Après avoir été plusieurs fois détruits et rebâtis à l'époque des invasions normandes, de Philippe Auguste, de saint Louis et de Charles V, les deux Châtelets ont été démolis au début de ce siècle. On a retrouvé toutes les fondations du Petit Châtelet, lors de la reconstruction du Petit Pont. Tout à côté, sur les murs du dernier bâtiment de l'ancien Hôtel-Dieu (rive gauche), on lit cette inscription :

« A la tête du Petit Pont s'élevait la Tour de Bois, que défendirent contre les Normands, pendant le siège de 886, les douze héros parisiens :

« Ermenfroi. — Hervé. — Herblaud. — Ouacre. — Hervi. — Arnaud. — Sénil. — Gobert. — Hardré. — Gury. — Aimard. — Gossouin. »

Près du Petit Pont, en contre-bas du quai sur lequel s'élève la statue de Charlemagne, les nouveaux murs de soutènement ont fait disparaître les **cagnards de l'ancien Hôtel-Dieu**. Ces arcades, ouvertes sur le fleuve, laissaient au cours d'eau toute sa largeur, épargnant au bâtiment les effets de la crue; utilisés comme buanderies, magasins de vivres et de charbon, ces souterrains, d'aspect fantastique, fermés par des grilles, inondés en hiver, infectés en été par les détritus, servaient de refuge à des gens douteux.

LE PONT SAINT-MICHEL, construit en 1857 par Vaudrey, prit le nom d'une petite chapelle qui occupait l'angle sud-ouest de la cour de la Sainte-Chapelle. Commencé en 1378, détruit en 1408, 1547, 1616, il fut reconstruit en pierre (1617) : on retrouva, en 1857, l'inscription commémorative de 1617, qui fut portée à Cluny. Les maisons qui le bordaient ne disparurent que par un décret, rendu le 7 juillet 1807 du camp de Tilsitt ; à l'emplacement des piles nouvelles, les restes du pont primitif créèrent d'énormes difficultés.

LES PONTS DE L'ILE SAINT-LOUIS

LE PONT-MARIE doit son nom au constructeur Marie (page 210), auquel il fut permis de « construire sur le dit pont des maisons d'une même symétrie et élévation, selon le plan et modèle de celles du pont Notre-Dame, dont il jouissait comme propriétaire, à la charge de laisser quatre toises de rue sur le dit pont pour servir au public, etc… ». Louis XIII et Marie de Médicis en posèrent la première pierre en 1614 ; terminé en 1635, les eaux enlevèrent en 1658 deux de ses arches et 22 de ces 50 maisons, dont les dernières furent démolies en 1788 ; alors on adoucit sa pente, diminuée encore en 1851. Ce pont remplace un pont de bois, construit en 1370, qui avait succédé à une palissade de bois, « palée qui est faicte au bout de la Tournelle de Barbeau », destinée à protéger les ports contre les glaces, dans cette passe dangereuse, qui nécessitait le recours aux pilotes. D'ailleurs, selon Godefroy, des ponts en bois, emportés par un débordement en 1296, faisaient dès lors communiquer les deux rives de l'Ile Saint-Louis.

LE PONT DE SULLY, bâti de 1874 à 1876, par Vaudrey et Brosselin, relie le boulevard Saint-Germain à la Bastille. On retrouva alors les fortifications de Philippe Auguste et les substructions du bâtiment de la Tournelle. Il occupe l'emplacement de deux passerelles, celle de Constantine et celle de Damiette (1838).

C'est en cette place que Beaumarchais, l'auteur du *Mariage de Figaro*, avait projeté de construire un pont d'une seule arche.

LE PONT DE LA TOURNELLE « a reçu, dit Brice en 1706, son nom d'une tour quarrée qui se trouve à l'extrémité sur le bord de la rivière, de l'autre côté de l'isle de Notre-Dame, dans laquelle on renferme ceux qui sont condamnez aux galleres, que l'on y garde étroitement, jusqu'à ce que le nombre soit suffisant pour remplir la chaîne que l'on mène de temps en temps avec escorte à Marseille, où ces malheureux sont ordinairement distribuez pour le service des galleres du roy ». Le pont de bois, construit entre l'île Notre-Dame et la tour Saint-Bernard, fut « planchié » en 1369. Rebâti en pierre par Marie (1614), emporté en 1639, il y eut « un grand nombre de batteaux de vins et de foin rompus au grand dommage des marchants » : rebâti en 1648, enlevé en 1151, rétabli en 1656, il fut élargi en 1847, par de la Galisserie, à l'aide d'arcs en fonte supportant les trottoirs.

Le **PONT DE L'ARCHEVÊCHÉ** ne date que de 1828.

FIN DE LA PREMIÈRE PARTIE
(LE CENTRE DE PARIS)

NOUVEL ITINÉRAIRE-GUIDE DE PARIS

ARTISTIQUE ET ARCHÉOLOGIQUE

SECONDE PARTIE

LE NORD DE PARIS

RÉGION SITUÉE SUR LA RIVE DROITE DE LA SEINE

L'ARSENAL — LE QUARTIER SAINT-PAUL

PARTIE COMPRISE ENTRE LA SEINE, L'HOTEL DE VILLE, LES RUES DE RIVOLI ET DE SAINT-ANTOINE, LA BASTILLE ET LA GARE DE L'ARSENAL.

Entre le boulevard Morland, les quais Henri IV et des Célestins, se trouve l'ancienne **île des Javiaux**, dénommée, depuis 1618, **île Louviers**, du nom de son propriétaire; elle fait partie de la rive droite

Fig. 70. — Vue de la Cité et de l'Institut.
Encadrement du Bulletin de la Société des *Parisiens de Paris*.
Les oriflammes portent les noms de Parisiens célèbres.

depuis qu'en 1843 on combla le bras qui la séparait du boulevard Morland. Elle servit en 1549 « pour donner au roy Henri deuxiesme et à la royne mère le plaisir d'un siège maritime et d'un combat naval ». Louée à des marchands de bois, elle servit de lieu de rassemblement des régiments, chargés, en 1848, de la répression de l'insurrection de juin.

On y trouve, sur le **quai Henri IV**, au n° 30, les bâtiments modernes des *Archives municipales*, au n° 12, le *Laboratoire centrale des poudres et salpêtres*; les *Magasins de la Ville* se trouvent au n° 17 du **boulevard Morland**. *La caserne de l'Arsenal*, dont l'entrée est au n° 4 de la rue Schomberg, est un des exemples les plus importants de ce nouveau système de construction en briques avec ossature apparente en fer.

L'espace compris entre la Seine et la Bastille était occupé jadis, dans toute sa partie orientale, par une suite de cours, de quinconces et de jardins, dépendances de l'Arsenal. A leur extrémité se trouvait, au pied de la Bastille, le Petit-Arsenal. Cet enclos était limité à l'est par les remparts de la ville, dont les fossés sont représentés aujourd'hui par le canal dit *Gare de l'Arsenal*. *Au quinzième siècle*, à la place du boulevard Morland se trouvait le *port Saint-Paul*, où se tenaient les magasins et les comptoirs de la hanse parisienne.

L'entrée de la **Bibliothèque de l'Arsenal** a lieu par le n° 1 de la rue de Sully, qui est la grande cour de l'*ancien arsenal* de Paris; cet édifice s'étendait entre la Seine et la Bastille, avec laquelle il communiquait. François Iᵉʳ acheta en 1533 une grange près des Célestins pour y fondre des canons; c'est là qu'on transporta du Louvre, par ordonnance du 18 décembre 1572, le siège du bailli de l'artillerie. Sully l'occupa en cette qualité. Il ne reste plus aujourd'hui qu'un long bâtiment élevé sous Henri IV, et celui que Boffrand lui accola, vers 1713, sur le boulevard Morland. Dans le premier on voit encore, au milieu de la façade de la rue de Sully, un corps de bâtiment à fronton, au bas duquel est percée une porte : elle donne accès dans un curieux escalier; le dessous des marches est orné de grisailles, emblèmes et trophées d'artillerie; c'est un exemple d'*escalier dit en abîme*, c'est-à-dire de ceux dont, au tournant, les marches se réduisent à rien contre le limon. Un peu plus à l'est on voit un autre bel

[Pl. 71-72. — HOTEL DE SENS. — Vues des rues du Figuier et de l'Ave-Maria.
(D'après une photographie prise par M. Albert Maignan).

escalier. Deux pièces au premier étage de la partie ouest du bâtiment actuel sont décorées de boiseries et de peintures de fort noble tournure; on y voit de très beaux plafonds, peints et sculptés, des pilastres dorés, des cadres de glace du goût le plus délicat, des tableaux tels que la curieuse *Entrée de Henri IV à Paris*. Elles font partie du *Cabinet de Sully*; l'une est dite la chambre à coucher, l'autre l'oratoire. Cette décoration est authentique, mais l'emplacement ne l'est pas. Selon l'histoire inédite de la Bibliothèque de l'Arsenal, par Labiche, l'architecte Labrouste a détruit le bâtiment où se trouvaient ces pièces, où Henri IV venait discuter avec Sully des intérêts politiques de l'Europe, se distraire ou conter ses chagrins domestiques, comme en témoignent les *Mémoires* de Sully. « Il est regrettable, dit Labiche, que l'architecte n'ait pas pris le parti de restaurer ce monument sur place, comme l'avait projeté l'un de ses prédécesseurs.... Le bâtiment, construit par Sully en encorbellement sur le gros mur de Charles V, entouré de jardins, avec ses fenêtres et ses balcons saillants, son toit élégant, sa salle de la terrasse, ancien reste d'une des tours carrées du vieux mur d'enceinte, et dont le plafond conservait encore le portrait en pied de Louis XIII et de Marie de Médicis, se détachait heureusement sur la monotonie solennelle des constructions voisines. » Labrouste a refait la façade, les deux ailes en saillie, et l'escalier occidental; il a construit sur la façade nouvelle du nord-ouest, encore masquée par des masures (1890), deux pièces à peu près pareilles aux anciennes; mais comme une méprise les fit exécuter trop grandes, il fallut recourir à des expédients. Albert Grand en a restauré les peintures; de la Meilleraye, qui, en 1634, succéda à Sully dans les fonctions de grand maître de l'artillerie, les avait retouchées; il y fit peindre ses initiales, les noms et les vues de ses principales victoires, vraisemblablement en les superposant à la décoration primitive; il y mit tant d'habileté que, jusqu'ici, les historiens de Paris lui ont attribué tout le mérite de cette décoration.

La grande façade sur le boulevard Morland, l'ancien Mail, fut construite au début du xviiie siècle par Boffrand. La frise et l'attique sont décorés d'attributs militaires, de pièces de canon, conçus dans un sens réaliste tout particulier.

C'est en 1757 que le marquis Paulmy-d'Argenson forma sa collection, contrairement à une erreur d'impression que M. Martin nous a prié de rectifier à sa notice dans la *Grande Encyclopédie*; vendue en 1785 au comte d'Artois, séquestrée en 1793, vendue en 1816, elle redevint publique en 1830; c'est la bibliothèque la plus considérable de Paris après la Bibliothèque Nationale. Elle renferme dix mille manuscrits, deux cent mille volumes, les œuvres des poètes obscurs de nos premiers temps littéraires, les docu-

Fig. 73. — L'ancien couvent des Célestins et ses sépultures princières, aujourd'hui détruit et remplacé par la caserne des Célestins. Couronnement des statues de Charles V et de Jeanne de Bourbon, d'après Albert Lenoir.

ments relatifs au théâtre et à la guerre de 1870. Il faut citer parmi ses conservateurs Ameilhon, dom Poirrier, l'abbé Grégoire, Saint-Simon, Charles Nodier, Charles Lenormant, Le Roux de Lincy, Paul Lacroix (bibliophile Jacob), le vicomte de Bornier. Charles Nodier y réunissait une société d'élite et Victor Hugo y récita ses premières odes.

Le *Petit Arsenal*, datant de François I*er*, a fait place aux magasins du Grenier d'abondance du quai Bourdon, construits en 1807, brûlés en 1871, et remplacés par les bâtiments de la Compagnie générale des Omnibus.

La **Caserne des Célestins**, rue de Sully, en face de la Bibliothèque de l'Arsenal, occupe en partie l'ancien **couvent des Célestins**. Établi en 1318, supprimé en 1790, il renfermait un cloître célèbre dont l'emplacement est traversé par le boulevard Henri IV. Sur le trottoir occidental et un peu au nord de la rue de Sully, on remarque sur le boulevard une *console en saillie*, ornée encore d'armes martelées qu'on croit être celles des de Longueville. Contre un mur on aperçoit aussi des restes de peinture du genre arabesque. Charles V enrichit les Pères et fit construire l'église, dans laquelle se trouvaient les plus beaux tombeaux après ceux de Saint-Denis : telle la colonne torse, œuvre de Barthélemy, qui supportait l'urne dans laquelle on mit le cœur du connétable Anne de Montmorency, accompagné des trois Vertus de bronze par Germain Pilon ; on les peut voir au Louvre. Dans cette église se trouvaient le cœur de Henri II et celui de Catherine de Médicis, dans une urne de bronze doré, portée par les trois Vertus théologales dites les trois Grâces, œuvre superbe de Germain Pilon, également au Louvre ; des Célestins proviennent aussi les belles statues couchées de Philippe Chabot, par Jean Cousin, et de Henry Chabot, par Anguier l'aîné, la colonne de Brissac, l'obélisque du duc de Longueville.

C'est à l'ouest du boulevard moderne d'Henri IV qu'est l'emplacement du **vieil hôtel Saint-Paul**. Le Dauphin Charles, le futur Charles V, l'avait formé, vers 1360, de divers logis entourés de vastes jardins et couvrant l'espace limité aujourd'hui par la rue Saint-Antoine, la rue du Fauconnier, la Seine et la gare de l'Arsenal. Cette résidence, dite *Hostel des grands esbattements*, prit le nom d'une église située rue Saint-Paul. Charles V en fit son séjour de prédilection et se plut à l'embellir de toutes façons ; une des curiosités de l'hôtel était sa longue suite de jardins et surtout sa fameuse ménagerie, dont la rue des Lions-Saint-Paul rappelle le souvenir. Cet amas d'hôtels divers fut la demeure habituelle de Charles VI, qui faillit y périr, brûlé dans un ballet costumé, connu sous le nom de ballet des Ardents. Louis XI en commença l'aliénation vers 1463, et François Iᵉʳ l'acheva. Aujourd'hui, il n'en reste plus une pierre. Seuls, quelques noms de rues en ont perpétué la mémoire : la rue Charles V, les rues des Jardins-Saint-Paul, des Lions, de la Cerisaie et de Beautreillis ; ces deux dernières, à cause des cerisiers nombreux et des belles treilles qui ornaient cet hôtel.

Hôtel Fieubet ou Lavalette, actuellement École Massillon, quai des Célestins, n° 2. — C'est sur un terrain qui devait faire partie des dépendances de l'hôtel Saint-Paul, que s'élevait, tout près de l'Arsenal, l'habitation de Jacques de Genouillac, grand maître de l'artillerie sous François Ier ; ce logis passa entre les mains des de Béthune, de Courlay et de Semeterre, pour être acheté, en 1676, par G. de Fieubet. Magistrat et poète, il chargea J.-H. Mansart d'édifier une nouvelle demeure, qui fut terminée en 1681.

Des mains de la famille des Fieubet elle passa dans celles des de Clèves, de Roussel, de Mareuil. En 1813 on y installa une raffinerie, puis une pension. Un journaliste, M. de la Valette, l'acquit, la fit restaurer d'une façon désordonnée ; il semble qu'un portefeuille d'estampes soit venu là faire son carnaval ; il abandonna l'hôtel inachevé ; les gens de la Commune s'y installèrent ; en 1877, les Oratoriens y établirent l'école Massillon.

Les deux sphinx qui regardent l'entrée furent, dit-on, les premiers exécutés à Paris. Sur la façade, en retour, rue du Petit-Musc, on voit en saillie l'oratoire du premier étage ; il était décoré autrefois de tapisseries, de meubles précieux et d'une *Histoire de Moïse* par Lesueur ; l'artiste avait peint au rez-de-chaussée l'*Histoire de Tobie*, dont on voit un fragment au Louvre, et Vicotte, maître de Lebrun, y avait représenté *Minerve conduisant Achille*. La chapelle, jadis salle des Glaces, était garnie de glaces sur tout son pourtour ; on voyait dans la corniche les portraits des reines, dont des inscriptions disaient les vertus.

A côté, au n° 4 du quai des Célestins, on lit sur une plaque : « Antoine-Louis **Barye**, sculpteur, né à Paris le 24 septembre 1795, est mort dans cette maison, le 25 juin 1875. »

Au coin de la rue Saint-Paul et du quai se trouve un hôtel, dont les façades sur la cour sont en briques et pierres percées de fenêtres moulurées à la mode du XVe siècle.

Le quartier que nous étudions en ce moment était hors de

L'ARSENAL. — LE QUARTIER SAINT-PAUL. 265

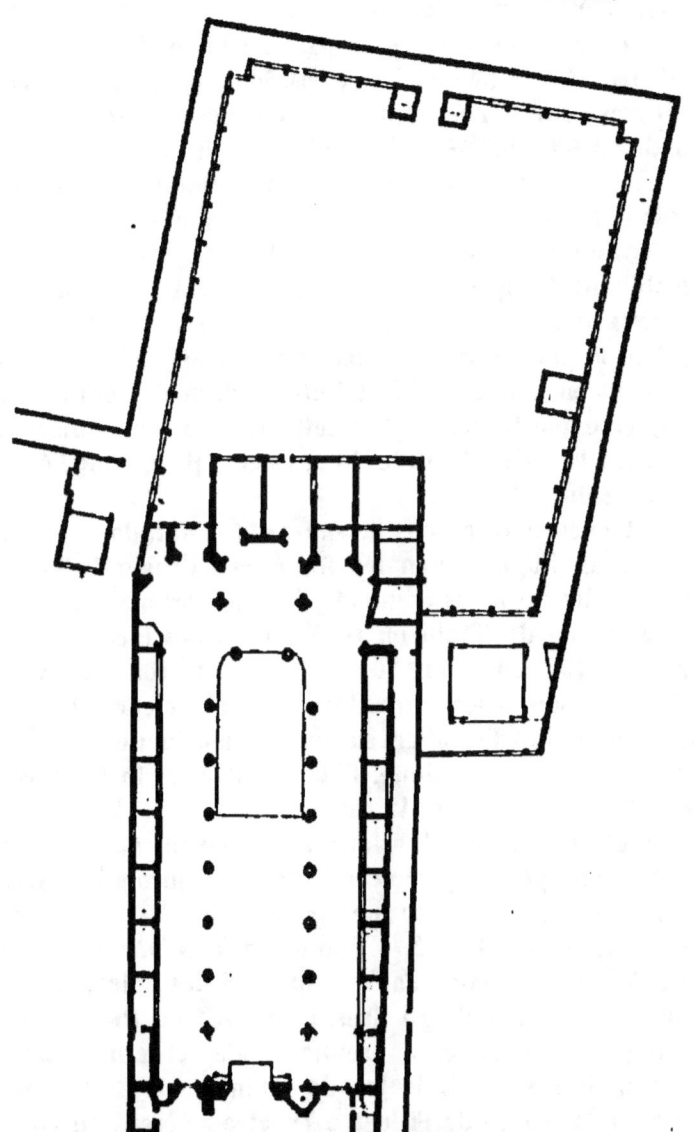

Pl. 74. — Plan donnant le tracé véritable du cloître de l'ancienne église
Saint-Paul (actuellement passage Saint-Pierre),
D'après un document inédit de la Bibliothèque Nationale,
communiqué par Albert Lenoir.

Paris, quand le mur de Philippe Auguste entourait la ville. II dut son nom de quartier **SAINT-PAUL** à un oratoire bâti par saint Éloi ; cette église, devenue paroissiale en 1107, reconstruite sous Charles V, dédiée en 1431, possédait encore, en 1700, son portail élevé sur la rue Saint-Paul. Son chevet était dans l'axe du **PASSAGE SAINT-PIERRE**, qui relie la rue Saint-Paul à la rue Saint-Antoine. Là, fut baptisé Charles V; on inhuma, sous le nom de Marchiali, le héros de la légende du Masque de fer et l'architecte Hardouin Mansard, enfin Rabelais. Le lavoir Saint-Pierre est établi sur l'emplacement d'un monument élevé en 1700 par Palloy aux victimes trouvées dans les cachots de la Bastille ; c'est ce qui explique les découvertes d'ossements qu'on y a faites, notamment en janvier 1888. A l'intersection des deux branches de l'équerre que forme en plan cette voie de communication, on voit encore la voûte d'entrée du passage qui séparait l'église de la prison Saint-Éloi.

Il faut encore voir dans la *rue Saint-Paul*, dans la cour du n° 5, un magnifique arc en fer forgé, et à l'angle de la *rue des Lions*, un des derniers exemples de tourelles quadrangulaires ; dans cette rue des Lions on trouve de belles lucarnes, dans la cour du n° 15; celle du n° 10 a conservé tout son cachet ancien ; les fenêtres sont encore munies de leurs volets intérieurs, la cour de son puits ; l'escalier, sa rampe armoriée de F et supportée par un gros pilastre ionique. Cet ensemble est fort intéressant. La façade ancienne du n° 12 est intacte.

A l'angle de la rue des Jardins-Saint-Paul et du quai des Célestins, une *plaque* porte ces mots : « François **Rabelais**, né à Chinon, est mort dans une maison de la rue des Jardins-Saint-Paul, le 9 avril 1533. » Une autre *inscription*, à l'angle de la rue des Jardins-Saint-Paul et du quai des Célestins, désigne l'emplacement où **Molière** dressa son second théâtre, qui ne réussit pas mieux que le premier. Elle est ainsi formulée : « A cette place s'élevait le jeu de paume de la Croix-Noire, où Molière et la troupe de l'Illustre Théâtre jouèrent en 1645. » Ce berceau de la Comédie française fut installé sur la place d'un jeu de paume voisin du *couvent de l'Ave-Maria*, fondé par saint Louis, détruit sous la Révolution, et que remplace aujourd'hui un marché construit en fer. C'est dans la maison qu'il habitait à côté qu'on vint appréhender le grand génie pour le conduire

au Châtelet ! C'est qu'il devait 115 livres à Antoine Faussier, son
« moucheur de chandelles » !

L'HOTEL DE SENS

A l'angle de la rue du Figuier et de la rue de l'Hôtel-de-Ville
(ancienne rue de la Mortellerie), s'élève l'ancien pied-à-terre pari

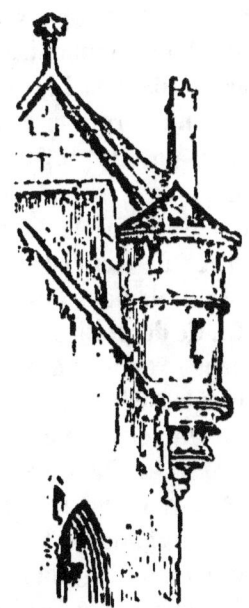

Fig. 75. — La tourelle de l'hôtel de Sens, dans la rue de l'Hôtel-de-Ville.
Cette tourelle marque l'endroit où commençait le jardin disparu.

sien des archevêques de Sens, du temps où Paris était suffragant de Sens. Avec l'hôtel de Cluny c'est le seul spécimen d'architecture privée du quinzième siècle qui reste encore debout dans Paris. Il fut construit par Tristan de Salazar, archevêque de 1474 à 1519; à cette place s'élevait l'hôtel d'Hestomesnil, cédé par Charles V aux archevêques de Sens, en échange de leur hôtel primitif, dit *hostel des Barres*, dont le roi fit une dépendance de son hôtel Saint-Paul. De là résulte la confusion apportée par plusieurs historiens entre l'hôtel Saint-Paul et celui des archevêques sénonais.

On lit sur une plaque de la façade : « Hôtel de Sens. — *Cet hôtel — résidence des archevêques de Sens — métropolitains des évêques de Paris jusqu'en 1623 — a été construit vers 1500 — par les ordres — de Tristan de Salazar.* » Cette habitation passait pour l'une des plus belles de Paris; d'ailleurs toutes les œuvres entreprises par ordre de Tristan de Salazar sont du goût le plus exquis. En 1597 l'hôtel était achevé et « un maître tapissier de haulte lisse », Allardin de Souyn, y logeait déjà. Le cardinal Duprat y ajouta quelques embellissements. Le cardinal Pellevé habitait cet hôtel pendant la Ligue; il y tint plusieurs assemblées qui fournirent matière aux railleries de la *Satyre Ménippée*; il y mourut, dit-on, de saisissement en apprenant l'entrée de Henri IV à Paris.

Les écrits du temps (entre autres le *Journal de l'Étoile*) rapportent que l'épouse divorcée de Henri IV, Marguerite de Valois, séjourna pendant quelques mois dans l'hôtel des archevêques de Sens. Elle s'y installa à la fin de décembre 1605, âgée de cinquante-deux ans et n'ayant pas encore renoncé à la galanterie, ainsi qu'en témoigne certain quatrain placardé sur sa porte et où ses débauches pouvaient trouver leur enseigne.

Le 5 avril 1606, comme Marguerite venait d'entendre la messe des Célestins et rentrait à son logis, un de ses amants, Dat de Saint-Julien, jeune page de vingt ans, fut tué d'un coup de pistolet par Vermond, son rival délaissé, à la portière même de son carrosse. Deux jours après elle assistait à l'exécution du meurtrier, qui eut la tête tranchée devant la porte de l'hôtel de Sens; le soir même elle quittait cette demeure pour n'y plus rentrer.

Après elle, le cardinal Duperron fut le seul personnage important qui habita l'hôtel; au début du xvii° siècle les prélats de Sens préférèrent louer la maison épiscopale et habiter les hôtels qu'ils avaient à Paris. Par bail du 31 janvier 1689, ils le cèdent pour six ans aux fermiers des messageries, coches et carrosses de Lyon, Bourgogne et Franche-Comté; il est resté depuis une

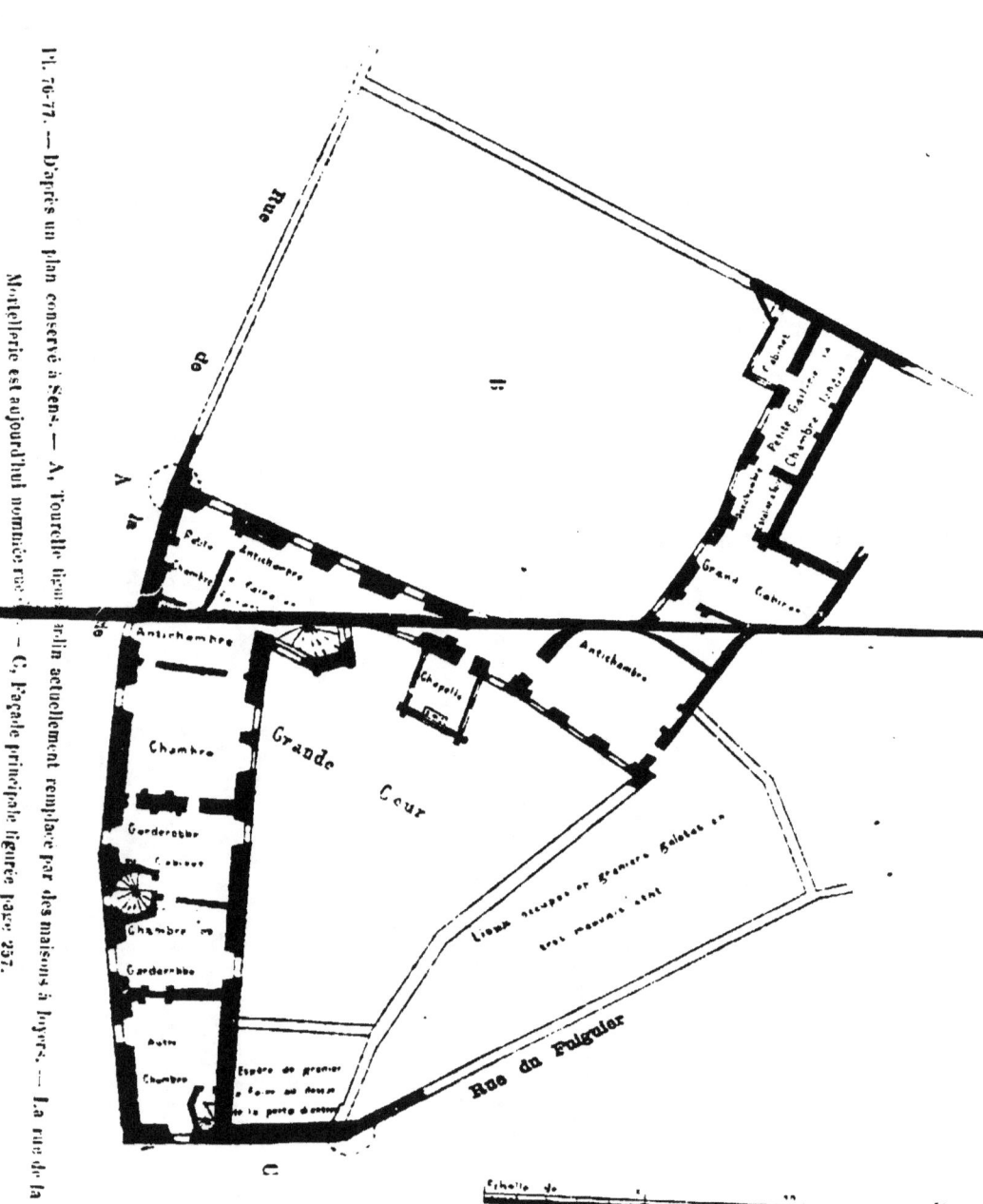

Pl. 76-77. — D'après un plan conservé à Sens. — A, Tourelle figurée... — B, jardin actuellement remplacé par des maisons à loyers. — C, Façade principale figurée page 237. — La rue de la Mortellerie est aujourd'hui nommée rue...

Pl. 78-79. — HOTEL DE SENS. — Vue de l'échauguette crénelée dans la cour.
D'après une photographie de M. Jarre.

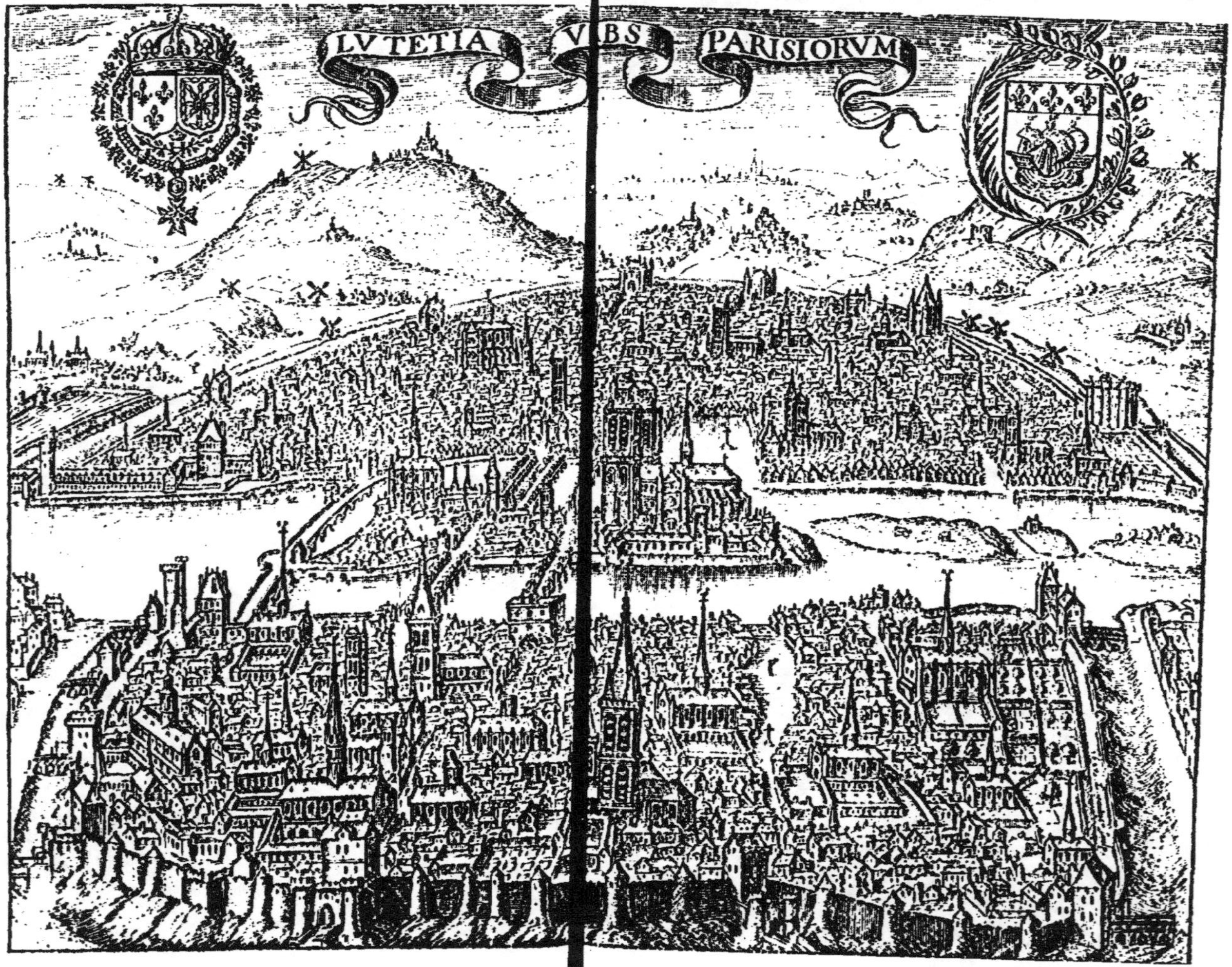

Pl. 80-81. — Aspect de Paris en 1602, tiré Gautier, signée et datée à droite, sur le rempart. Fac-similé d'après l'o la collection Arthur Brossé.

Pl. 82-83. — La cour du passage Charlemagne, dit Hôtel des Prévôts.

Face septentrionale.

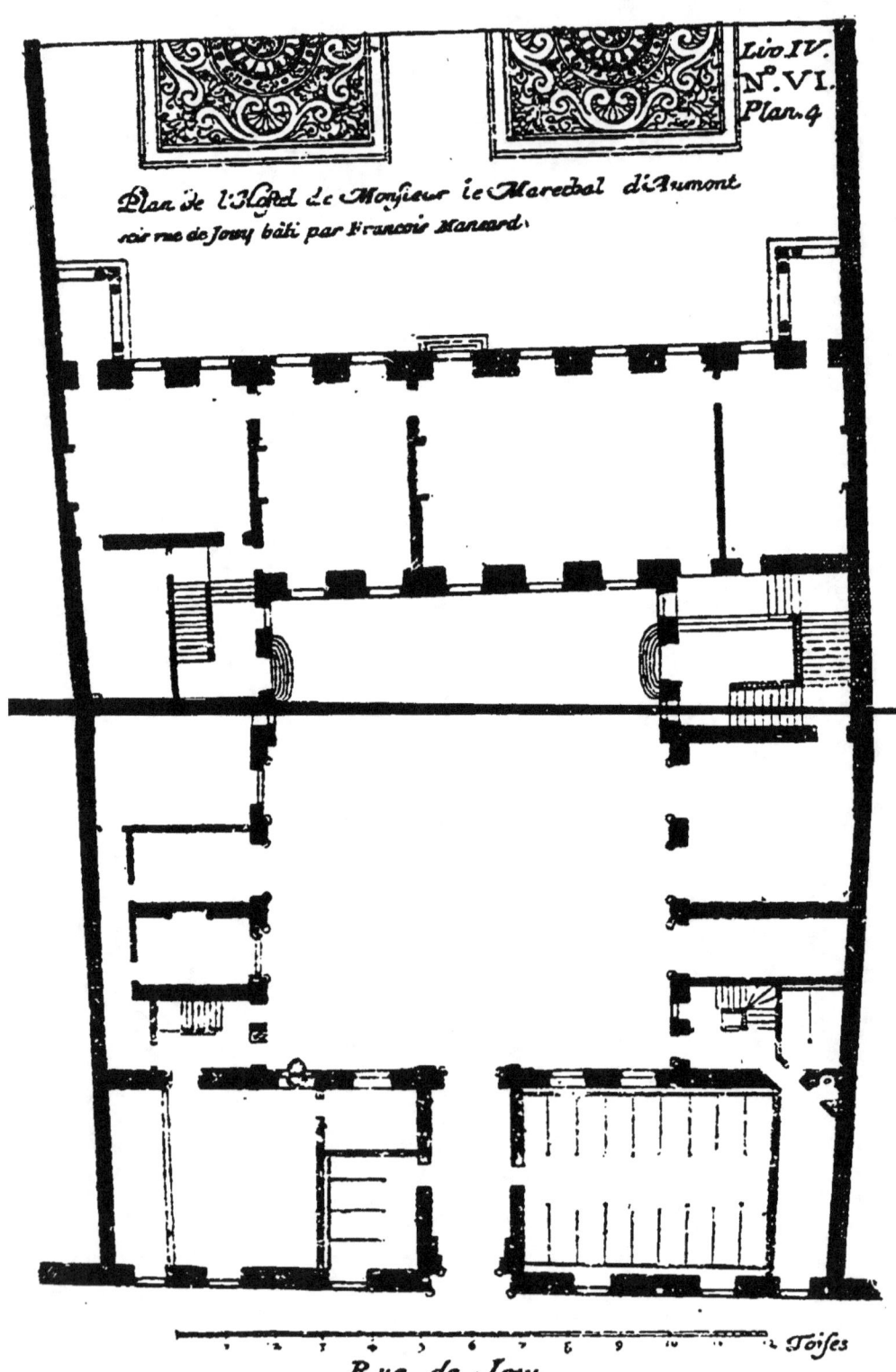

Pl. 84-85. — État ancien, d'après MAROT.

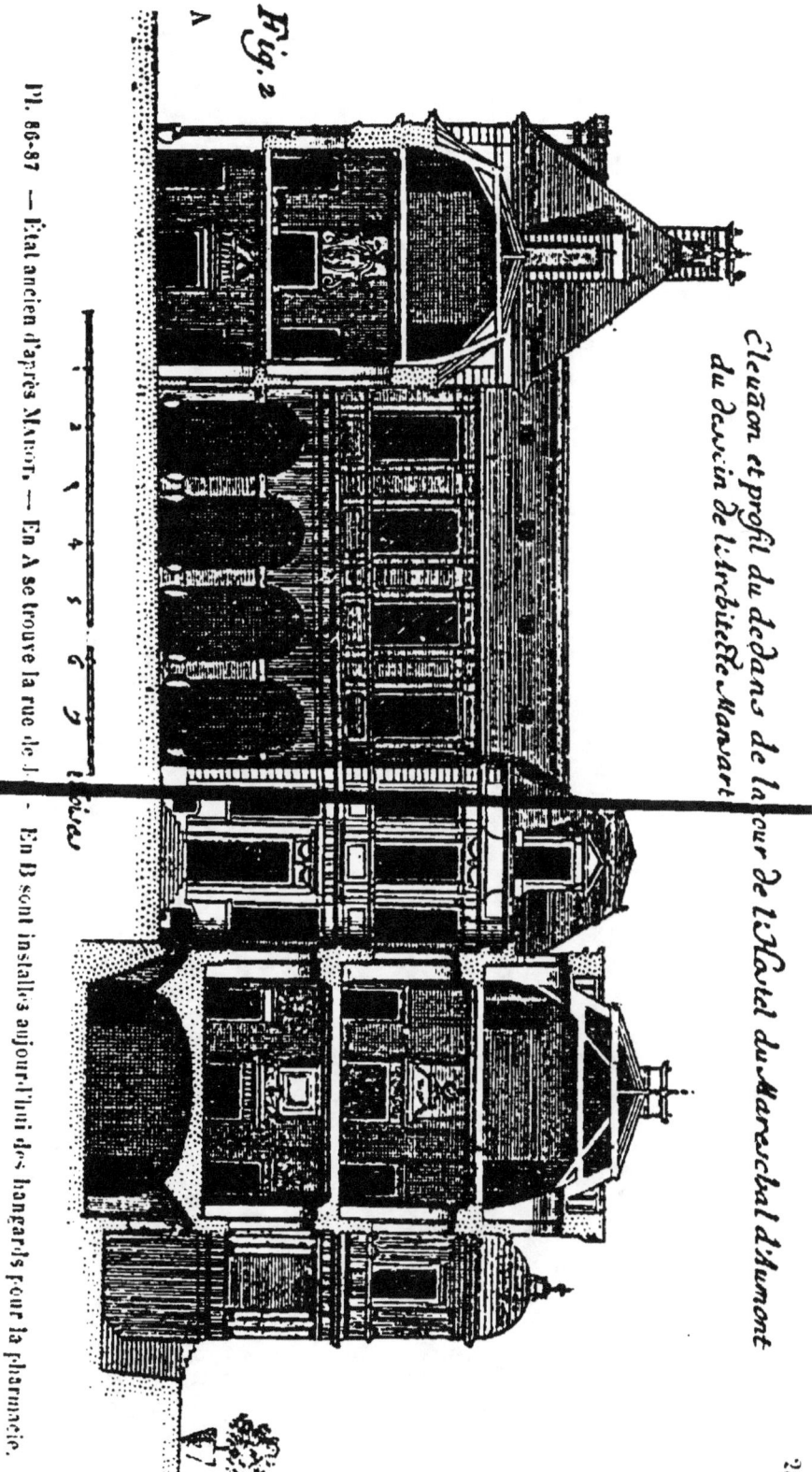

Pl. 86-87. — État ancien d'après Mansart. — En A se trouve la rue de J... En B sont installés aujourd'hui des hangards pour la pharmacie.

Fig. 2 — Élévation et profil du dedans de la cour de l'Hostel du Mareschal d'Aumont du dessein de l'Architecte Mansart

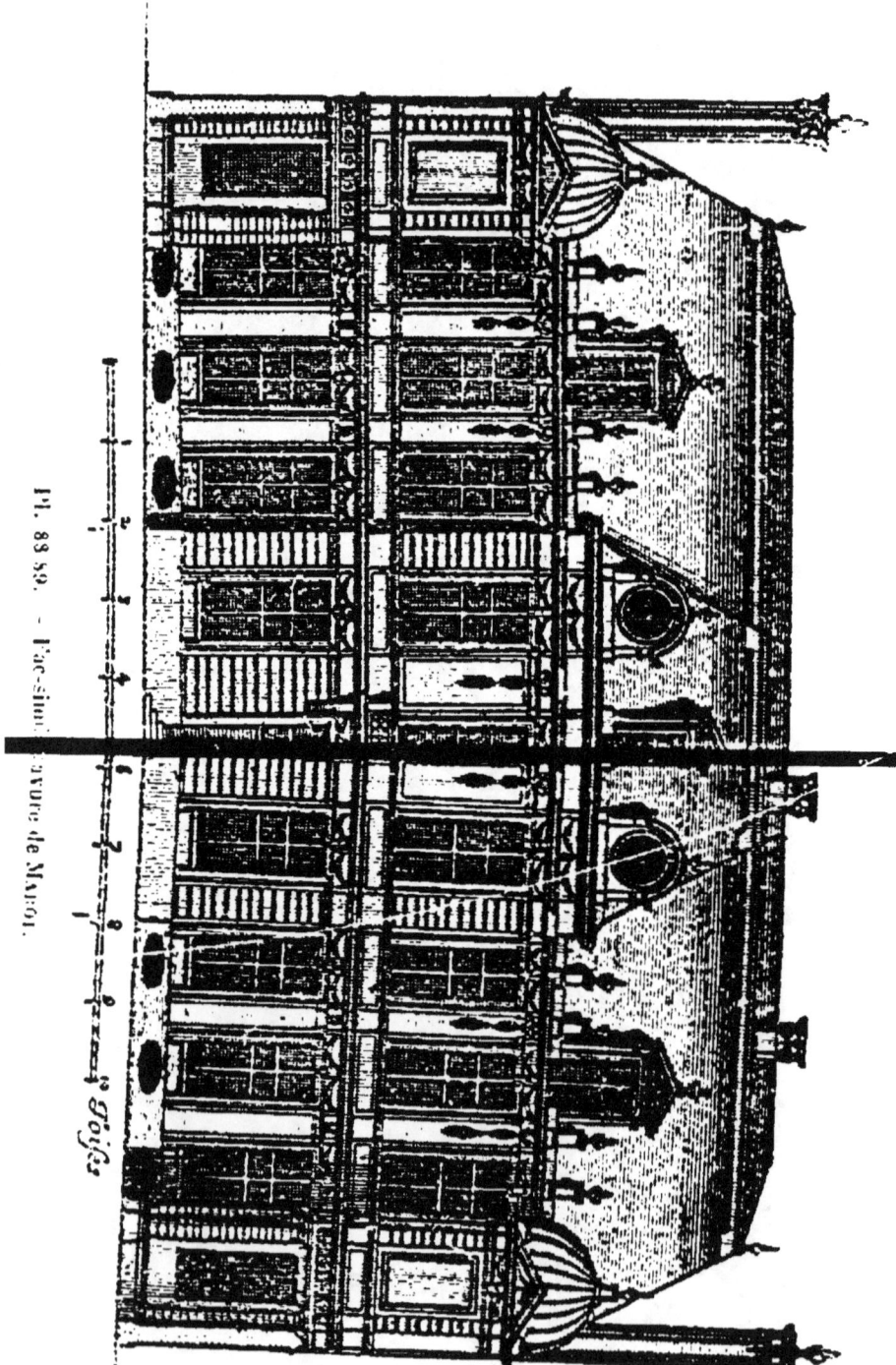

Pl. 83 59. — Fac-similé ... gravure de Maret.

Elevation du costé du Jardin de l'Hôtel d'Aumont

maison banale, vendue par la Révolution, et passant de main en main. Diverses industries s'y succédèrent : récemment c'était la confiturerie de Saint-James ; aujourd'hui il est inoccupé.

À l'extérieur l'hôtel de Sens ne semble pas avoir subi de notables changements. Deux tourelles circulaires à poivrière et en encorbellement flanquent son portail, composé d'une large entrée pour le passage des carrosses et des cavaliers, et de deux guichets pour les piétons : tous deux en arc surbaissé et surmontés d'un tympan en ogive décoré jadis des armoiries de Salazar, « écartelé aux 1 et 4 de gueules, à 5 étoiles à 6 pointes d'or ; aux 2 et 3, d'or à 5 feuilles de nénufar de sinople ». On y lit aujourd'hui l'en-tête commercial du dernier occupant : « Confiturerie de Saint-James ». Un pignon aigu et une lucarne contournée avec meneau en pierre complètent l'ensemble de cette façade malheureusement mutilée ; on ne voit plus les fleurons qui décoraient les archivoltes des portes et de la grande lucarne ; les moulures sont en partie détruites, les arêtes sans netteté, les gorges empâtées par le plâtre et le badigeon.

Rue de l'Hôtel-de-Ville, une autre tourelle de même forme (fig. 75). On voyait de ce côté « six lucarnes flamandes et une damoiselle »..

Le porche de l'entrée, voûté en petits matériaux, est remarquable par les nervures de ses arêtes portant des culs-de-lampe à figures grimaçantes pour se croiser en pendentifs ornés, dont les sculptures ont malheureusement été brisées. À droite le logement du concierge.

Au fond de la cour un donjon carré, percé d'une porte en accolade au-dessus de laquelle surplombe une échauguette crénelée, placée vis-à-vis l'entrée pour la défendre au besoin. Sur les faces des mâchicoulis sont sculptées en relief les figures des armoiries de Tristan de Salazar, des étoiles et des feuilles de nénufar alternées.

À l'intérieur, un escalier à vis, en pierre, hardi de coupe et de proportion. Une tourelle contient un autre escalier à vis de moindre dimension, pour desservir les étages supérieurs ; on retrouve encore sur ses parois de curieuses inscriptions, notamment quelques marques de tâcherons et le nom de la *duchesse d'Estouteville comtesse de Saint-Pol*.

Attenant au donjon, une grande salle du rez-de-chaussée, dont le plancher haut laisse voir ses poutres primitives, a conservé sa grande *cheminée* de pierre avec son manteau mouluré porté sur des colonnettes. Au delà des bâtiments du fond de la cour s'étendait un jardin que longeait la rue des Nonnains d'Hyères. Un dessin attribué au chevalier de Gaignères, reproduit dans la *Revue archéologique* (1847), donne un état exact et détaillé de l'hôtel de Sens au xvııe siècle. En outre de ce jardin, on y voit figurés l'ancienne chapelle formant avant-corps sur les bâtiments du fond (voir notre plan), les tourelles et le donjon ornés de leurs girouettes aux insignes archiépiscopaux ; le détail complet des ornements de la façade, ses archivoltes et son pignon fleuronnés, les tympans de ses portes armoriées, ses encorbellements festonnés, etc. Des grattages successifs ont emporté cette magnifique décoration : ce n'est plus qu'une façade rabotée. Son pignon conserve incrusté un boulet égaré le 28 juillet 1830 lors de l'attaque de la caserne de l'Ave Maria. Souhaitons que, sans trop tarder, les exigences du propriétaire n'empêchent plus la sauvegarde définitive d'un monument si précieux pour l'histoire de Paris.

La rue du Figuier aboutit à la rue Charlemagne, où débouche le passage de ce nom. Là se dérobent les restes curieux de l'*Hôtel des Prévôts* ou *Hôtel de Graville* : des façades datant de la Renaissance, les unes d'ordonnance ionique, une autre à médaillons et gaines décoratives, décorent les côtés de la vaste cour. Une tour élégante (planche 82, p. 281) renferme un intéressant escalier à vis. Cette cour, envahie par les métiers dont les enseignes se sont logées dans les médaillons mêmes, occupe, selon de Ménorval, la place de cette maison des Marmousets, vendue par Jacques de Pacy en 1369 au prévôt Hugues Aubriot, pour 1500 francs d'or, donnés par Charles V.

Pierre de Giac accrut le domaine en achetant murs et tours (1383), qui prit le nom d'hôtel du Porc-Épic à cause de l'ordre que Louis d'Orléans y créa en 1397. Le logis vint ensuite successivement dans les mains de Jean de Berry (1404), Jean de Montaigu, Guillaume de Bavière, comte de Hainaut (140. de Jean de Bourgogne, duc de Brabant (1417), d'A. de Richemont, connétable de France, de Robert d'Estouteville, prévôt de Paris

(1472) et de son fils Jacques (1479), également prévôt. Le plan de Tapisserie (xvi° siècle) indique cet hôtel sous le nom d'hôtel du Prévôt de Paris. Louis Malet, amiral de Graville (1509), a peut-être fait élever les bâtiments que nous voyons aujourd'hui. Devenu propriété de son gendre Pierre de Balzac (1516), de Guillaume le Gentilhomme (1572), l'hôtel de Graville passa, aux xvii° et xviii° siècles, entre les mains de la famille de Jassaud; une pièce du rez-de-chaussée garde les lettres entrelacées A. N. D. J., d'Augustin Nicolas de Jassaud. Il appartenait en 1870 à M. Lebas de Courmont, conseiller à la Cour des comptes.

Deux issues de la Cour des Prévôts aboutissent dans la rue Charlemagne avec prolongement de la rue de Jouy, qui doit son nom à celui des abbés qui y avaient logé; elle portait au xiii° siècle le nom de rue de la Poterne Saint-Paul, depuis la rue Saint-Paul jusqu'à la poterne et le nom de rue de Jouy de là jusqu'à la rue Saint-Antoine. La place de la poterne est indiquée par la forme concave de la maison du côté gauche, qui s'est moulée sur la convexité de l'ancienne tour depuis longtemps démolie. Le n° 21 de la rue Charlemagne a gardé des mascarons dans la cour, et le n° 25, refait en 1890, a gardé son ancienne porte.

L'hôtel d'Aumont, rue de Jouy, n° 7, bâti par Mansart, occupé aujourd'hui par la Pharmacie centrale, est une œuvre remarquable. La façade sur la cour et celle qui donne sur l'ancien jardin sont fort bien conçues. La première a été légèrement modifiée; primitivement on y voyait cinq fenêtres toutes pareilles, tandis qu'aujourd'hui la transformation de trois d'entre elles en portes a rompu l'harmonie de l'ordonnance. L'intérieur de l'habitation n'offre plus rien d'intéressant; on n'y trouve plus trace de l'*Apothéose de Romulus*, « pièce admirable » de Le Brun. On vendit, après la mort du duc d'Aumont (1704), sa collection de meubles précieux, bronzes, médailles et tableaux rares. Le jardin a disparu avec les vases à l'antique qu'on y trouvait, ainsi que la *Vénus* d'Anguier.

La façade sur la rue a conservé une très belle porte; on en voit une autre au n° 12 de la rue de Jouy. Un ministre de Louis XV, l'abbé Terray, financier fameux, occupa, outre l'hôtel d'Aumont, la maison qui porte le n° 5 et l'angle de la rue de

Fourcy, où se trouvait l'hôtel de la Croix-d'Or. Le fief d'Aumont, dont s'est détaché l'hôtel de Fourcy dans la rue de Jouy, s'étendait sur l'enclos compris entre cette voie et les rues de la Mortellerie, des Nonnains-d'Hyères, dont l'angle est orné d'une enseigne de remouleur du xviiie siècle, et la rue Geoffroy-l'Asnier; cette dernière, nommée rue *Frogier l'Asnier* au xive siècle, possède de vieilles maisons : au n° 12 une boutique, au n° 14 une porte; au n° 19 est l'hôtel des seigneurs de Pruylly en Touraine; on voit aux n°s 20 et 22 une porte, au n° 25 des balcons, et des pignons originaux aux n°s 32 et 34. Mais la plus remarquable habitation se trouve au n° 26 : c'est l'*hôtel de Châlons* (1625) et de *Luxembourg* (1659) ; la porte, morceau magistral du xviie siècle, qui y a enchâssé un puissant cartouche (fig. 90-91) et de remarquables boiseries, restaurées en 1880. Dans chacune des deux cours l'harmonieuse alternance des assises de briques et de pierre produit une impression d'élégance et de bonne tenue, accentuée par le perron à double rampe, et les fenêtres à frontons décorés de mascarons avec monogrammes. De jolis épis se dressent sur son beau toit à la française. Ce logis peut être celui que le plan de Gomboust désigne sous le nom de Le Fèvre. — Au n° 28, une descente de cave recèle des ornements anciens; des auges taillées trahissent au n° 30, où l'on accède par une belle porte, la présence d'anciennes écuries souterraines. Le millésime 1774 que porte le n° 32 est celui d'une réparation effectuée à ce qui était alors l'auberge de la Clef-d'Argent.

RUE FRANÇOIS-MIRON

Le tronçon le plus ancien de la rue Saint-Antoine, compris entre l'Hôtel de Ville et la rue de Rivoli, a reçu en 1865 le nom du prévôt des marchands François Miron. Un de ces tronçons existait en 1300. La voie antique parallèle à la Seine, représentée par l'ancienne rue de la Tixanderie, la rue de *Rivoli* et la rue Saint-Antoine, était bordée de tombeaux, surtout auprès du *Monceau-Saint-Gervais*. On y a découvert de nombreux cercueils, des médailles d'Antonin, de Magnence et l'inscription de

« Patilius fils de Partichus » ; un cimetière gallo-romain, puis celui de l'ancienne abbaye de Saint-Gervais, s'étendait ici au xᵉ siècle, et tel cercueil de pierre trouvé en 1882 en a rendu témoignage.

L'ÉGLISE SAINT-GERVAIS ET SAINT-PROTAIS en est le dernier débris; à son chevet fut installé l'un des plus anciens hôpitaux : « Garin, masson, et son fils Harcher, prestre », mus de pitié, donnèrent en 1171 une maison « pour être convertie en hospital, et y loger les pauvres passans par la ville ». Il fut transporté en 1655 dans l'hôtel d'O, rue Vieille-du-Temple. Au xvᵉ siècle on installa, près de l'église, un abri pour les nombreuses personnes atteintes de tuméfactions, « tant pauvres que riches, lesquels à la fin des neuf jours, ordinairement guarissoient ou alloient de vie à trespas ».

L'église existait déjà en 570 : car on conte que les clefs de l'évêque « ne pouvoient aucunement ouvrir le pêne de la serrure qui tenoit les portes fermées, il fit dessus le signe de la croix, et miraculeusement se déferma le pesne, à quoi Fortunatus adjouste avoir été présent ». Au ixᵉ siècle Hermentrude, première femme de Charle le Chauve, offrit un anneau portant ce nom : *Basilicæ Domini Gervasii*. Vers 870, Saint-Gervais fut classé dans la liste des églises où le clergé de la métropole faisait station aux époques de fêtes patronales. Détruite sans doute au ixᵉ siècle, elle est mentionnée au xᵉ siècle comme attenante aux possessions de l'abbaye de Saint-Maur-des-Fossés. En 1203 un évêque de la capitale, Pierre de la Chambre, céda le fief du Monceau à Philippe Auguste; en 1212 on commença la reconstruction de l'église, et l'on démembra la paroisse en faveur de celle de Saint-Jean. Saint Louis acquit sur la prévôté du Monceau un revenu de cent sous en 1245; vers ce temps, en 1274, vive émotion dans le populaire, par suite du vol d'une hostie et de miracles qui s'ensuivirent. Au xivᵉ siècle les comtes de Meulan devinrent propriétaires de cette église; ils en firent don aux moines du prieuré de Saint-Nicaise; pourtant l'évêque de Paris tirait certains revenus du *Monceau-Saint-Gervais*.

La dédicace du monument commencé en 1212 eut lieu en 1420; il n'en reste presque rien: de grands travaux sous François Iᵉʳ, Henri II, un agrandissement considérable en 1580, des travaux dont Jean Fessart, mort en 1603, fut maître d'œuvre, enfin un portail du xviie siècle, ont modifié l'aspect primitif. La Révolution en fit un Temple de la Jeunesse; de cette époque date la disparition de l'orme, jusqu'alors toujours renouvelé en avant du portail, et où se tenaient les plaids de la justice foncière des fiefs. Guillot, au xiiie siècle, cite déjà cet « ourmeciau », imagé sur bannière, banc d'œuvre, armoiries et jetons de l'église, comme sur les enseignes de maisons voisines. En juin 1848, une ambulance fut installée dans le monument, consolidé trois ans plus tôt par Baltard. Cette église rappelle des **souvenirs** chers aux amis des lettres françaises : ici la marquise Marie de Rabutin-Chantal s'unit à Henri, marquis de Sévigné, nom qu'elle rendit à jamais célèbre; c'est ici que le 25 janvier 1686, Bossuet prononça une de ses magnifiques oraisons funèbres sur son ami et confident Michel Le Tellier, « ce serviteur de la patrie, toujours en action, qui, toujours attentif et méconnaissant le sommeil, attendait la mort qui seule pouvait clore ses yeux. »

Description. Façades extérieures. — Le portail, dont Louis XIII posa la première pierre (24 juillet 1616), fut exécuté par Claude Monnart, en cinq ans, sur les dessins de Salomon de Brosse, mais non sur ceux de Jacques de Brosse comme on l'écrit habituellement. Cette façade, d'une architecture alors nouvelle, est la typique expression de la récente évolution accomplie par les artistes : on cherchait, auparavant, à concilier les goûts du présent avec ceux du moyen âge. Les principes nouveaux, dont le portail est l'œuvre, sont puisés dans les édifices antiques et dans l'étude de leurs ordonnances architecturales ; au bas, un ordre simple, des colonnes doriques ; au-dessus, une ordonnance ionique, plus gracieuse, ménage le passage au corinthien, dont les formes somptueuses sont réservées pour le couronnement. On a reproché à cette façon de concevoir l'architecture de n'être ni sensée, ni même classique : la superposition de trois ordres, en effet, par la division en étages qu'elle impose, semble indiquer que l'intérieur présente une triple division qui n'existe pas dans sa hauteur ; d'ailleurs les architectes romains n'ont pas adopté de « parti » de ce genre. Pourtant ce bel ouvrage plaît aux yeux par sa noblesse harmonieuse et l'élégance de ses proportions ; il excita un enthousiasme mérité, et demeura modèle à son tour pendant plus de deux siècles.

Ce portail, haut de 30 mètres, est orné au second étage d'un *Saint Protais* d'Antonin Moine, et, à gauche, d'un *Saint Gervais* d'A. Préault. Au-dessus, l'un des groupes colossaux, à droite *Saint Jean*, est dû à Jouffroy, l'autre, *Moïse*, à Dantan aîné. Ces groupes ont succédé aux statues des quatre Évangélistes de Guérin, renversées en 1793. Une flèche a été simulée en août 1859 (Voy. Tour Saint-Jacques). Les vantaux des trois portes, sculptés de palmes et de draperies, sont des ouvrages remarquables par leur riche simplicité, empreinte d'un grand goût; ils sont dus à Antoine de Hancy, menuisier du xviie siècle.

La *tour*, à base de style ogival, s'élève à 53 mètres; sa partie haute paraît due à Jean Jacquet, qui succéda de 1580 à 1603, comme maître de l'œuvre de cette église, à son père Mathieu Jacquet. La structure de l'escalier est curieuse. L'horloge fut faite en 1721 par Boucommond, et la sonnerie passe pour l'une des plus belles.

L'intérieur date de la fin du xve siècle; son plan cruciforme, comprend quatre travées à la nef, deux au chœur, cinq en pourtour à l'abside, un transept, des collatéraux simples bordés de chapelles. Les piliers fasciculés, sans chapiteau, supportent des voûtes aux arcatures ogivales, arêtiers ornés de clefs pendantes, aujourd'hui coupées; l'une, au transept, présente la date de 1578 et les noms des marguilliers. Les dimensions étroites de la *nef* font ressortir sa grande hauteur. Elle est décorée de vitraux de l'école française, du xviie siècle; à la première fenêtre, du côté gauche, saint Pierre baptise Corneille; sur la seconde on aperçoit une vue et une fondation de l'abbaye de Poissy; à droite la Pentecôte, puis la bataille de Tolosa.

L'orgue, construit sous Louis XIV, est un des meilleurs. Cliquot y ajouta plusieurs jeux, et les Couperin en furent organistes. La chaire fut dessinée par l'architecte Gauthier (1824): le banc d'œuvre est orné d'un Père Éternel, peinture de P. Vannucci, dit Pérugin; elle formait le couronnement, donné sous le premier Empire, d'une grande composition dont le sujet central se trouve au musée de Lyon, et la prédelle, dans celui de Rouen.

Jacques-François Blondel décora le *chœur*, restauré en 1853.

par V. Baltard. Au maître-autel, dix flambeaux, exécutés au xviii⁰ siècle, sur les dessins de Soufflot, pour l'ancienne abbaye de Sainte-Geneviève; ils furent rachetés à un chaudronnier par M. Denise, et donnés par lui. Quarante-trois stalles du xvi⁰ siècle constituent une œuvre unique à Paris; elles sont ornées, en bas-reliefs, de sainte Catherine, saint Matthieu, saint Paul, saint Antoine, saint Pierre, saint Jean l'Évangéliste, un saint évêque et une sainte femme; les miséricordes sont décorées de sujets très curieux représentant : un écrivain, un architecte, un boulanger, les croissants enlacés du roi Henri II, une tête d'homme, un homme accroupi, un tonnelier, des vendangeurs, un génie dormant, un rosier, des personnages en prière, des hommes se querellant, un cordonnier, deux rôtisseurs, une salamandre, un batelier, un lion, un homme nu et un porc.

Ces stalles furent commandées en 1556 par le roi Henri II, dont elles portent la devise, pour l'église de l'abbaye de Port-Royal-des-Champs. Après la destruction de l'abbaye en 1710, elles furent placées dans l'église des Bernardins, à Paris, où elles restèrent jusqu'à la suppression de ce collège.

Chapelles. Côté nord. — (Côté gauche en entrant par le grand portail). Dans celle des Fonts baptismaux on remarque une vasque de la fin du xv⁰ siècle, un bahut orné de panneaux du xv⁰, et des vitraux du xvii⁰ siècle : on y voit le Baptême du Christ, le Saint-Esprit, le Christ et saint Nicolas; des fresques par Caminade; Hanci y a laissé une réduction en bois du portail. Dans la chapelle suivante, une Vierge en plâtre par Rude et des fresques de Gigoux : Fuite en Égypte, Ensevelissement et Résurrection du Christ. Nanteuil a peint le Martyre de saint Laurent sur le mur de la chapelle d'à côté : au-dessus de l'autel, une grande composition architecturale en pierres peintes et sculptées. On arrive ensuite dans la chapelle Sainte-Anne; des fresques de Matout racontent la vie de cette sainte; on voit à côté un grand retable du xvii⁰ siècle, avec statuettes modernes. Par une porte située au fond de la chapelle on pénètre dans le vestibule de la *chapelle dite de Scarron*, car une légende en attribue la construction à Mme de Maintenon; on la désigne comme la sépulture de Scarron, connu par ses écrits burlesques, ses infirmités, sa qualité de premier mari de cette femme dont

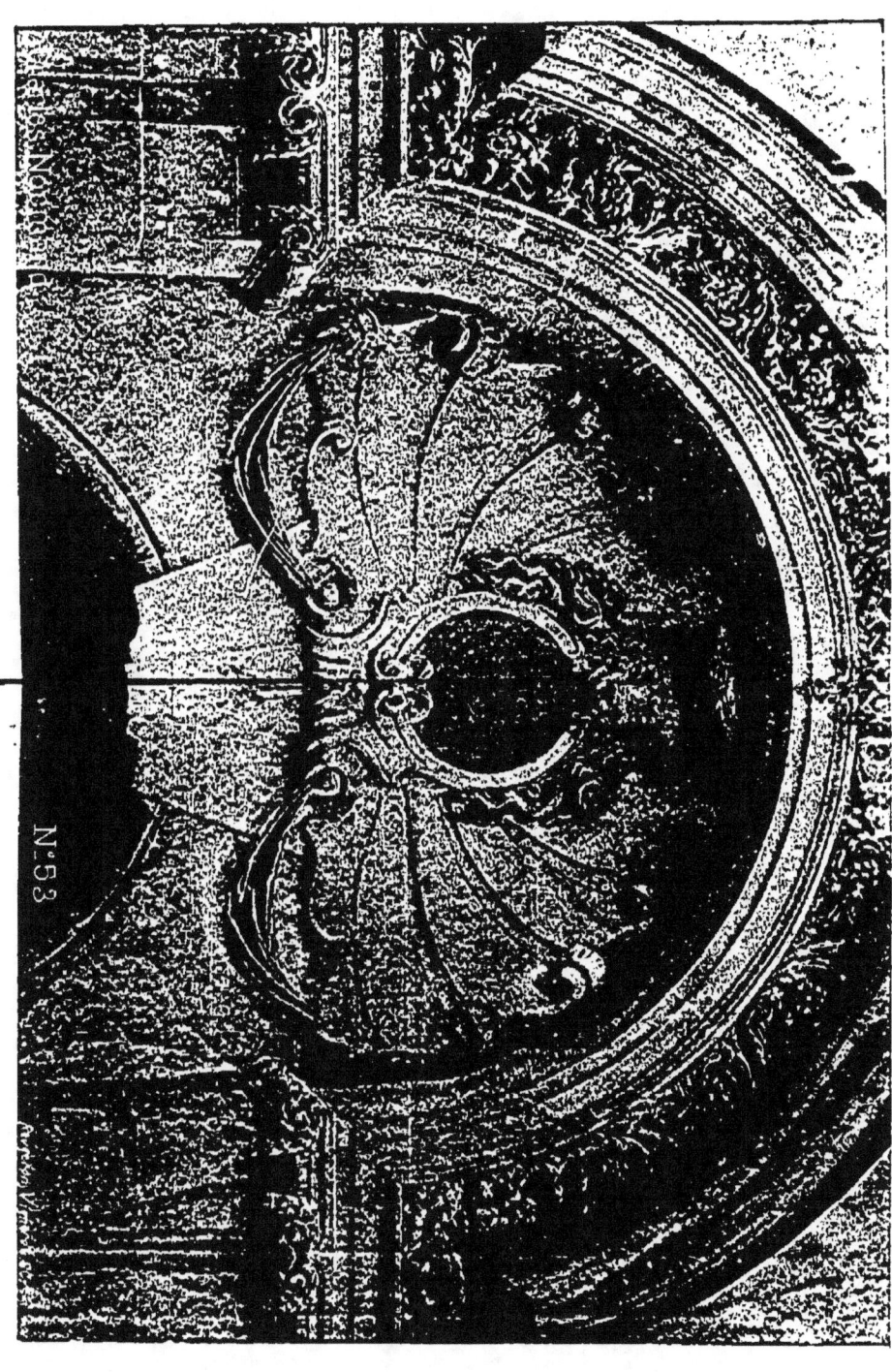

Pl. 90-91. — Dessus de la porte de l'Hôtel de Châlons-Luxembourg.

Pages 305-308.

on sait la réputation; habitant dans les environs de la rue de la Tixeranderie, il fut enterré dans cette église. On désigne aussi ce réduit, construit entre deux contreforts, sous le nom de *chapelle dorée*: elle est éclairée par une ouverture pratiquée au plafond, décorée de boiseries, ornées de peintures, épisodes de la vie de Jésus, reliés par des encadrements avec arabesques. Au-dessus du retable, un écusson d'azur, aux armes des Belauld de Chemauld, dont l'un, mort en 1634, fut président à la Cour des comptes de Paris. La décoration, due sans doute à un artiste français travaillant sous l'influence des peintres flamands, a été restaurée et complétée en 1825 par Maillot père.

Dans le croisillon nord du transept, fresques de Heim : Martyre de saint Cyr et de sainte Julitte, et une précieuse peinture sur bois, la Passion du Christ, d'Henri Aldegraever, élève d'Albert Durer, auquel on en attribue faussement la paternité; cette œuvre provient de l'église du Saint-Sépulcre, qui l'avait reçue en 1575. Il faut lire dans le collatéral l'inscription près de la sacristie; elle se rapporte évidemment à un édifice antérieur construit sur cet emplacement : « Bonnes gens, plaise vous savoir que ceste presente eglise de Messeigneurs sains Geruais et saint Prothais fut dédiée le dimanche devant la feste de saint Simon et saint Jude, l'an mil quatre cens et vint, p. la main de reverand père en Dieu Maistre Gombaut eueque d'Agrence, et sera à toujours la feste de la saincte dedicace, le dimâche devant la dicte feste de saint Simô et sainct Jude. Si vous plaise y venir gaugnier les grans pardons, et priez pour les bien-faiteurs de ceste eglise et ausi pour les trespassés. Pater noster, Ave Maria. » — Dans la chapelle voisine, Nanteuil et Cortot ont peint une Pieta, Norblin les Œuvres de miséricorde, Guichard le Moïse faisant jaillir l'eau du rocher. — Le passage qui conduit à la petite sacristie renferme six vitraux de l'école française du xvie siècle, la Vie et la Passion de Jésus, complétés par huit sujets modernes. Préault a sculpté un Christ en croix, Gois une Descente de croix; Dubufe a peint Jésus-Christ marchant sur la mer. La *Sacristie des Mariages* renferme un vitrail du xviie siècle, *Vie de la Vierge*.

Au chevet. — *La chapelle de la Vierge*, œuvre des frères Jean, Jacques et Mathieu Jacquet, présente une remarquable couronne, à la jonction des arcs-doubleaux de la partie en hémicycle : sculptée à jour, supportée par les nervures des arcs, cette œuvre hardie mesure 2 m. 50 de diamètre et 1 m. 60 de saillie; on y lit la date de 1517. Un donjon, des étoiles, rappellent les titres, de Tour de David et d'Étoile du matin, que les litanies donnent à la Vierge. En avant de la chapelle, une croix entourée d'une banderole se découpe au croisement des nervures de la voûte du collatéral.

Derrière l'autel, Gsell a complété en 1845 les superbes vitraux de R. Pinaigrier (première moitié du xvie siècle) : légendes de la Vierge, de sainte Anne, de saint Joachim, l'arbre de Jessé, le couronnement de la Vierge; sainte Marie tisse de la toile dans le Temple. On y voit des peintures murales par Delorme et une statue de la Vierge par Oudiné.

Chapelles du bas-côté méridional. — Hesse a peint dans la chapelle qui touche au chevet l'histoire de saint Gervais et saint Protais. La statue en pierre de la Vierge, retrouvée en 1804 dans les combles de l'église, ornait jadis le coin des rues du Roi-de-Sicile et des Juifs. Elle y avait succédé à celle qui, mutilée en juin 1528, dérobée en 1545, fut brisée le 14 décembre 1531. En face on voit le tombeau de Michel Le Tellier, marbres dus à P. Mazeline et Ch. Hurtrelle. Le grand chancelier de Louis XIV est couché sur un cénotaphe; la Religion et la Force l'entourent. Ce monument, conservé au musée des Petits-Augustins à l'époque révolutionnaire, fut replacé en 1817. — On voit dans la chapelle contiguë sainte Geneviève rendant la vue, par A. Boulanger, et d'autres scènes de sa vie par Glaize.

La chapelle Saint-Jean possède un vitrail de Jean Cousin ou de R. Pinaigrier, le *Jugement de Salomon*, restauré par Félon; son palais, d'une exécution et d'une coloration admirables, est surmonté de la scène de Salomon avec la reine de Saba; le roi offre un sacrifice, et obtient la sagesse pendant son sommeil. On lit la date 1531. Sur les murs Brune a peint à fresque la vie de saint Jean-Baptiste. — Dans la chapelle suivante on voit un « Ecce Homo » de Rouget.

Le vitrail, le Martyre de saint Gervais et saint Protais, exécuté en 1651 par Perrin sur les dessins d'Eustache Lesueur, décorait la chapelle Le Camus, au transsept de gauche; gravé par Picart et Audran, restauré par Lafaye (1864), il a fait partie du Musée des monuments français.

Le croisillon méridional est orné d'un « saint Ambroise et l'empereur Théodose » par Couder. La chapelle Sainte-Catherine renferme des vitraux du xvi⁵ siècle, et des fresques de Gendron relatives à l'histoire de cette sainte. Les dernières chapelles sont décorées l'une du Culte des Morts par Jobbé-Duval, l'autre d'un Christ en croix attribué à Phil. de Champaigne; enfin, au-dessus de la porte d'entrée, une Descente de croix d'après Rubens.

Histoire du Vandalisme. — *Les vitraux* ont presque tous disparu. R. Pinaigrier avait peint des verrières dans une chapelle de la nef, le Pèlerinage du mont Saint-Michel, dans le chœur, l'Histoire du paralytique de la piscine et celle de Lazare, enfin celles de la chapelle de la Vierge. Le musée Carnavalet possède les panneaux de la Charité, de saint Gervais et Protais, verrières exécutées par Perrin sur les cartons de Lesueur. — Les tapisseries représentaient la vie et le martyre de saint Gervais et de saint Protais, tissés d'après les compositions peintes pour le chœur par Lesueur, Bourdon et Philippe de Champaigne. La fabrique aliéna ces tapisseries, perdues en dépit d'un jugement du tribunal de la Seine ordonnant leur réintégration.

Autrefois le chœur était fermé par une grille superbe, orné en son milieu d'un grand Christ par Sarrasin, accompagné des statues de la Vierge et de saint Jean par Buiret. — Les galeries du Louvre ont recueilli un grand nombre de grands et précieux tableaux peints par Lesueur, Bourdon, Philippe de Champaigne.

Saint-Gervais possédait plusieurs monuments funéraires qui ont disparu avec leurs épitaphes : on y voyait celle de Guillaume Marchand, architecte du Pont-Neuf, dont le texte est conservé à la Bibliothèque nationale. Dans les caveaux reposaient aussi Scarron, Philippe de Champaigne, le grand peintre du xvii⁵ siècle; Ducange, au prodigieux savoir; le poëte Crébillon; trois chanceliers de France : Michel Le Tellier, le seul dont le tombeau subsiste, Louis Boucherat et Charles Voysin, enfin l'archevêque de Reims Le Tellier.

Un des côtés de la rue François-Miron, celui des numéros impairs, est occupé par des casernements, la mairie du IV° arrondissement, la place Baudoyer, qui s'étendent jusqu'à la rue de Rivoli, et l'autre par une suite de façades du xviii° siècle, d'une grande tenue, toutes uniformes du n° 4 au n° 14: on voit au n° 10 les restes de la moitié du cartouche ancien portant le nom de La (place) Baud (oyer); au n° 13, une des rares maisons à pignons que possède encore Paris; aux n°' 36 et 38, de beaux mascarons; au n° 42, un trophée orné d'une figure; aux n°' 44-46, d'intéressantes lucarnes à frontons triangulaires, un fronton au n° 52 ; à l'angle de la rue de Jouy, au n° 56, un hôtel est surmonté d'un fronton circulaire à guirlande et écusson. Mais c'est surtout le n° 68 qui mérite de captiver l'attention. C'est l'**Hôtel de Beauvais**, digne d'occuper une place qu'on n'a pas su encore lui donner, non seulement dans l'histoire parisienne, mais dans celle même de l'architecture.

Le nom célèbre de La Beauvais est attaché à l'allée du n° 68; le soleil du Grand Roi jette comme un dernier reflet dans l'obscurité d'aujourd'hui, éclairant de ses rayons pâlis le vestibule opulent sur lequel l'avenue s'épanouit. Ici, en face de cette cour superbe, la vue trahit je ne sais quelle grandeur originale; la noblesse de la maison est même plus antique encore que les pierres ne semblent l'indiquer. Par un phénomène rare dans l'histoire de l'architecture privée[1], il est fait mention de cette habitation dès l'an 1200 : l'abbé de Saint-Maur-des-Fossés ratifia le don fait au monastère de Chaalis d'une des deux maisons, situées alors sur l'emplacement de l'hôtel de Beauvais, désignée par son enseigne du *Faulcon*, tout au moins à dater de 1528. Ce fut le logis que le cardinal d'Este, abbé de Chaalis[2], désigna à son illustre protégé Le Tasse; c'est ici qu'il composa une grande partie de sa *Jérusalem délivrée*, dont il lut les plus beaux passages à Charles IX. Les caves de l'hôtel recèlent encore des restes importants de la construction ogivale. C'est de cette époque que devait dater aussi l'autre de ces deux logis, dont mention n'est pourtant pas faite avant 1300, et où pendait l'*Image de saint*

1. Voir notre travail sur les « Plus vieilles maisons de France », étude d'architecture romane civile, dans la revue *l'Ami des Monuments et des Arts* (1887, 1888, 1889).

2. Note de M. Platon à M. de Menorval.

Claude en 1575. Ce fut le célèbre Nicolas Fouquet qui, le 30 mars 1654, céda « par échange lesdites deux maisons aux sieur et dame de Beauvais moyennant une soulte de 10 000 livres ». Ainsi le surintendant fameux employa, pour compléter le salaire des complaisances de La Beauvais, les terrains de sa femme, héritière des abbés de Chaalis; ils s'étaient pourtant réservé, en transportant leur hôtel derrière Saint-Séverin, un droit de reprise, dont des circonstances les amenèrent en ce moment à vouloir faire usage. Mais ils abandonnèrent cet avantage onéreux qui les obligeait au payement d'une somme de 55 215 livres et 10 sols; en échange, ils obtinrent, le 8 mars 1655, une rente perpétuelle de 30 livres 15 sols qui fut payée jusqu'à la Révolution. Mme de Beauvais, propriétaire désormais des deux maisons et du complément de l'ancien hôtel de Chailly sur la rue de Jouy, augmenta ses dégagements de ce côté, en 1657, par l'adjonction d'une moitié de la maison voisine, acquise de J. Pamperon, sieur d'Espinoy.

Mme de Beauvais était bien en cour : « on lui attribue, écrit Saint-Simon, d'avoir la première déniaisé le roi à son profit », et de lui avoir appris, au dire de la Palatine, comment « il faut agir avec les femmes ». M. Jules Cousin nous a révélé des détails plus précis dans les « hors-d'œuvre » de l'écrit malin dans lequel il étudie cet hôtel. La Beauvais mit sa situation à profit. Fouquet avait procuré la place à bon marché; la reine donna les matériaux. Mazarin, scandalisé, par hasard, de la distribution de « cette grande quantité de pierres destinées au bâtiment du Louvre », s'écriait justement : « Il faut avoir perdu l'esprit pour faire de telles gratifications, et en bonne justice on devrait démolir l'hôtel de Beauvais pour rendre au roi ce qui lui appartient! » De Brienne, irrité contre le ministre, en avertit la reine; elle répondit : « Si je les lui avais données, il n'en aurait pas fait de bruit; mais Catau aura, quoi qu'il en soit, les pierres qu'elle m'a demandées. Je le trouve plaisant, ajouta-t-elle, de contrôler mes libéralités, lui à qui j'ai tant fait de bien et qui en a encore plus pris que je ne lui en ai donné. »

Mme de Beauvais fit jeter bas les anciens bâtiments; elle confia le soin de dresser les plans à Antoine Lepautre, premier architecte du roi, frère du compositeur d'ornements. La construction, commencée en 1655, dura au moins trois ans. A peine terminé, en 1660, l'hôtel fut brillamment inauguré ; on le choisit, à l'époque du traité des Pyrénées, pour le rendez-vous de toute la cour ; elle y assista à la *magnifique et triomphante entrée* de Marie-Thérèse, nouvellement mariée au roi. La reine mère se plaça au balcon de l'hôtel de sa première femme de chambre ; celui du milieu, « le plus grand et le plus advancé, avoit esté couvert d'un dais à longue queue de velours... sous lequel la reyne mère fit mettre à sa droite la reyne d'Angleterre et entre elles la princesse sa fille. » Mazarin se tenait à l'un des balcons, ayant « presque toujours auprès de luy M. de Thurenne, en habit noir » ; ainsi s'exprime la relation faite par ordre de Messieurs de la ville. L'*Extraordinaire de la Gazette* du 28 août 1660 conte que « Leurs Majestés firent halte devant l'hôtel de la dame de Beauvais, où la reyne mère s'estoit placée... lesquelles n'avoient pu choisir un lieu plus délicieux que ce superbe palais où l'on voit ce que l'architecture a de plus beau et de plus régulier, ainsi que le magnifique dans tout son lustre : estant aussi le superbe monument des libéralités de la reyne mère et de Son Eminence. »

Loret a célébré ce jour et ce

> palais à la mode.
> Fort somptueux et fort commode
> Et dont, pour sa construction
> On a de l'obligation
> Qu'on ne peut passer sous silence.

Deux ans plus tard, princes et princesses se pressaient aux mêmes fenêtres pour voir défiler les cinq quadrilles qui se rendaient au fameux carrousel des Tuileries.

La mort de M. de Beauvais obligea à faire, le 18 juillet 1686, une vente dont le caractère fictif est révélé par le bas prix de 95 000 livres qui fut payé par P. Savalette, notaire et ancien échevin. Mais dame Henriette de Bellier, veuve du sieur de Beauvais, continua à l'habiter ; ses filles y logèrent avec son fils, pourtraituré par La Bruyère, dans ses *Caractères*, sous le type d'Ergaste. Le propriétaire P. Savalette fit entreprendre en juillet 1704 une restauration complète pour le compte de Jean

Orry; ce maltôtier, grand tripoteur en les affaires d'Espagne, devait à de hautes protections une grande fortune et d'avoir échappé au gibet par deux fois. Il prit en 1706 possession de l'hôtel par titres authentiques; il en transforma si bien les splendeurs que Germain Brice les décrit froidement, tandis que dans les éditions antérieures à ce remaniement, il les signalait à l'admiration des curieux. Nous dirons ces mutilations en décrivant les diverses parties de l'hôtel. Les deux fils de Jean Orry héritèrent de l'hôtel à sa mort (1719); sa fille, épouse du marquis de la Galaisière, l'acquit de ses frères en 1724 pour le leur revendre en 1740. L'un d'eux, Orry de Fulvy, gouverna la compagnie des Indes, et personne n'entendit mieux le commerce, quoi qu'en ait dit Henri Martin, contredit par un contemporain, Collé; son frère Philibert Orry, intègre contrôleur général des finances, surintendant des beaux-arts, releva le crédit public, sut remplir les engagements de l'État et rassurer le capital. Comme directeur des bâtiments et des beaux-arts il établit les expositions et créa avec son frère la manufacture royale de porcelaine. Lépicié a buriné magistralement son portrait d'après Rigaud. Pendant quinze ans, de 1730 à 1745, les solliciteurs vinrent user les marches du magnifique escalier. Ce dévoué serviteur laissa en mourant (1747) tous ses biens à son frère, avec substitution au profit de son neveu; il en prit possession en 1751, puis, ayant émigré, il le loua en 1755 à Van Eyck, comte du Saint-Empire; cet envoyé extraordinaire le fit acheter par l'entremise de A. C. Palu pour 158 000 livres; l'hôtel devint bientôt en honneur dans le monde des chevaliers du hoca et de la *bassette*; les rigueurs de la police faisaient alors la fortune des brelans et des académies inviolables de MM. les ambassadeurs.

L'hôtel passa ensuite aux filles de Van Eyck (1777); elles le louèrent en 1785 à M. Bourrée de Corberon, président de chambre des enquêtes, et condamné à mort en 1794 comme coupable de conspiration contre la liberté du peuple. Le citoyen Maurin s'en rendit acquéreur pour 33 894 francs; il réunissait les deux types caractéristiques de l'époque révolutionnaire, le fournisseur des armées et l'acquéreur de biens nationaux. Il transforma, hélas ! cette superbe demeure en démocratique et lucrative maison à loyers; on revêtit dehors et dedans du costume modeste de leur nouveau rôle. L'architecte, après avoir massacré cet hôtel, se suicida pour avoir dépassé les devis de ce bel ouvrage ! La veuve le céda en 1810 pour 120 000 francs à M. J.-V. Lemière, négociant dont le petit-fils, M. A. Jouet, le possède encore.

Description. — L'hôtel de Beauvais est un chef-d'œuvre dû à l'architecte Antoine Lepautre; il trouva « moyen d'élever un palais d'une haute élégance et d'une régularité parfaite, sur un terrain d'une médiocre étendue et tellement irrégulier que son périmètre se dessine par une ligne dix-sept fois brisée. Les difficultés de toutes sortes habilement surmontées, l'intelligence des distributions intérieures, la richesse des décorations en font un des édifices privés du xviie siècle les plus intéressants à étudier. » (Cousin).

La *façade sur rue*, très dénaturée, n'a gardé son aspect primitif qu'au rez-de-chaussée; on y voit encore les *boutiques* établies dès l'origine avec logements en entresol pour les marchands et destinées à joindre des revenus à ce bâtiment; elles répondaient à « la nécessité où l'on se trouvait d'élever dans ce quartier un édifice capable de le décorer et qui en même temps pût loger des gens de commerce », dont le nombre était assez considérable dans cette rue. Blondel continue en faisant ressortir les avantages d'une telle disposition : plus de ces rues où le commerce semble prouver qu'un aspect aimable est impossible là où le négoce prend pied, population plus dense et par suite surcroît de sécurité. La porte monumentale, aux remarquables vantaux en boiserie, est surmontée d'une guirlande accrochée à deux têtes de bélier, allusion évidente au nom de famille de Mme de Beauvais; les serres sont les seuls débris d'un aigle remplacé, sans doute en 1704, par un cartouche à palmes. Un buste de femme porté par des amours décorait jadis la voussure qui soutient le balcon; Orry, coupable de la mutilation de cette façade, fit effacer ce souvenir d'Anne d'Autriche. Alors disparut aussi le fronton aux armes royales, où Legendre avait sculpté deux grandes figures couchées, tenant une couronne; on y voyait, à en croire la gravure de Marot, les écussons accolés de France et de Navarre entourés du double collier

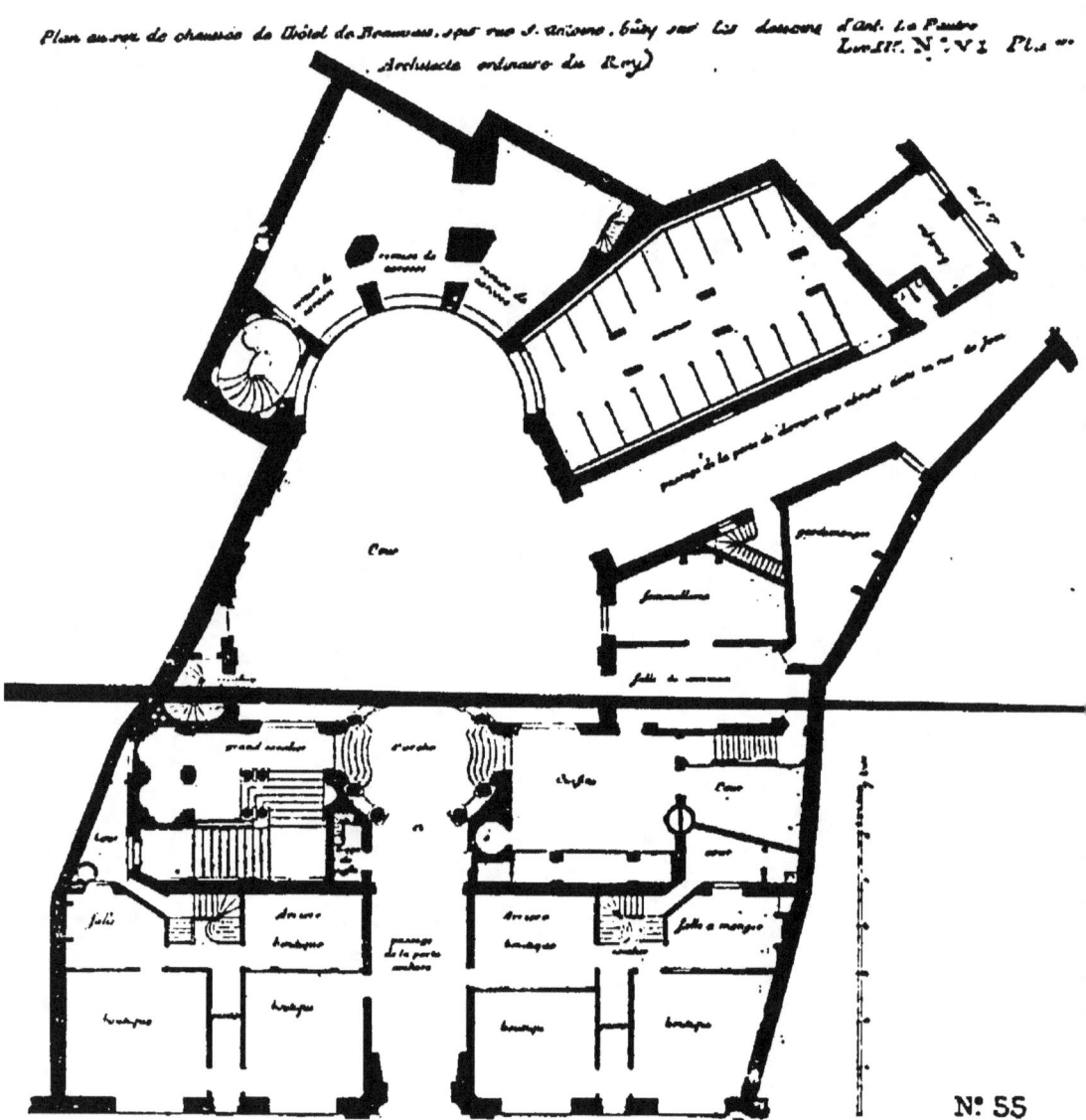

Pl. 92-93. — État ancien, d'après Blondel.

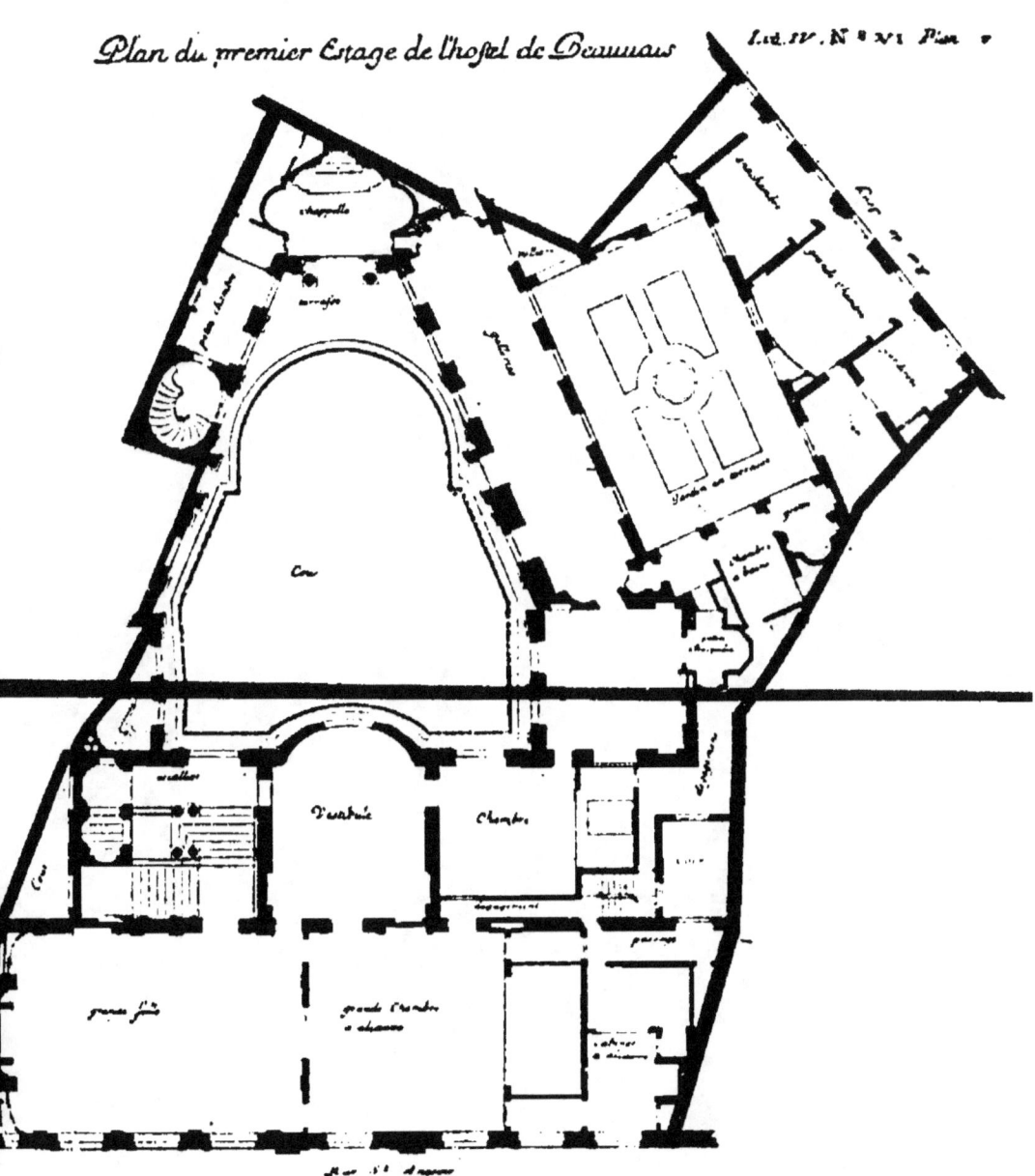

Pl. 94-95. — État ancien, d'après Blondel.

PL. 96-97. — HOTEL DE BEAUVAIS.
Vue de la cour prise du passage de la porte cochère.

des ordres, tandis que les mémoires de l'Académie y indiquent la cordelière que l'art du blason attribue aux veuves. Deux vases de fleurs sculptés en bas-reliefs vinrent amortir les pilastres en bossage qui soutenaient ce fronton. On aperçoit encore sur les clefs des arcades du rez-de-chaussée les têtes de satyres et de femmes sculptées par Legendre et Hutinot; mais où sont aux croisées, ces têtes de cariatides soutenant des paniers, accostés de griffons faits de corps d'aigles et de lions? Orry fit ouvrir les fenêtres mezzanines jusqu'à l'entablement inférieur, elles changèrent la physionomie du second étage, qui perdit son caractère d'attique pour prendre une importance démesurée. Les sculptures des fenêtres furent élaguées. Enfin, pendant l'époque révolutionnaire, on acheva de rendre méconnaissable l'œuvre de Lepautre: la façade fut arasée, augmentée d'un étage pris dans la hauteur du premier, et trois fenêtres y furent percées; ainsi disparut toute trace de l'étage attique à comble brisé qui existait à l'origine.

Des entrées particulières servaient aux marchands. Vers le milieu, une arcade, dont l'axe ne concorde pas avec celui de la façade, donne accès au passage qui conduit au *porche circulaire*. C'est une conception de maître que celle de ces huit colonnes d'ordre dorique, surmontées d'une corniche mutulaire; dans les métopes, des emblèmes guerriers, des têtes de bélier, le chiffre des Beauvais timbré d'une couronne de baron, monogramme aux lettres P. C. H. B. entrelacées pour Pierre Beauvais et son épouse Catherine Henriette Bellier. C'est d'ici surtout que la cour, encadrée par les lignes sévères du porche, étonne et séduit. Lepautre, expert à transformer un obstacle en élément de succès, utilisa l'irrégularité de son terrain de façon à donner à la cour une symétrie d'une rare originalité; en architecte consommé, il éleva à droite un mur pareil à celui qu'il se trouvait obligé d'élever obliquement à gauche par la configuration de la propriété. Conception d'une simplicité magistrale qui lui permit aussi de percer une issue, vers la rue de Jouy, pour la sortie des carrosses; habile disposition qui procurait les bénéfices d'un terrain plus étendu et un complément pour les insuffisances des remises. Lepautre les plaça à l'extrémité de sa cour; il l'arrondit à cet effet; ainsi il put trouver

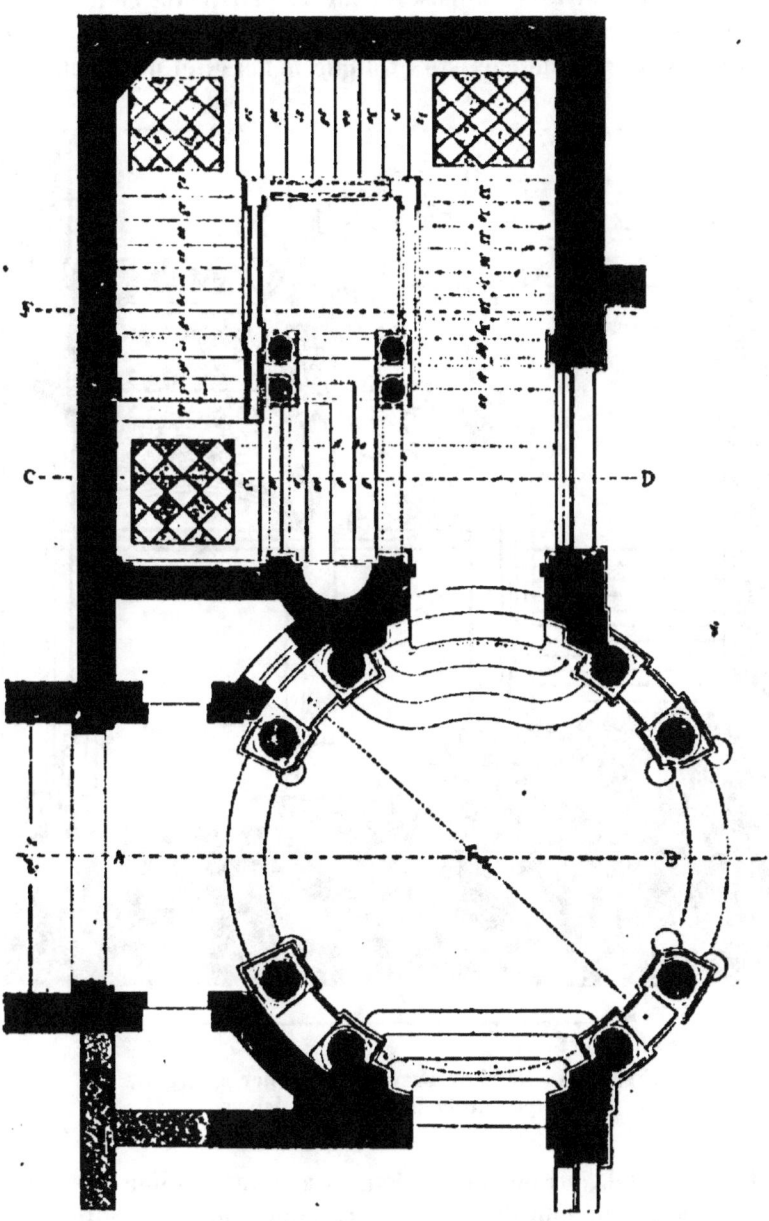

Fig. 98. — Hôtel de Beauvais. Détail du plan du porche circulaire et de l'escalier principal.

l'espace nécessaire et composer pour le plaisir de l'œil une de ces perspectives que les Italiens recherchent par force d'artifices ; la sincérité de l'artiste explique le bel effet qu'il obtint et

Fig. 99. — Hôtel de Beauvais. Escalier principal.
Coupe sur la ligne CD du plan.

justifie Blondel, qui envoie les jeunes artistes étudier ce monument « tant pour leur faire connaître le pouvoir de l'optique et l'effet que produit le clair-obscur, que pour leur apprendre à rendre la vérité des tons, des lumières, des teintes et des ombres. » Comme motif central de cette perspective, le portique de la chapelle, ouvert au premier étage sur une terrasse située au-dessus des écuries, prolongée en balcon autour de la cour;

Fig. 100. — Hôtel de Beauvais. Escalier principal.
Coupe sur la ligne EF du plan.

on y accède par l'escalier sur plan oval, de belle coupe de pierre, orné de la rampe en fer forgé que nous donnons ici.

A gauche du porche circulaire se dresse majestueusement un *escalier à quadruple montée*. Quatre colonnes supportent la rampe, aux entrelacs de pierre, élégamment combinés. En face de l'entrée, une niche est veuve aujourd'hui du Jupiter ou du roi vainqueur que présage l'aigle portant la foudre, qui la couronne. La décoration, ferme, correcte, rappelle la manière de Jean Lepautre, le frère de l'architecte. Martin van den Bogaert, sculpteur flamand connu sous le nom de Martin Desjardins, y a sculpté des bas-reliefs, des faisceaux, des trophées, des enfants enguirlandant archivoltes, frises ou corniches. Au

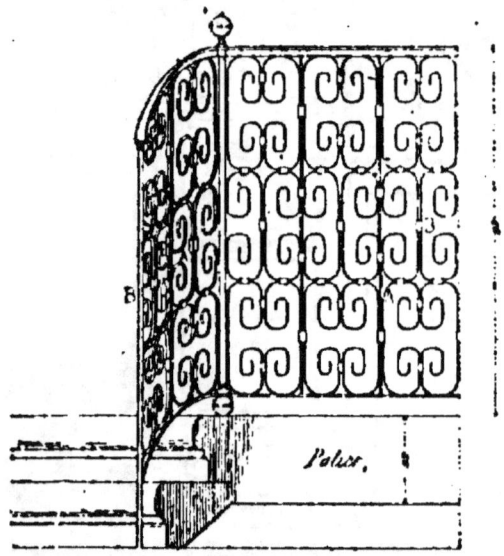

Fig. 101. — Hôtel de Beauvais. — Rampe de l'escalier conduisant de la cour à la chapelle.

revers du premier palier, en vue de la montée, le chiffre des Beauvais, avec béliers et guirlandes, est devenu l'occasion d'un panneau charmant.

Orry, comte de Vignory, substitua ses armes au monogramme couronné des Beauvais, à la place d'honneur du grand escalier; il avait pris pour armoiries l'enseigne et la marque de son aïeul, illustre libraire; il portait: *de pourpre au lion d'or rampant, et grimpant contre un rocher d'argent, mouvant du flanc droit de l'écu.* Son fils le contrôleur général timbra d'une couronne ducale et ajouta le double collier des ordres en sa qualité de trésorier de l'ordre du Saint-Esprit. Ces armes ont eu la singulière chance, en pleine rue Saint-Antoine, et malgré leur périlleuse évidence, d'échapper au marteau égalitaire des sans-culottes du faubourg. Les degrés donnent accès dans les intérieurs; il ne subsiste plus rien des somptueux appartements; M. Cousin a vu dans une cuisine en soupente quelques mètres de la corniche sculptée de la grande galerie : des enfants et des singes jouant de divers instruments de musique au milieu d'élégants rinceaux. Cette galerie, coupée en quatre par Orry, servit alors de bibliothèque et de chapelle, dont l'ancien local fut transformé en salle de spectacle. La volière disparut du jardin en terrasse, un vaste salon de musique s'éleva en la place de la grotte et de la chambre des bains.

Les caves, situées le long de l'ex-rue Saint-Antoine, restes de l'hôtel du xiiie siècle, des abbés de Chaalis, occupent un parallélogramme d'environ 17 mètres sur 8 de large. Des voûtes retombent du côté des murs sur des corbeaux en pierre et au centre sur un alignement de trois piliers, hauts de 2 m. 10 en y comprenant leurs chapiteaux à crosses ; sur les murs, M. du Seigneur a constaté une *aumare*, renfoncements indiquant que le mur mitoyen appartenait au propriétaire du côté duquel ces aumares sont situées. Cette grande nef trapue, solidement voûtée, signée visiblement par le xiiie siècle, est malheureusement divisée par des cloisons nombreuses. Sous les bâtiments du fond et sous la cour se trouvent encore d'autres caves ogivales qui paraissent remonter au xve siècle et à l'hôtel du Faucon qui succéda à l'hôtel des abbés de Chailly, dont la grande salle doit être un reste.

La rue François-Miron offre au n° 82 une façade intéressante à cause de sa belle tenue; trois arcades au rez-de-chaussée, un beau balcon supporté par de belles et puissantes consoles, des grilles habilement composées, enfin une cour d'une excellente tournure, donnent à ce logis un aspect qui mérite de retenir l'attention des amis du xviiie siècle.

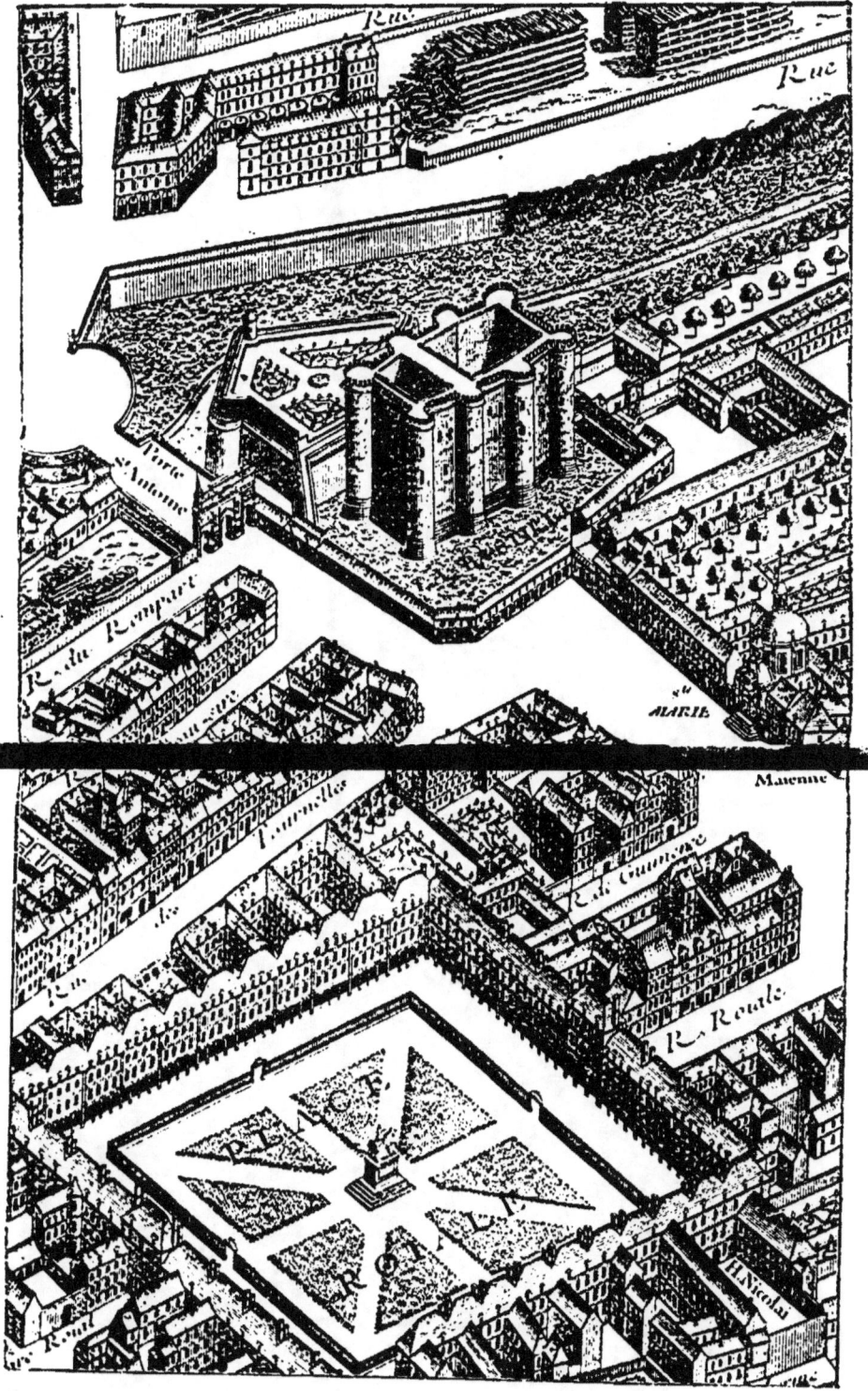

Pl. 102-103. — Reproduction d'anciens plans. Plan de Turgot
La Bastille et la Place Royale (ou des Vosges).
La rue Saint-Antoine et l'emplacement de la gare de Vincennes.

RUE SAINT-ANTOINE

La rue Saint-Antoine forme le prolongement de la rue de Rivoli et de la rue François-Miron, qu'on en a détachée. Nommée rue de la Porte-Baudeer en 1227 et rue de l'Aigle, elle doit son nom à ce qu'elle conduisait à l'abbaye de Saint-Antoine, convertie en hôpital en 1790. Cette rue tient une place particulière dans l'histoire du protestantisme parisien. Henri II assista d'une fenêtre de l'hôtel de la Rochepot à l'exécution d'un tailleur protestant brûlé vif. Catherine de Médicis regardait d'une fenêtre de cette rue les huguenots allant au prêche; « plusieurs, ayant appris l'intention de la reine, s'y rendirent, ce jour-là, revêtus des insignes de leur grade »; parmi eux on voyait Charles du Moulin, le fameux juriste.

En 1606, foule de huguenots se rendirent le dimanche par la rue et le faubourg Saint-Antoine au temple que Henri IV leur avait assigné à Charenton. Lorsqu'il fut pillé et brûlé en 1621, on voulut, sous peine de la vie, forcer des protestants à adorer la Vierge à la porte Saint-Antoine ; certains préférèrent la mort.

La rue Saint-Antoine est une des plus anciennes de Paris ; elle était l'un des quatre « chemini principales » formant prolongement de la rue Saint-Honoré ; ces deux voies parallèles à la Seine étaient coupées par deux autres perpendiculaires se prolongeant aussi mutuellement, les rues Saint-Jacques et Saint-Martin (voir p. 78 *Croisée de la ville*).

Dans la rue Saint-Antoine s'ouvrait une des plus anciennes portes de Paris, la porte Baudoyer ou Baudet : « Méfle-toi, dit de Maizières au roi Charles VI, des serviteurs indiscrets par lesquels tout ce que tu feras en ta chambre et souventes fois ailleurs, sera révélé à la porte Baudet, et par conséquent à toute la Ville de Paris. » Elle donna lieu au vieux proverbe : « L'on li fit le droit de la porte Baudeeir ; l'on li fit vilenie ». Il y eut aussi la deuxième porte Baudoyer, à l'orme de la porte Saint-Antoine, auquel Philippe le Bel fit pendre sept bourgeois après l'émeute de 1306.

Nous suivrons le côté des numéros pairs jusqu'à la Bastille, puis nous cheminerons en sens inverse, de façon à étudier les numéros impairs qui appartiennent à ce quartier du Marais que nous étudierons dans le chapitre suivant.

En quittant la rue François-Miron on rencontre la rue de Fourcy ; c'est près d'ici que se trouvait l'hôtel Du Guesclin. Voici, au n° 88, de grandes chimères portant un balcon ; à côté, une petite porte donne accès dans le passage Charlemagne.

Là il y avait déjà une place de fiacres au XVII° siècle, du temps de Mme de Beauvais. C'est ici que se trouvait la maison professe des Pères Jésuites ; le lycée Charlemagne en occupe la place ; ce fut le cardinal de Bourbon qui acheta en 1580 pour leurs pères profès l'hôtel de la Rochepot, dont certaines parties existent encore. On entre dans le long détroit bordé à gauche par l'église, à droite par les restes de la muraille de Philippe Auguste ; d'ici elle se dirigeait vers la rue de Sévigné ; de ce côté on voit un gros pavillon carré, construit à la place d'une des tours de cette enceinte ; il contient un gigantesque escalier, avec Assomption peinte au plafond.

En face l'**église Saint-Paul-Saint-Louis** est le dernier reste important de cette maison ; elle a gardé, dans ses portes d'entrée, le souvenir du triple accès du logis de Montmorency de la Rochepot vers les rues Saint-Antoine, Saint-Paul et Charlemagne. Elle fut construite en la place d'une chapelle, bientôt insuffisante, dédiée à saint Louis ; elle doit l'autre partie de son vocable à l'église Saint-Paul, qui existait dans le voisinage (page 260). Le roi posa la première pierre de l'édifice actuel en 1627 et Richelieu fit les frais du portail, comme le constate l'inscription de la façade. Le 9 mai 1641, les travaux, dirigés par le père F. Derand et le frère Martel Ange, étaient terminés ; mais bientôt les jésuites expulsés (1662) firent place aux chanoines du prieuré de la Culture-Sainte-Catherine ; alors on transporta leurs monuments funéraires à Saint-Louis. La Révolution y installa un dépôt de livres et l'Empire la rendit au culte (1802).

Description. — Ce monument offre un des plus caractéristiques exemplaires *du style* dit *jésuite* : en façade, une superposition d'ordres sans préoccupation des divisions intérieures correspondantes, puis des contreforts en forme de consoles hors d'échelle ; à l'intérieur, arceaux, pilastres, voûtes à caissons, coupole à l'intersection de la nef et de la transnef ; comme système décoratif, profusion d'ornements, statues, bronzes et marbres ; maître-autel isolé à la romaine ; un peuple de statues. En général, aspect grandiose gâté par un goût surchargé et peu délicat. Tels sont Saint-Gesu et Saint-Ignace à Rome, avec quantité d'églises bâties un peu partout par les pères Jésuites. Ici on sent un souvenir évident de la façade de l'église voisine de Saint-Gervais, mais on ne retrouve ni la noble simplicité de l'antiquité, ni les richesses harmonieuses du moyen âge.

Les niches de la façade sont ornées d'un *saint Louis* par Lequesne, d'une *sainte Catherine* par A. Préault, d'une *sainte Aure* par Étex. De chaque côté de la porte d'entrée une grande coquille servant de bénitier, don de Victor Hugo lors du baptême de son premier enfant, les statues de *saint Pierre* et de *saint Paul* par Huguenin et Legendre Hérald. L'*Inventaire de la Ville* signale, dans la troisième chapelle, une *sainte Isabelle* de Philippe de Champaigne, offrant à la Vierge le modèle de l'abbaye de Longchamps; ce tableau en provient et le Louvre en a le dessin original : mais le tableau, prêté à une exposition, n'en est pas revenu. Dans la transnef droite, Simon Vouet (peut-être) ou Vinet de Lestain a figuré *Louis XIII offrant à saint Louis le modèle de l'église Saint-Louis*, dernier reste des quatre compositions du transept. Dans celui de gauche, *le Christ au jardin des Oliviers*, par Delacroix (1827). Une chapelle à gauche du maître-autel renferme une *Vierge assise*, marbre de Germain Pilon, provenant de l'église Sainte-Catherine de la Culture, et dont le modèle en terre cuite peinte est au Louvre. L'inventaire signale dans la chapelle du Sacré-Cœur, dans la niche du retable, *un Christ sortant du tombeau*, par G. Pilon, marbre qu'accompagnaient deux soldats qui sont au Louvre ; ce groupe fut commandé par Catherine de Médicis pour la décoration de la chapelle funéraire des Valois, dans l'abbaye de Saint-Denis.

Dans l'une des deux faces du maître-autel, derrière le sanctuaire, un bas-relief en bronze doré, *Pèlerins d'Emmaüs*, par Michel Anguier, provient du maître-autel du Val-de-Grâce.

Après la Commune, J. Blanc a exécuté des peintures dans la coupole : quatre figures colossales en grisaille.

La sacristie renferme des portraits de l'école française des xvi⁰ et xvii⁰ siècles, et du xviii⁰, un *Christ en croix* provenant du maître autel de la Bastille, puis une *Vierge assise* attribuée à Coyzevox et provenant du Louvre.

Dans la chapelle des bas-côtés, plusieurs verrières blanches portent les armoiries peintes de la famille de Richelieu et de celle de La Meilleraye (xvii⁰ siècle).

Le vandalisme à Saint-Paul-Saint-Louis. — Peu d'églises furent aussi resplendissantes de richesses. Le maître-autel était décoré de colonnes en marbre de Dinant, avec chapiteaux et bases de bronze doré, tabernacle d'argent et de vermeil. Vouet avait peint derrière l'autel un *saint Louis* et trois autres tableaux, pendant de celui qu'on voit à la croisée. Dans le sanctuaire on voyait une *Descente de croix*, bronze de Germain Pilon. Quatre anges d'argent, œuvres de Sarrazin et de Coustou jeune, avec draperies en vermeil, soutenaient les cœurs de Louis XIII et de Louis XIV dans les chapelles aux côtés du sanctuaire. Sarrazin avait dessiné, et Perlan avait coulé en bronze, quatre statues de grandeur naturelle, vertus assises sur des piédestaux de marbre, autour du mausolée de quatre princes de la maison de Condé, parmi lesquel le grand Condé et son père ; ces bas-reliefs, relataient les grandes actions, et deux anges dominaient cet ensemble, objet d'admiration pour le Bernin.

Les cœurs de plusieurs des La Tour-d'Auvergne avaient été donnés à l'église Saint-Louis.

Les *souvenirs* demeurent presque seuls ! Ici l'éloquence de la chaire jeta un grand éclat : elle y trouva plusieurs de ses voix les plus fameuses. Paul de Gondi y prêcha devant toute la cour, et Mazarin le remercia « au sortir du sermon, nous dit le cardinal de Retz en ses mémoires, de ce qu'en expliquant au roi le testament de saint Louis, je lui avais recommandé (comme il est porté par le même testament) le soin de sa grand'ville. » C'était la veille du 26 août 1648, de la journée des Barricades. Plus tard Bourdaloue prononçait dans cette église l'oraison funèbre du grand Condé : « L'auditoire, dit un témoin (Mme de Sévigné) paroissoit pendu à tout ce qu'il disoit, de telle sorte qu'on ne respiroit pas. » Bourdaloue, inhumé dans cette église, y est encore.

Poursuivons notre étude de la rue Saint-Antoine.

Au n° 212, l'*hôtel de Mayenne*, d'Épernon ou d'Ormesson, à l'angle de la rue du Petit-Musc, l'ancienne rue Pute-y-Musse : ici on franchissait l'égout à ciel ouvert sur le *pont Perrin*; il valut au logis dudit lieu les noms d'hôtel du Putimusse ou du Pont-Perrin, propriété, en 1318, du petit-fils de saint Louis, Louis Ier duc de Bourbon. Près de là se trouvaient d'autres hôtels, ceux de Conflans, de Saint-Maur, achetés par Charles V quand il fonda l'hôtel Saint-Paul. La demeure royale fut souvent prêtée par Charles VI à son frère pour ses débauches. Elle fut acquise en 1572, de la sœur de Philibert Delorme, par le maréchal de Cossé.

Sous le nom de *logis d'Étampes*, Jean Ier Du Cerceau éleva en sa place le bâtiment actuel pour le duc de Mayenne. Un payement de 1610 fait présumer que V. Colleyon dut travailler à cet hôtel. Le fils du lieutenant général du royaume pour la Ligue le céda en 1621 au comte d'Harcourt. Montauron, ce courtisan de Richelieu que courtisa Corneille, habita ce logis original et grandiose; il porte bien les empreintes du début du xvII^e siècle. Boffrand, en 1703 (non en 1709), le rajeunit pour le prince de Vaudemont. Occupé par les d'Ormesson, il l'est aujourd'hui par une école de Frères. Les deux pavillons en façade ont été réunis il y a quelques années par un corps de bâtiment de même hauteur et de même style; on voit au revers de la porte d'entrée les restes des consoles qui portaient le dessus de la galerie reliant les deux pavillons.

L'escalier principal, avec ses voûtes en brique et pierre, a très belle tournure; l'accès en est couronné d'un tympan où l'on voit une Pallas assise au milieu de trophées. L'intérieur n'offre plus que des restes trop rares de frises et de corniches; une splendide salle, à l'angle de la rue du Petit-Musc, était décorée de beaux panneaux; le propriétaire, en les vendant en 1882, n'a pas seulement commis un acte de vandalisme vivement blâmé par tous les gens de goût, mais encore porté une grave dépréciation à la valeur de cet immeuble.

La cour renferme une charmante tourelle sur trompe.

Au n° 216, l'**église Sainte-Marie-de-la-Visitation** est attribuée au culte protestant depuis 1802. En 1619, la baronne de Chantal avait fait venir à Paris des Filles de la Visitation-Sainte-Marie. Elles vinrent s'établir rue Saint-Antoine, dans l'hôtel de Cossé, où elles bâtirent leur monastère ; leur église fut construite par François Mansard. Commencée en 1632, elle fut dédiée en 1634 à Notre-Dame-des-Anges. Quoique petite, cette église est remarquable par son architecture : elle se compose uniquement d'un dôme, l'un des premiers qu'on vit à Paris, soutenu intérieurement par quatre arcs, entre lesquels des pilastres corinthiens supportent une grande corniche régnant dans le pourtour ; la porte d'entrée, élevée sur un perron décoré d'un fronton, est encadrée par deux colonnes corinthiennes. — Mme de Chantal, son frère André Frémiot, archevêque de Bourges, le malheureux surintendant Fouquet et son père ont été inhumés dans ce monument. Le monastère a disparu depuis la Révolution. Varcollier restaura l'église après les événements de la Commune, en 1871, et c'est alors que le sculpteur Hiolle plaça les deux figures couchées sur les rampants du fronton : « La Charité » et « la Religion ».

LA PLACE DE LA BASTILLE

En arrivant au n° 232 de la rue Saint-Antoine, on aperçoit une plaque portant ces mots : « Ici était la Bastille par laquelle les assaillants pénétrèrent dans la forteresse le 14 juillet 1789. » Date d'un jour d'éclat, dont la France républicaine a fait sa fête nationale ! Premier des grands actes révolutionnaires, au retentissement immense ! Nous sommes donc obligés d'insister ici plus que nous n'avons coutume de le faire pour les monuments disparus : c'est que la Bastille vit encore dans les causeries quotidiennes. A l'origine simple porte flanquée de tours, édifiée par Étienne Marcel pour la défense de Paris, Charles V la fit renforcer de six autres tours par Hugues Aubriot, prévôt du roi ; d'épaisses courtines les reliaient entre elles.

La construction, commencée en 1369, fut terminée en 1383. *Ornamento, securitati et præsidio urbis*, dit le jeton frappé en sa mémoire. L'ancienne entrée ainsi solidement fortifiée fut conservée ; on perça, pour les boucher plus tard, une porte dans le milieu de chacun des autres côtés. Seule celle de l'Arsenal fut conservée. La Bastille avait à peu près gardé son aspect primitif à la veille de la Révolution. C'était alors un fort isolé, fermé à la gorge, entouré de larges fossés, commandant ville et campagne ; il montrait, comme des dents, ses créneaux et ses mâchicoulis, fière défense couronnant avec une sobriété pittoresque ce paquet de tours, lourdes et sombres ; son plan était dessiné en rectangle ; appuyé, à l'enceinte, ce château était renforcé, vers la campagne, d'un bastion triangulaire où se trouvaient les jardins du gouverneur ; le long front tourné de ce côté avait une direction indiquée à peu près par celle des boulevards Beaumarchais et Henri IV ; il était défendu par quatre tours : les deux du centre dépendaient de la porte primitive ; l'une, plus voisine du logement de l'état-major (plan, page 317), était nommée tour de la Chapelle ; l'autre, tour du Trésor ; des deux d'angles, la plus proche de la tour de la Chapelle était la tour du Puits ; l'autre, la tour de la Comté ; elle défendait en outre, au petit front oriental, la porte d'entrée de l'Arsenal en compagnie de la tour de la Bazinière ; cette dernière formait aussi l'encoignure de la longue façade élevée vers la rue Saint-Antoine ; elle était défendue au milieu par la tour de la Bertaudière, accolée à celle de la Liberté, et à l'autre angle par la tour du Coin ; on voit, dans le pavage de la rue Saint-Antoine, le tracé de ces tours, et, sur la place, l'indication des autres parties du plan de la Bastille.

Dans la cour, le soleil, marquant des heures mortelles sur le cadran, ne semblait-il pas proclamer la vérité en faisant briller la dure devise du lieu : « A vous l'ombre, à moi les joies de la lumière » ? — *Vos umbra regit, sol me*, disait en effet l'inscription gravée comme le stigmate d'un coupable sur le front de la Bastille redoutée et haïe.

Chacune des tours de la Bastille était divisée en cinq étages ; au bas, les plus mauvais cachots, humides, froids, creusés sous terre, avec un ameublement sommaire, inondés même par les crues de la Seine. Prison des gens de basse classe, des criminels de mort, sous Louis XIV, séjour des insubordonnés sous Louis XVI, ces cachots furent mis hors d'usage sous le premier ministère Necker. Dans les chambres du haut, dites calottes, froid rigoureux ou chaleur extrême, suivant la saison. Dans les trois étages intermédiaires, des chambres hautes, claires, aérées, convenables, parfois luxueuses et décorées d'objets précieux. Un bâtiment, dit logement de l'état-major sur notre plan, était d'époque récente ; reliant la tour de la Comté à celle de la Li-

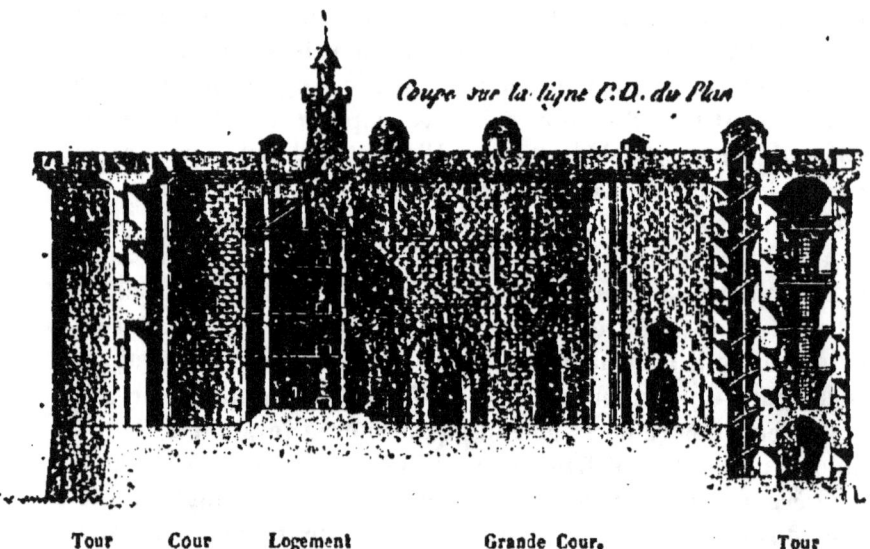

FIG. 101. — LA BASTILLE A LA FIN DU XVIIIᵉ SIÈCLE.

Tour du puits. — Cour du puits. — Logement de l'État-Major. — Grande Cour. — Tour de la Comté.

D'après une estampe de l'époque (collection A. Rhoné).

berté, s'élevant au niveau de leurs terrasses, ils divisaient la cour en deux parties ; la principale, nommée la Grande Cour, était garnie d'un corps de garde et de magasins du côté de la porte de l'Arsenal ; l'autre était la Cour du Puits.

Le « fort Saint-Antoine » fut le point d'appui du système de défense érigé pour protéger la région septentrionale de Paris et le quartier habité par le roi à l'époque des guerres anglaises ; son rôle fut important dans la seconde partie de la guerre de Cent Ans et dans la Ligue du Bien Public.

La garde en était confiée à quelque grand seigneur ; l'un des premiers dont le nom soit connu est Jean de Montaigu, grand maître de la maison du roi et surintendant des finances. On trouve parmi les « capitaines » de la Bastille, à l'époque de la domination anglaise (1420), le duc d'Exeter, Raoul le Bouteiller, Falstaff et l'illustre Talbot.

La royauté considéra la Bastille comme le coffre le plus sûr où l'on pût enfermer objets et personnes. la liste des prisonniers commence par le nom de son fondateur, Hugues Aubriot ; il fut délivré par les maillotins, qui le « conduisirent, dit le Religieux de Saint-Denis, avec une joie insolente, dans sa maison ». On trouve à la Bastille, dès 1397, des prisonniers de guerre, des sorciers venus pour guérir la démence de Charles VI. Un inventaire de 1428 révèle l'abondante provision d'armes enfermée dès lors dans les tours. A cette date les prisonniers sont réunis dans trois salles ; alors, aux barreaux de fer « sont attachées deux cheynes de fer pour mectre un homme en geheyne avecques les fers et habillements du col, des piez et de une main ». Louis XI y enferma Guillaume de Harancourt, évêque de Verdun, dans une cage de bois (1475), du genre de celle où l'on incarcéra en 1559 Anne Dubourg, pour cause d'opinions religieuses. Bussy-Leclerc mit le Parlement à la Bastille (1584). Prisonniers de guerre et d'État ou malfaiteurs vulgaires y reçurent logis ; les rois Louis XI et François Ier y firent brillant accueil aux grands personnages de passage.

La place d'armes perdit peu à peu son caractère de forteresse ; le faubourg Saint-Antoine, par son développement, la cerna chaque jour davantage et diminua beaucoup son rôle défensif ; son cachet de geôle royale se précisa chaque jour plus nettement à mesure que son but militaire disparaissait. Henri IV en fit le coffre-fort de son épargne et en donna la garde à Sully. Biron, deux fois coupable d'une entente avec l'étranger qui eût démembré la France, fut enfermé par le roi huguenot et décapité le 31 juillet 1602 dans la cour de la Bastille. Après la mort de Concini (1617), sa veuve fut jetée dans cette prison. Mlle de Montpensier, entrée dans la Fronde, sauva Condé au combat de la porte Saint-Antoine, en faisant tirer sur les troupes royales les canons de la forteresse (1652).

Le fondateur de la Bastille prison d'État, devenue moyen de gouvernement aux xviie et xviiie siècles, fut Richelieu; des mains de maréchaux ou de grands seigneurs elle passa alors entre celles d'un geôlier : Leclerc du Tremblay, frère du père Joseph. La défense érigée contre l'ennemi devint menace contre le citoyen; de là naquit cette haine devenue si intense au jour de soulèvement du populaire. D'ailleurs prison de grand luxe : espions de marque, fils de famille trop galants ou dissipés, gentilshommes dont on calmait les ardeurs de duellistes, accusés de magie, de sorcellerie, de poison ou de fausse monnaie, prévenus destinés à comparaître devant la chambre de l'Arsenal : tels sont les hôtes du lieu. On embastille parfois pour religion et par lettres mystérieuses; tel est retenu « depuis treize ans sans qu'il en sache la raison »; le ministère, Louvois même, ignorait souvent le motif de l'emprisonnement.

Elle est d'ailleurs à la fois redoutable et charmante, « pleine de tapage joyeux et d'effrayant silence ». La maison du gouverneur, reconstruite avec magnificence en dehors de l'enceinte, est remplie de « toute sorte d'abondance et de divertissements ». Les seigneurs de condition et les officiers se présentaient aux portes du château, seuls ou en compagnie, quand le roi leur avait écrit : « Mon intention est que vous vous rendiez dans mon château de la Bastille ». De Yunca, lieutenant du roi à la Bastille, nous fait savoir qu'on ne déclinait point cette invitation; pour s'y rendre, un colonel, M. de Villars (1605), vient tout droit de Grenoble « sans avoir esté mené par personne ». Un maréchal de camp, M. de Montgeorges, accourt de Nice, et un colonel, de Marsilly, de Flandre pour se rendre à l'ordre de son chef (1710).

Ce sentiment des formes et des convenances exerçait son influence jusque sur la manière d'emprisonner, et marque ici mieux que toute autre chose, non l'insolence du pouvoir royal comme le veut le duc de Richelieu, mais la politesse de la société française du xviie siècle, et même « cet esprit de discipline qui était alors une des causes de la grandeur de notre pays ».

On se fait généralement les idées les plus fausses sur le régime de la prison du roi. M. Funck Brentano vient, le premier, de la

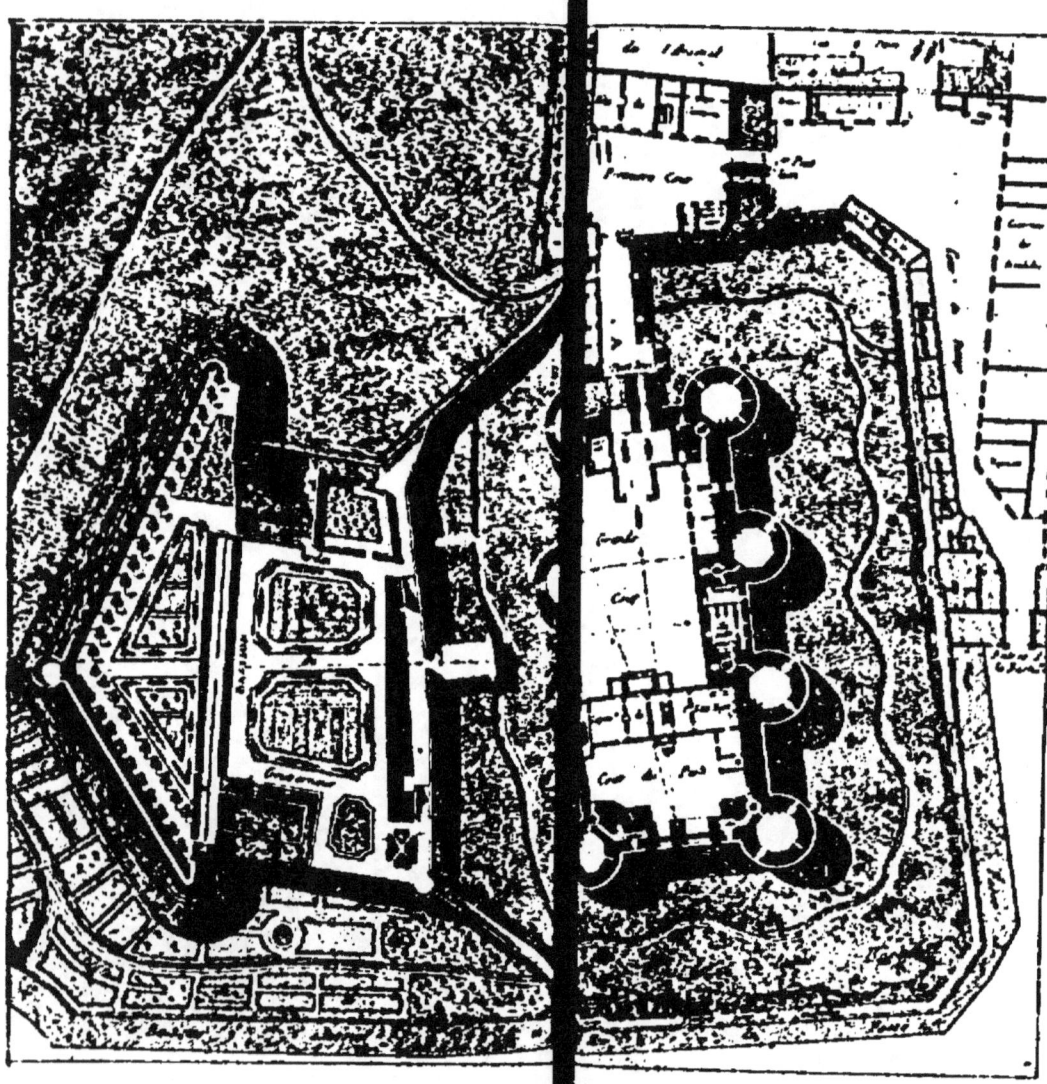

Pl. 105-106. — La Bastille [fi]n du XVIIIᵉ siècle.
Plan de la Prison, du Bastion [et de] l'Amorce de l'Arsenal.

révéler d'après les pièces d'archives, dans la *Revue historique* (1890) que nous venons de citer encore une fois. Jusqu'ici l'opinion s'est formée exclusivement sur les mémoires d'un fripon, ceux d'un fou et ceux d'un journaliste de mauvaise foi : de Renneville, ce marchand de secrets d'État, traître à son pays, auteur des cinq volumes de l' « *Histoire de la Bastille* » dont chaque page est démentie par les documents ; Latude, dont on connaît les faiblesses d'esprit et la célèbre évasion ; enfin Linguet, auteur du « plus long mensonge imprimé », coupable d'impudentes faussetés. Les pièces originales de la prison, les comptes, les mémoires de prisonniers nous la font voir sous un jour nouveau. Nous avons dit comment on convoquait le prisonnier. A l'arrivée, le chef d'escorte venait le recevoir. Le gouverneur le retenait à sa table ; plusieurs en furent des commensaux réguliers ; ces hôtes assidus n'étaient pas seulement Voltaire ou Mme de Staal, mais aussi de bien modestes prisonniers. D'ailleurs les repas de la maison étaient toujours copieux ; Marmontel et Dumouriez les décrivent en termes enthousiastes, en gens de compétence ; parfois même le champagne et le bourgogne arrosent le gibier et les écrevisses, si l'on en croit un pamphlétaire de la Bastille. Les officiers du château s'efforcent de restreindre le trouble que ce séjour pouvait porter aux affaires des prisonniers ; souvent liberté de se promener dans l'intérieur, parfois même de découcher : on va jusqu'à nouer des intrigues galantes, à se livrer aux ardeurs du jeu ou des arts. Cette prison, dont les écrivains ont souvent vanté « la noblesse » avait un budget où des sommes énormes étaient affectées aux besoins matériels et intellectuels de ses habitants [1] ; il y en avait même pour l'achat de drogues, et la quantité invraisemblable de lavements donnés aux prisonniers amena une observation du cardinal Dubois. « C'est leur seule distraction, ne la leur ôtons pas », répondit plaisamment le Régent. Au surplus, la Bastille était quelque peu un

---

1. Il y eut là d'ailleurs des hommes éminents, car les gouvernements tolèrent difficilement l'indépendance d'esprit que donne la supériorité ; tel d'entre eux fut Voltaire, supposé coupable d'une satire contre la mémoire du feu roi Louis XIV ; il demeura un an à la Bastille ; il y ébaucha la *Henriade* et termina sa première tragédie, *Œdipe*, représentée en 1718.

hôpital : fous illuminés, épileptiques, ou hystériques. Tel fut, tout au moins pour certains et durant quelque temps, le régime de la Bastille ; nulle prison en Europe, au siècle dernier comme au nôtre, « où les prisonniers fussent entourés d'autant d'égards et de confort, » écrit M. Funck Brentano. Certes il y eut des abus ; la liste en serait facile à donner, mais l'impartialité de l'historien oblige à signaler les efforts faits souvent pour les réparer. Au surplus à la fin du siècle dernier la Bastille se rapprochait d'année en année de nos prisons modernes : l'huissier crie l'assignation, on transfère le prévenu, on grillage toutes les fenêtres, la vie aimable disparaît, la nourriture est diminuée, mais la lecture des gazettes est désormais permise.

A la veille de la Révolution on n'y enfermait presque plus personne ; comme elle coûtait fort cher, Necker voulut la supprimer « par économie ». Les architectes dressèrent les plans d'un monument à élever en l'honneur de Louis XVI sur l'emplacement de l'édifice où le 15 juillet on ficha un poteau avec ces mots : *Ici l'on danse.*

Mille ouvriers furent chargés de la destruction du vieux château fort; de ses pierres on bâtit le pont de la Révolution, aujourd'hui de la Concorde, « afin qu'elles fussent à jamais foulées aux pieds du peuple ». Chaque chef-lieu de département en reçut une sur laquelle était représenté le plan de la Bastille ; on en voit encore dans de nombreux musées, notamment au musée Carnavalet. Le 14 juillet 1790, lors de la Fédération nationale, on traça son plan sur cet emplacement, à l'aide de peupliers ; pendant trois jours et trois nuits les danseurs s'y mirent à l'ombre. C'est encore ici qu'on déposa au 10 juillet 1791 le cercueil de Voltaire qu'on devait porter le lendemain au Panthéon. Ici fut le point de départ de la grande fête de la République qui eut lieu 10 août 1793.

La colonne de Juillet. — L'érection d'un monument en cet endroit était donc décidée depuis longtemps ; même avant 1789, les cahiers du tiers état de Paris avaient formulé le vœu : « que, sur le sol de la Bastille détruite et rasée, on établisse une place publique, au milieu de laquelle s'élèvera une colonne d'une architecture noble et simple ». Une loi rendue par l'Assemblée nationale, le 27 juin 1792, décréta la formation d'une place de la Liberté, et l'érection, au centre, d'une colonne surmontée de la statue de la Liberté. D'après les grands projets entrepris et en partie exécutés sous l'Empire, le centre de cette place devint le point d'intersection des axes : 1° de la grande rue impériale qui devait être ouverte depuis la colonnade du Louvre jusqu'à la barrière du Trône; 2° du boulevard Beaumarchais; 3° enfin, de la gare établie dans les anciens fossés de la Bastille, et de la première partie du canal Saint-Martin, qui, avec le bassin de la Villette et le canal de l'Ourcq, établit une communication de la Seine à la Seine, depuis son entrée à Paris jusqu'à Saint-Denis.

Le 2 décembre 1808 on posa la première pierre d'une fontaine monumentale; le 2 février 1810, un décret impérial ordonnait que cette fontaine se composerait principalement d'un éléphant en bronze portant une tour semblable à celle dont se servaient les Anciens, exécuté avec les canons pris sur les Espagnols. Les premiers projets furent dessinés par Cellerier. Alavoine, qui lui succéda, conçut une vasque circulaire en marbre, ornée, au centre, d'un éléphant colossal portant une tour dont le sommet se serait élevé à 20 mètres au-dessus du sol de la place. En 1814, Alavoine avait fait exécuter la voûte au-dessus du canal, les caveaux, et, en général, toutes les substructions qui devaient recevoir la vasque, ainsi que le modèle de l'éléphant, grandeur d'exécution.

Après les événements de 1814, la forme du monument fut remise en question. Il fut statué, le 10 décembre 1830, et le 20 mars 1833, qu'« un monument serait élevé sur la place de l'ancienne Bastille, en l'honneur des citoyens morts dans les journées des 27, 28 et 29 juillet 1830 »; la première pierre de ce monument fut posée, le 27 juillet 1831, par Louis-Philippe.

Le projet primitif d'Alavoine était une colonne dans le style de la colonne Trajane, portant sur son fût les noms des citoyens auxquels elle était élevée, et surmontée d'une statue de la France Constitutionnelle. Elle devait être élevée, comme l'éléphant projeté antérieurement, au-dessus de la voûte du canal et sur une base beaucoup moins étendue; cette colonne ne pouvait à plus forte raison être également exécutée qu'en métal, car l'exécution en marbre aurait produit un poids de près de

1 200 000 kilogrammes. De plus, pour ne pas sortir du crédit de 000 000 francs qui était assigné par les lois, Alavoine proposa d'employer un alliage de zinc et d'étain; mais, d'après des objections de la commission des monnaies, le bronze fut définitivement adopté.

Les travaux étaient en grande activité lors de la mort d'Alavoine, arrivée à la fin de 1834. Duc, précédemment inspecteur de ces travaux, lui succéda comme architecte, et fit adopter des modifications qui consistèrent principalement dans l'adjonction des compartiments en marbre de couleur et des médaillons en bronze au soubassement et des ornements au piédestal même; dans l'augmentation de la hauteur du fût de la colonne, et la division par des bandeaux facilitant l'exécution; enfin dans le remplacement du chapiteau dorique du projet primitif par un autre de style corinthien composite d'aspect tout nouveau. La grille d'enceinte et les dispositions des caveaux destinés aux restes des victimes de Juillet sont aussi l'œuvre de Duc.

La fourniture des bronzes fut adjugée dès le commencement de 1834. Le chapiteau a été coulé dans la fonderie du gouvernement, au faubourg du Roule, en un seul morceau pesant 11 000 kilogrammes, non compris les quatre génies et les huit palmettes, qui sont rapportés; il fut amené le 10 mars 1839 sur un fort chariot traîné par douze chevaux; ces derniers ayant refusé le service au boulevard Ménilmontant, la foule les détela et conduisit le chapiteau à sa destination. Le 28 août suivant, il fut hissé et placé en quelques heures. Le 30 avril, on plaça également la statue du Génie de la Liberté, œuvre de M. Dumont; enfin, le 28 juillet 1840, eut lieu la fête d'inauguration et la translation des cendres des victimes des trois journées de Juillet 1830, aux accords d'une musique funèbre composée par Berlioz.

Toutes les substructions ont été exécutées en pierre de taille. Le premier soubassement circulaire au-dessus du piédestal est en marbre blanc d'Italie ainsi que le corps du deuxième soubassement, dont le socle est en granit gris de Sainte-Honorine (Normandie). Les bronzes qui forment la charpente et le revêtement du monument même pèsent en tout 181 378 kilogrammes non compris la statue. Les noms des victimes de Juillet ont été burinés sur le fût; ils sont dorés ainsi que la statue. La grille d'enceinte est toute en fonte de fer. La socle au-dessous, qui devait former la vasque de la fontaine primitivement projetée, en est marbre rouge de Franchimont (Pays-Bas). La charpente de fer qui sert d'ossature à la colonne reste encore une œuvre remarquable de sagacité et de logique.

Les travaux exécutés avant 1830 pour les substructions et le soubassement de la fontaine projetée se sont élevés, si l'on en croit Gourlier, auquel on doit la plupart de ces renseignements, à environ 1 068 000 francs; ceux du monument de Juillet proprement dit, à environ 1 303 000 francs.

Cette place a continué à être le théâtre d'événements importants : le gouvernement provisoire y proclama la République le 27 février 1848. Le 20 juin 1848 le « Génie » de bronze reçut un éclat de mitraille dans la poitrine.

Le *lion de Barye* qui semble faire le tour du piédestal, est l'une des plus belles conquêtes de l'homme, qui n'avait pas su encore saisir la démarche majestueuse et la toute-puissance du fauve; la largeur dans l'indication des plans, l'ampleur de la silhouette en font un des plus nobles exemples de décoration sculpturale. Barye a modelé également les coqs qui décorent les angles.

Après 1871, la colonne, véritablement ajourée par les projectiles, évita par bonheur les conséquences que pouvait avoir la présence du pétrole dans ses caveaux et dut être réparée. Derrière la place, la Compagnie de Vincennes a fait disparaître, vers 1857, la cour de la Juiverie, rendez-vous général des patriotes du quartier à l'époque de la Révolution. La petite rue Saint-Antoine est le reste de l'extrémité de la rue Saint-Antoine; la façade des maisons du côté des numéros pairs représente l'alignement du bord extérieur du fossé de la Bastille; l'angle de cette rue et du boulevard Richard-Lenoir indique la position de la *Porte Saint-Antoine*, bel arc en pierre déplacé et reconstruit en 1380 remanié par Blondel en 1672, démoli en 1788.

LE MARAIS ET LE TEMPLE

PARTIE COMPRISE ENTRE LES RUES DE RIVOLI ET DE SAINT-ANTOINE
LES ANCIENS BOULEVARDS ET LE BOULEVARD SÉBASTOPOL

Par sa physionomie demeurée çà et là presque intacte, cette région doit attirer l'attention de l'artiste et du lettré; d'abord son nom, qui lui vient des marais gisant aux alentours de Lutèce. A diverses reprises on y découvrit des tombeaux et des monnaies du temps d'Antonin et de Maxence. Aujourd'hui même les souvenirs et les témoins du passé surgissent encore dans le tumulte de l'activité moderne. Il y a deux siècles à peine, la tranquillité de ces rues étroites, sombres, illustrées de portails seigneuriaux, n'était rompue que par le fracas momentané des lents carrosses de la noblesse, de la magistrature ou de la finance. A deux pas de cette calme région cheminait la populeuse rue Saint-Antoine, où s'ouvrait un des plus considérables de ces hôtels de grand seigneur. C'était l'**hôtel de Sully**. La belle entrée de ce logis, que défigurent aujourd'hui les enseignes commerciales, donne accès à une grande cour entourée de façades d'un aspect noble mais d'un style un peu lourd. Jean Androuet du Cerceau le commença en 1624 pour Gallet, contrôleur des finances, sur l'emplacement de terres arables dépendant de la culture Sainte-Catherine et de maisons dont on connaît la succession à dater du xive siècle. Gallet, ruiné par le jeu, céda le logis à J. Habert (1627) duquel Sully l'acquit le 23 février 1634. Il ne le gagna donc point d'un coup de dé contre Gallet, comme le voudrait une légende qui fait tomber l'hôtel entre les mains du ministre de Henri IV sept ans trop tôt. — La façade sur la rue commencée après 1629 est un des spécimens les mieux conservés de ces grandes habitations seigneuriales dont l'ordonnance régulière paraît se fixer au début du xvii° siècle pour

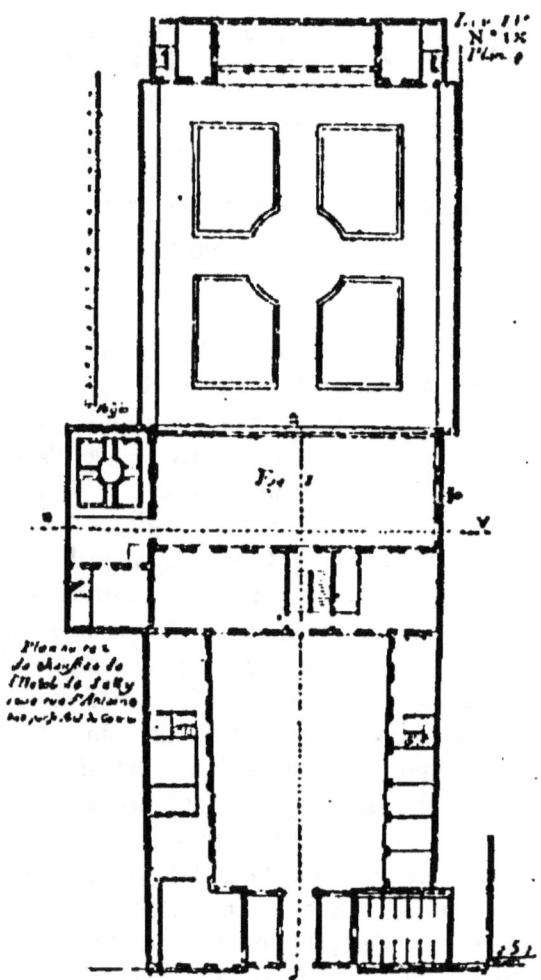

Pl. III. — Plan de l'état ancien de l'hôtel de Sully.

subsister jusqu'à la fin du xviii°; deux pavillons flanquant un portail terminé en terrasse de manière à laisser libre accès au jour et à la vue pour les appartements du fond de la cour. Ici des constructions malencontreuses sont venues relier les deux pavillons. La cour, surtout, a grand air : les bas-reliefs du premier étage figurent les quatre « Saisons » et les quatre « Éléments ». Les fortes et puissantes saillies, les belles lucarnes, la porte ornée de sphinx le disputent en majesté au bel escalier; ses rampes appuyées sur un mur de refend de la base au faîte sont à rampant avec compartiments décorés de têtes de femmes. L'intérieur, réparti entre trente industries diverses, ne présente plus d'intéressant qu'un pavé en mosaïques et quelques décorations anciennes de plafond. Sur le jardin s'élève une façade identique à celle de la cour; à l'est un mur de séparation est habilement décoré d'arcatures avec niches et statues. Au nord du jardin, encore intact, on aperçoit un bâtiment d'une architecture analogue au reste; c'est ce qu'on nomme « le petit Sully »; acquis vers 1634 ou 1636 par le célèbre ministre, il a issue sur la place Royale. La rue de Birague, percée sous le nom de rue Royale en 1605, y conduit. Lakanal y mourut au n° 10.

PLACE ROYALE. — Le grand toit d'ardoises du « Pavillon du Roi » se profile sur le fond de la rue de Birague et forme le motif central du côté méridional de la place; elle a gardé son nom ancien malgré l'arrêt de 1800 la baptisant officiellement du nom de « place des Vosges » en l'honneur du département qui, le premier, avait acquitté ses contributions arriérées. Henri IV fit élever à ses frais la face du midi de la place. Les autres côtés furent construits par divers particuliers; une partie fut concédée à quatre manufacturiers pour y établir des filatures de soie, d'or et d'argent à l'instar de celles de Milan. Le Béarnais fit entourer la place d'arcades afin, dit son ordonnance (1605), de « servir de promenoirs aux habitants qui sont fort pressés dans leurs maisons, comme aussi aux jours de réjouissance et de grande assemblée ». Il imposa cette symétrique ordonnance qui donne à la place son aspect de majestueuse simplicité; une servitude défend encore d'en modifier les lignes. Jean Ier du Cerceau présida sans doute comme architecte à ces travaux. Henri IV les visitait souvent; pourtant il ne vécut pas assez pour voir les magnifiques fêtes d'inauguration données en 1612 par Marie de Médicis. La place devint bientôt l'endroit à la mode et ses hôtels furent les résidences des plus nobles familles. Une

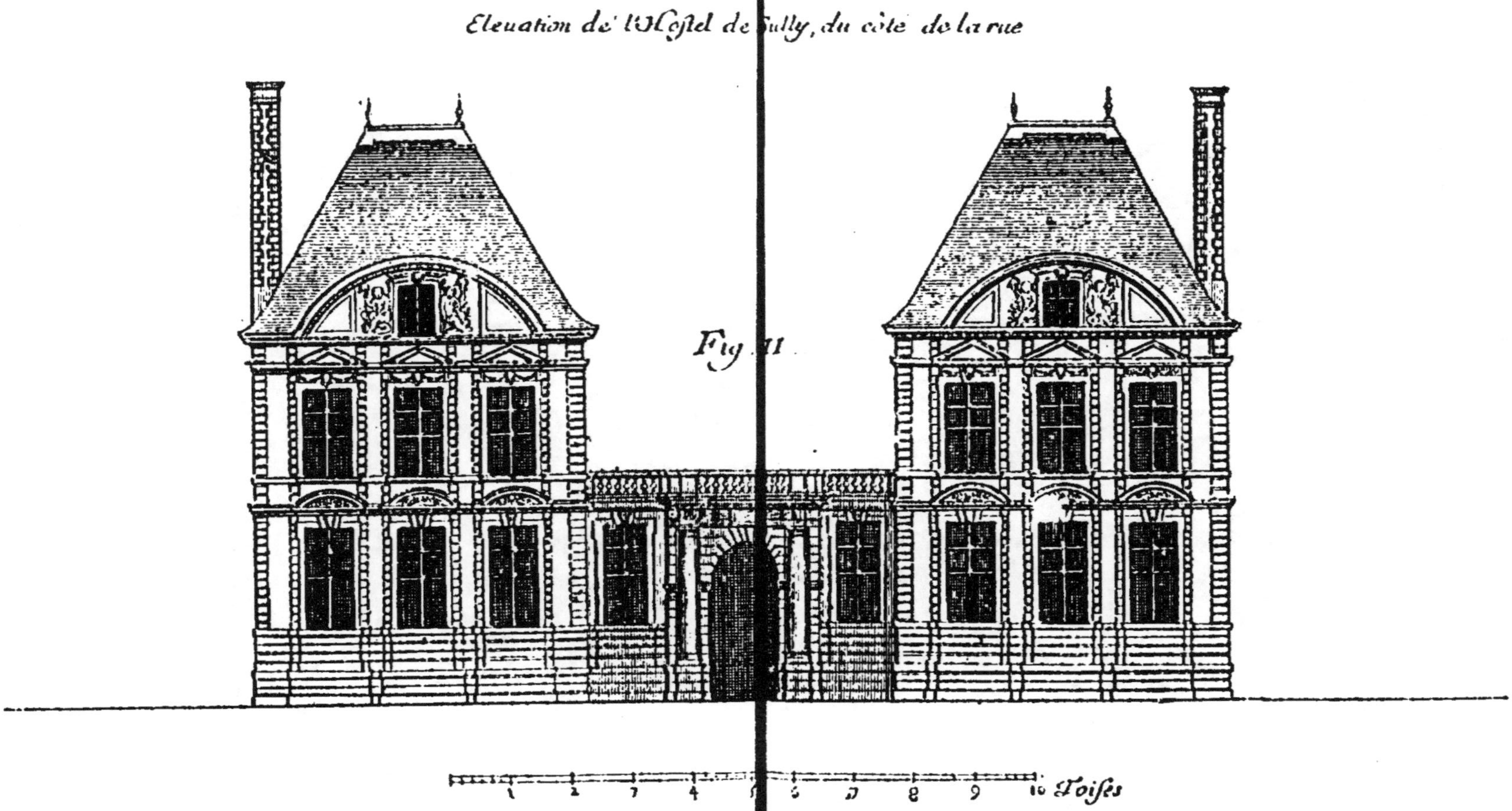

Élévation de l'Hôtel de Sully, du côté de la rue

Fig. II

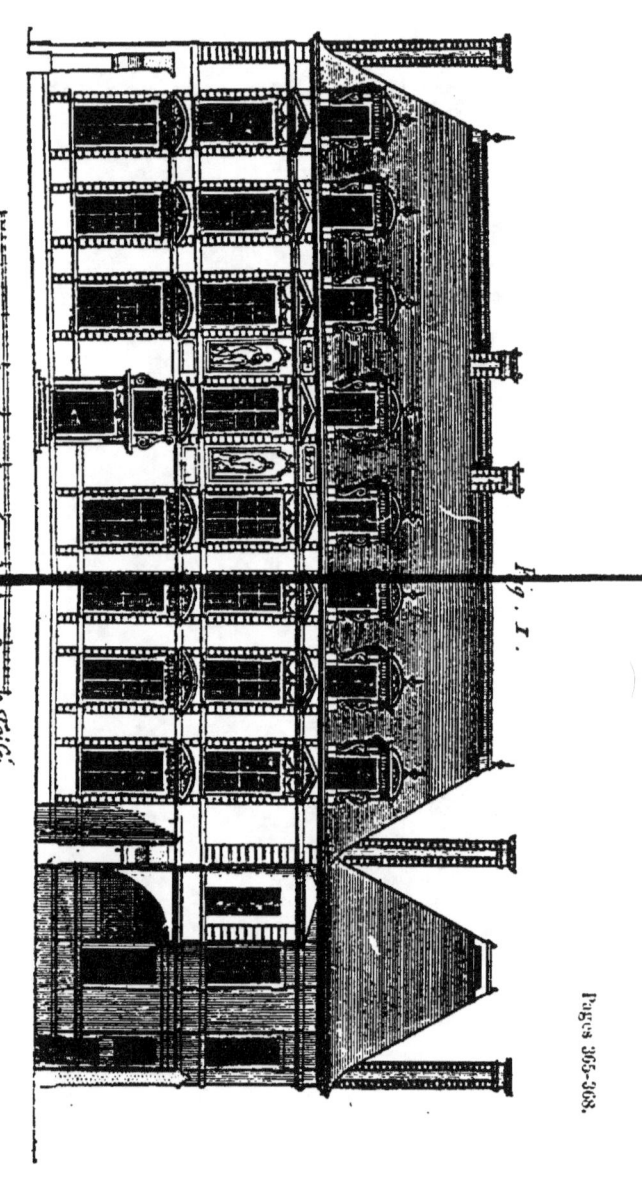

Pl. 109-110. — L'Hôtel de S... rue Saint-Antoine (État ancien). Coupe de la cour.

plaque désigne au n° 1 *bis* le lieu de naissance de Mme de Sévigné (1626); le n° 6, ancienne demeure des Guémenée, fut habité par Marion Delorme, puis, vers 1830, par Victor Hugo. La célèbre tragédienne Rachel a demeuré au n° 9. En la place du temple israélite se trouvait l'hôtel de Dangeau dont les décorations sont au musée Carnavalet. — La Bibliothèque des Arts décoratifs fournit une mine inépuisable de renseignements ; grâce au zèle de M. de Champeaux, elle a beaucoup gagné, en ces derniers temps, en ordre et en richesse. — Le n° 18 fut habité par le maréchal de Richelieu, petit-neveu du cardinal, lequel avait fait élever en 1639, à la gloire de Louis XIII, par le sculpteur Biard fils, une statue équestre ; Richelieu acheta en Italie le cheval de Ricciarelli commandé par Catherine de Médicis en vue d'un monument, abandonné pendant la guerre civile. Cette statue, détruite par la Révolution, est replacée depuis 1825 ; Biard fit le cheval et Cortot la figure. Un jardin, qui mesure 12 894 mètres, est orné de quatre fontaines ; il était entouré d'une superbe grille, du temps de Louis XIV ; le conseil municipal la fit détruire sans savoir pourquoi et malgré les oppositions les plus autorisées.

La place Royale occupe l'emplacement de l'hôtel du chancelier de France, Pierre d'Orgemont, logis vendu par son fils en 1402 au duc de Berry ; il devint le palais des Tournelles, succursale de l'hôtel Saint-Paul, également bâti par Charles V, et habité par Charles VII, Louis XI, Charles VIII, Louis XII qui y mourut, François Iᵉʳ, Henri II. Dans l'une des lices de cette royale résidence eut lieu le fatal tournoi où Montgommery blessa mortellement Henri II ; dès lors abandonné, mis en vente par Charles IX, l'hôtel tomba en ruines ; ses jardins servirent de marché aux chevaux. Le 27 avril 1578, trois mignons de Henri III s'y battirent en duel contre les trois favoris du duc de Guise ; Maugiron, Schomberg, Ribérac, Quélus, en furent les victimes. Le 12 mai 1627, Richelieu coupa court à la mode, qui faisait de ce lieu le théâtre de tous ces duels inutiles et sanglants ; ce même jour Montmorency-Bouteville se battit par bravade contre Bussy d'Amboise qu'il tua ; le cardinal fit trancher la tête à Montmorency et à Des Chapelles, son second.

Aux alentours de la place Royale rayonnèrent des rues occupées par d'aristocratiques ou célèbres logis ; la **rue des Tournelles**, où demeurèrent Jules Hardouin Mansart et Ninon de Lenclos (n° 28) ; la **rue de Turenne**, habitée par Scarron et sa femme ; la **rue Saint-Gilles**, où logea Le Sage. La **rue de Sévigné** offre encore de beaux hôtels bien conservés : l'hôtel Carnavalet, à l'angle de la rue des Francs-Bourgeois (voir cette rue) ; au n° 20 belle porte de l'hôtel habité par Marion Delorme et construit par Pierre Bulet pour Le Peletier, directeur des fortifications. Le n° 52 est particulièrement intact ; le mur est toujours défendu par d'énormes pointes enchevêtrées, orné de pots ; sa cour a gardé rinceaux, mascarons et Amours ; construit par l'architecte de Lisle, il appartenait avant 1768 à M. de Flesselles. — Dans la rue de Sévigné, au n° 11, fut le théâtre du Marais, bâti et dirigé par Beaumarchais, ouvert le 1er septembre 1791, deux fois fermé et supprimé par décret impérial. Il ne faut pas le confondre avec le théâtre du Marais de la rue Vieille-du-Temple. — Bonamy, historiographe de la Ville, logeait au milieu du xviiie siècle dans cette rue, près la rue des Francs-Bourgeois. La rue de Sévigné, ancienne rue Culture-Sainte-Catherine, indique la direction de la muraille de Philippe-Auguste, qui tournait brusquement à l'ouest derrière la caserne des pompiers pour rejoindre la rue Vieille-du-Temple. Cette caserne est l'ancien hôtel de Bouthillier-Chavigny ; on voit un de ses plafonds dans la petite salle d'entrée du premier étage au musée Carnavalet. En face de Carnavalet, à l'angle de la rue Pavée, une tourelle en encorbellement sur la voie annonce l'**hôtel de Lamoignon**.

Robert de Beauvais fut le premier acquéreur du terrain. La fille de Diane de Poitiers y vint ensuite ; l'hôtel de cette duchesse Diane, dit Math. de Morgues dans son oraison funèbre en 1612, « estoit un gynécée de pudeur ». Elle fit reconstruire sous ses yeux les bâtiments où le chiffre D couronne les fenêtres ; aux frontons s'étalent des cerfs, attributs du nom de Diane. Le fils naturel de Charles IX et de Marie Touchet lui succède. « Quand ses gens lui demandoient leurs gages, écrit Tallemant des Réaux, il leur disait : « C'est à vous à vous pourvoir ; quatre « rues aboutissent à l'hostel d'Angoulesme ; vous êtes en beau « lieu, profitez en si vous voulez. » Le style des ailes du logis est curieux : leurs lignes se raccordent avec celles tracées pour Diane ; si l'on en croit G. Brice, les grands pilastres corinthiens seraient le premier exemple à Paris de ces fûts montant de la base au faîte du logis. Ici la veuve du duc d'Angoulême cacha la folie de sa fille, Mme de Joyeuse ; Mme de la Roche-Guyon y reçut ensuite son ami le poëte Benserade. M. de Lamoignon, dont les initiales sont restées sur la porte, occupa ce bâtiment en 1684 ; l'hôtel a retenu le nom de ce président fameux, comme celui du plus digne de ses hôtes. La première bibliothèque de la Ville fut installée, en 1763, dans ce monument. La cour dit l'opulence satisfaite et imposante des grands parlementaires, à laquelle répondent si bien les compositions de l'architecte Levau.

RUE DES FRANCS-BOURGEOIS

L'HOTEL CARNAVALET, à l'angle de la rue de Sévigné, est le spécimen le plus complet resté à Paris de l'architecture privée à l'époque de la Renaissance. Aujourd'hui musée municipal, il renferme les monuments et objets divers relatifs à l'Histoire de Paris ou de la Révolution. Le logis est un assemblage d'un hôtel du XVIe siècle et d'un autre du XVIIe : deux monuments, deux siècles, sont greffés l'un sur l'autre. Le 18 mars 1544, le président des Ligneris achetait ce terrain aux chanoines du prieuré de Sainte-Catherine ; c'étaient les « 27, 28, 29, 30 et 31 places et cantons figurés au dessin faict de la Couture Sainte Catherine », dessin actuellement à la Bibliothèque nationale. Le logis, qui, jusqu'en 1578, garda le nom de son fondateur des Ligneris, fut élevé sur les dessins de Jacques Androuet Du Cerceau et de Jean de Bullant, décoré par Pierre Lescot et Jean Goujon, il fut occupé, à la mort du président (11 août 1550), par sa fille et son fils, lequel le vendit en 1578 à F. de la Baume, veuve de Fr. de Kernevenoy, appelé par euphonie Carnavalet. Il fut acheté, en 1602, par Florent d'Argouges, trésorier général des maisons et finances de Marie de Médicis, puis, en 1645, par Claude Boislève, intendant des finances, qui chargea Mansard de transformer l'hôtel.

Il ajouta le premier étage sur les trois côtés, et l'élévation sur rue, dont il ne conserva que le portail du xvi⁰ siècle. Vers 1640, Marot a publié ses plans sous le nom d'hôtel d'Argouges; nous y voyons alors les armes de Boislève, placées par Blondel dans sa gravure (1661), sur l'égide de la Minerve de la nouvelle façade. Mais alors le logis fut confisqué à l'intendant Fouquet, par arrêt de la Chambre de Justice du 18 juillet 1662, puis adjugé au roi pour cent mille livres, le 19 novembre 1666; le 13 mai 1667, un arrêt en transporte la propriété à G. de Gillier, conseiller au Parlement; mais il n'en est en pleine possession que par accommodement du 25 septembre 1677, l'hôtel ayant été réclamé par les Boislève. Gillier le loua à Mme de Sévigné, qui l'occupa jusqu'à la veille de sa mort (1677-1696). Saisi le 10 août 1694 sur G. de Gillier, à la poursuite de son épouse, l'hôtel devient la propriété de P.-E. Brunet de Rancy, receveur général des finances, qui y fait exécuter des décorations intérieures; il le donne en avancement d'hoirie à sa fille, épouse de P.-A. de la Briffe, conseiller d'État (28 janvier 1717). Nommé intendant de Bourgogne, il cède le logis à M. Paris de La Montagne (1736), où Mme de la Briffe revient en 1745. Un an avant sa mort (12 mai 1747), on dressa un inventaire de l'hôtel. En 1752, à la mort de son père, le fils de La Briffe devint propriétaire, alors âgé de treize ans; il fut plus tard avocat général et président au Grand Conseil; il le loua jusqu'en 1770, au président d'Ormesson, puis le céda en partage de succession à son père, colonel en second des dragons de la reine. A sa mort, l'hôtel est acheté par Bellanger, conseiller d'État, qui le donna à son neveu, A.-P. Dupré de Saint-Maur, conseiller au Parlement; en 1784, il était occupé par un autre conseiller, Désiré de Chavigny, et en 1787 par Harvoin, receveur des finances à la généralité de Tours. La Révolution y installa la direction de la librairie; puis l'école des ponts et chaussées, dirigée par le baron de Prony, y resta jusqu'en 1830. Deux pensions de garçons, les institutions Liévyns et Verdot, s'y succédèrent jusqu'à son achat par la Ville (1866); elle y installa sa bibliothèque et son musée historique.

Façade sur la rue de Sévigné. — Le portail primitif conservé par Mansard dans sa façade du xvıı° siècle, garde encore les sculptures de Jean Goujon; à la clef, *l'Abondance*, dans le

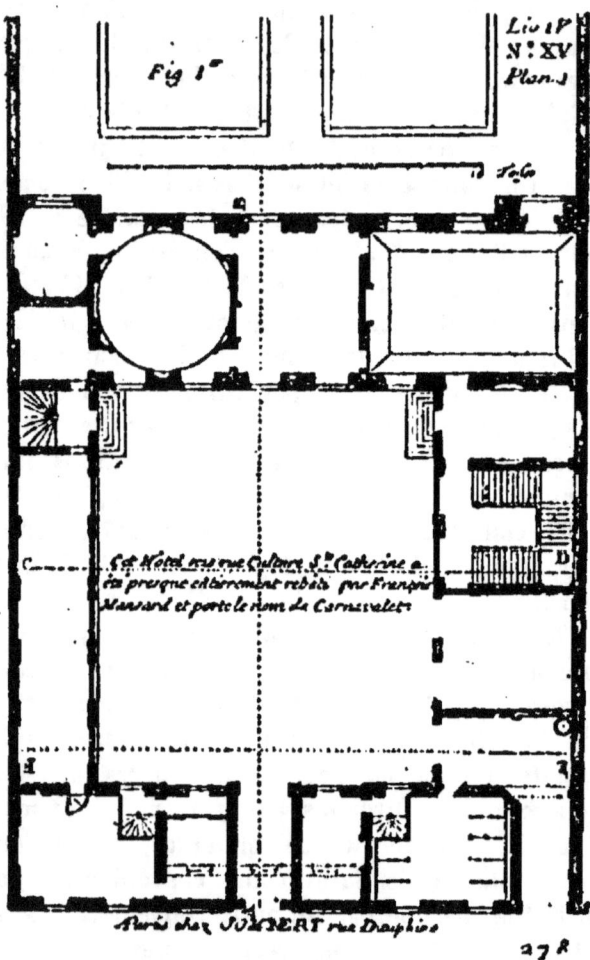

Pl. 112. — Plan de l'hôtel Carnavalet. Etat ancien d'après Blondel.

tympan des *Génies*; de chaque côté un *lion soumis*, bas-relief provenant de l'intérieur. Les bas-reliefs du premier étage sont de van Obstal : une lampe, un coq, un bandeau ailé, un éperon symbolisant *la Vigilance*; *la Fermeté* tient une massue; Minerve est debout sur le fronton. — Sur la rue des Francs-Bourgeois, au premier étage, dit M. Cousin, qui va nous servir de guide, *la Sagesse.*

Au rez-de-chaussée. — *La Sagesse et l'Amour ramenant la Paix et l'Abondance,* allusion au mariage du roi et au traité des Pyrénées conclus par Mazarin en 1660, au moment où Mansard entreprenait de transformer en un somptueux hôtel Louis XIV l'élégant manoir Henri II des Ligneris et des Carnavalet. Au-dessous de ce bas-relief, une inscription sur une tablette de marbre rappelle le séjour de Mme de Sévigné à l'hôtel Carnavalet, de 1677 à 1696. Sur le mur de façade des nouveaux bâtiments sont inscrits les noms des historiens, artistes et topographes qui ont traité de Paris depuis son origine.

BATIMENT PRINCIPAL. — Corps de logis du XVIe siècle, restauré, d'après les anciens plans, par MM. Parmentier et Roguet. Au premier étage, quatre grands bas-reliefs : *les Saisons,* accompagnées des signes du zodiaque correspondants, belles sculptures exécutées par Jean Goujon ou sous sa direction, vers 1550. Le *Printemps,* signe du Bélier ; — l'*Été,* signe du Cancer ; — l'*Automne,* signe de la Balance ; — l'*Hiver,* signe du Capricorne.

Aile droite. — Le rez-de-chaussée seulement des deux ailes date de la Renaissance. Les beaux mascarons des clés de voûte sont de maître Ponce. Le bas-relief de la petite porte de ce côté est moderne, imité de celui d'en face, qui seul est ancien : *Génies couchés tenant des palmes,* par MM. Gaudran et Pascal (1870). Les très médiocres bas-reliefs du premier étage de cette aile datent de la restauration de Mansard, 1660 ; ils sont de van Obstal, sculpteur flamand, et représentent quatre déesses : *Junon, Hébé, Diane* et *Flore;* au-dessus, les symboles des Quatre Vents.

Aile gauche. — Mascarons de maître Ponce aux archivoltes du rez-de-chaussée. — Bas-relief de Jean Goujon au-dessus de la porte : *Génies couchés tenant des flambeaux allumés,* symbole de la vigilance de la Justice, même quand elle semble reposer.

Au premier étage, bas-reliefs de 1660 : les quatre Éléments, surmontés et accompagnés de leurs attributs : La *Terre,* figure d'homme, tient une corne d'abondance ; à ses pieds, un lion ;

au-dessus, des arbres, une maison. — *L'Eau*, figure de femme, un dauphin, des ondes, un gouvernail; au-dessus, dauphin, ondes, roseaux. — *L'Air*, figure de femme, un aigle, nuages; au-dessus, oiseaux, nuages et caméléon, qui, selon la Fable, se nourrissait de vent. — Le *Feu*, figure d'homme, porte un brasier.

Côté de l'entrée. — Sur l'arc de la porte cochère, admirables figures de Jean Goujon et de sa meilleure manière. A la clé de voûte : l'*Autorité*, figurine debout sur un globe, tenant de la main gauche un joug et de l'autre un bâton de commandement, entre deux *Renommées* portant des palmes et des lauriers. Deux *lions soumis*, placés primitivement au-dessus des petites portes latérales et transportés par Mansard sur la façade de la rue, complétaient le symbole de cette belle page de sculpture : la force soumise à l'autorité morale du magistrat, rappelant que cet hôtel était construit pour un président au Parlement. Une statue de *Flore* couronne le fronton, que décore une corbeille de fleurs.

Appartements. — L'appartement du premier, au fond de la cour, où sont les salles de lecture de la bibliothèque, était occupé par Mme de Sévigné, et sa fille, Mme de Grignan. M. de Grignan habitait le rez-de-chaussée; le marquis de Sévigné fils, l'appartement sur la rue; l'oncle de la marquise, l'abbé de Coulanges, l'aile droite sur la cour. L'aile gauche renfermait la galerie et le salon de réception commun, seules pièces ayant la décoration du temps, occupées par la salle des estampes.

Dans le *sous-sol*, on peut voir la très intéressante *cuisine du XVIe siècle*, disposée en crypte funéraire.

Le jardin est limité sur la rue des Francs-Bourgeois, par une galerie parallèle à celle que l'on vient de parcourir, et consacrée aux vues du vieux Paris. L'ancienne arcade de la rue de Nazareth sert d'entrée de ce côté. Un parterre s'étend entre l'hôtel et le beau bâtiment, le *Bureau des Marchands Drapiers*, ci-devant rue des Déchargeurs. M. Félix Roguet, architecte, et M. Ch. Gauthier, sculpteur, l'ont habilement restitué d'après les dessins de l'architecte primitif, Jacques Bruant, qui le construisit sous Louis XIII. Les sculptures représentent la ville de Paris commerçante et les armes de la Ville entre deux belles cariatides.

Le pavillon Louis XIV, qui occupe le milieu de la galerie en arcades, provient d'un hôtel de Choiseul dégagé par le percement de la rue du Quatre-Septembre. Toutes ces constructions sur le jardin sont modernes ou rapportées, et ont été annexées à l'ancien hôtel depuis sa transformation en Musée municipal.

Sous les arcades, on a réuni des fragments d'édifices parisiens désignés par des étiquettes. Puis on entre dans les salles : la cheminée, décorée aux armes du fondateur de l'hôtel, le président des Ligneris, a été rapportée d'un château de province (xvi° siècle).

Poursuivons notre chemin dans la rue des Francs-Bourgeois. La porte d'entrée du n° 30 attire l'attention par l'originalité de son couronnement; sur la cour des bâtiments en briques et pierre ont conservé d'intéressantes lucarnes; le n° 31 est un bel hôtel du xviii° siècle; le n° 35 a gardé sa porte cochère flanquée des pavillons des communs, et, dans la cour, une suite d'arcades.

Au n° 38 une ruelle étroite présente de forts encorbellements et des fenêtres encore grillagées de barreaux. En face du n° 42 s'ouvrait, dans l'enceinte de Philippe-Auguste, la Porte ou Poterne Barbette. Là se trouvait un des côtés de l'hôtel d'Ô (voir plus loin). Ici se dresse encore la **TOURELLE D'ANGLE DE LA RUE VIEILLE-DU-TEMPLE.** Ce logis n'est pas, comme on le dit, le reste de l'hôtel Barbette. Les documents publiés par M. Sellier aussi bien que le style de l'architecture l'établissent nettement. La maison, sans doute, occupe une partie de l'emplacement de l'hôtel saccagé en 1306 par le peuple irrité de l'attitude prise par Étienne Barbette, lors d'une falsification des monnaies, ordonnée par le Roi. Cet hôtel Barbette fut vendu en 1561 par les duchesses d'Aumale et de Bouillon; en cette même année l'hôte Heroüet fut adjugé à damoiselle Loyse Heroüet; une de ses parentes, Marie Malingre, n'ayant point payé certaines sommes, il y eut saisie, par un acte du 30 avril 1561, qui constitue le plus ancien titre connu de cette propriété. Le logis était alors bien distinct du manoir royal, dont il a peut-être occupé une dépendance.

En 1519 les propriétaires de la tourelle, Jean de la Balue et

Marie Malingre avaient constitué au bénéfice du curé de Saint-Benoît une rente à prendre sur cette maison; elle passa successivement aux mains de dame Heroüet (1560), de J. et de L. Lemercier; J.-B. de Chailly, président à la Chambre des comptes, l'acquit pour 26 000 livres le 15 mars 1659, et le loua en 1689 à Philippe Perrotin, écuyer, conseiller secrétaire du roi. Quand du Tillet, marquis de Villarceaux, président au Parlement, y logeait, l'hôtel était inoccupé par ses propriétaires, héritiers du président Brunet; Noleau, maître épicier-confiseur, l'acquit en 1784; depuis l'épicerie y conserve pignon et tourelle sur rue, M. Missonnier, propriétaire actuel, l'a fait restaurer en 188 , sans reculer devant aucun des soins nécessaires.

Le n° 56 de la rue des Francs-Bourgeois garde une ancienne façade; au n° 55, à côté de l'église des Blancs-Manteaux, se trouvent les bâtiments dans lesquels le **MONT-DE-PIÉTÉ** a logé le bureau central et la direction générale de son monopole du prêt sur gages. Dans la cour d'entrée on lit sur une plaque : « L'enceinte de Paris, commencée par Philippe Auguste vers 1190, traversait l'emplacement de cette cour suivant le tracé exécuté sur le sol. » En cheminant à l'ouest, le long des pavés qui occupent la place de ce mur, on arrive dans une seconde cour; à droite de beaux mascarons sont encastrés dans les bâtiments; en face se dresse une des tours qui flanquaient la vieille enceinte; rendue à la lumière en 1878 par la démolition du n° 57 de la rue des Francs-Bourgeois, elle conserve son antique appareil relié par des rangs de briques, placées lors de la restauration qui en fut faite en 1885, comme l'annoncent des plaques rondes; c'était l'une des quatre tours qui, de la rue du Chaume à la rue Vieille-du-Temple, flanquaient l'enceinte; Bonnardot l'a placée trop à l'Orient, dans sa belle dissertation sur les enceintes; cette tour, qui porte le n° 10 sur sa planche VII, doit être placée à 36 mètres de la rue du Chaume, remplacée par la rue des Archives, et à 18 mètres de l'alignement de la rue du Paradis. A côté de cet antique débris, entre deux grilles qui font face aux Archives, on a placé trois étages superposés d'un très beau portail, une pierre portant la date de 1577 et un fût de colonne; ce sont les fragments de l'ancien hôtel de Nouvion détruit en 1638, retrouvés en 1885; on a eu la bonne idée d'y encastrer un plan du quartier.

Le Mont-de-Piété occupe une partie du cloître de l'ancien couvent des Blancs-Manteaux établi en 1258, remplacés au XIIIᵉ siècle par les Guillemites; le nom d'une rue voisine conserve leur souvenir; ils furent réunis en 1618 au couvent des Bénédictins réformés, qui reconstruisirent en 1695 le monastère et l'église; ils y composèrent plusieurs de leurs ouvrages célèbres par leur érudition, tels que la *Collection des historiens de France, l'Art de vérifier les dates*. Leur église vendue en 1797, rachetée en 1807, rétablie sous le vocable de **NOTRE-DAME-DES BLANCS-MANTEAUX**, possède des toiles des XVIᵉ et XVIIᵉ siècles et des tableaux de Glaize, Lafon, Norblin; du côté de la rue qui a gardé le nom des longs manteaux blancs des **SERFS DE MARIE** on adapta en 1863 le portail de l'église des Barnabites, élevé jadis dans la Cité en face du Palais de Justice; l'église des Blancs-Manteaux, dit une inscription gravée au-dessus du bénitier, fut alors agrandie d'une travée, après l'avoir été déjà par l'élargissement d'un des bas-côtés et l'érection de la chapelle latérale dite de Sainte-Geneviève. Le nom des Blancs-Manteaux est aussi resté au marché voisin construit sur l'emplacement de l'ancien couvent de Saint-Anastase ou Saint-Gervais; là, au nº 2 de la rue du Marché-des-Blancs-Manteaux se trouvait l'hôtel d'Ô, qui devait son nom à François, seigneur de Fresnes, marquis d'Ô, surintendant des finances sous Henri III; les sœurs hospitalières l'achetèrent le 7 juillet 1655 pour y installer leur maison, l'hôpital Saint-Gervais (voir ce mot).

Au nº 60 de la rue des Francs-Bourgeois s'élève le bâtiment des **ARCHIVES NATIONALES**; il est formé des hôtels historiques de Clisson, de Rocheguyon, de Guise ou de Soubise, de Laval, d'Assy, et de constructions nouvelles qui relient ces beaux monuments, ou qui ont remplacé les parties détruites de ces logis. Le plus ancien était l'**HOTEL DE CLISSON**, bâti en 1371; sa porte d'entrée subsiste encore dans la rue des Archives, au nº 58, en face la rue de Braque; ce précieux débris du XIVᵉ siècle est encore flanqué par deux tourelles couvertes en poivrières; sa porte ogivale est couronnée d'armoiries et devises de la maison de Lorraine; il rappelle l'amnistie que le connétable de Clisson, vainqueur à Rosebecque, obtint de Charles VI pour les Parisiens révoltés; en reconnaissant ils lui firent don de cet hôtel qui, transmis de main en main, devint en 1553 la propriété de la famille de Guise. Elle joignit à ce bien l'hôtel de Laval, en 1645, puis en 1650, l'hôtel de la Rocheguyon, enfin diverses maisons particulières. L'hôtel garda le nom des Guises jusqu'à ce qu'en 1697 le prince de Soubise, François de Rohan, l'achetât aux héritiers de cette maison. Il forma, dit Blondel, « le dessein de rééditier presque à neuf tous les bâtiments qui étaient peu commodes et d'un goût fort ancien ».

Armand-Gaston de Rohan, cardinal, évêque de Strasbourg, grand aumônier de France, les fit commencer en 1706 par M. de la Maire; cet habile architecte sut en faire un édifice qu'on se plaît depuis plus de deux siècles à considérer comme « l'un de plus beaux, des plus grands, des plus somptueux et des plus richement ornés de la capitale ».

Le duc de Guise, protecteur du théâtre du Marais (voir rue Vieille-du-Temple), sur lequel Corneille faisait le plus volontiers représenter ses pièces, avait donné au grand écrivain un appartement dans son hôtel de la rue du Chaume. Il y avait « le couvert et la table », vers 1663 et 1664 (voir R. de Cléry).

En plaçant les Archives de l'empire à l'hôtel Soubise, l'histoire a sauvé l'histoire : ainsi on peut chercher dans cet immense dépôt historique les pièces du procès des Templiers à l'endroit où les frères du Temple possédaient la vaste maison dite du Grand Chantier, qui s'étendait jusqu'à la rue qui en a gardé le nom, et dont le n° 12 vit mourir Lamennais. On trouve les pièces du procès de P. Craon dans la maison même de sa victime, O. de Clisson. L'histoire de notre pays tient à celle même du monument, car on y trouve un trésor sans rival des chartes des rois de France, des archives du Parlement de Paris, des administrations royales, des établissements religieux d'avant la Révolution, comme aussi les pièces des gouvernements de l'époque révolutionnaire. Ce fut Camus qui émit en 1790, à l'Assemblée constituante, l'idée d'un dépôt où l'on concentrerait tous les papiers d'intérêt public; il ne la réalisa que plusieurs années après. Les Archives de l'Assemblée créées en juillet 1789 par l'Assemblée constituante, et confiées à Camus, portèrent, à partir de l'arrêté de 1800, le titre d'Archives nationales. Successivement placées aux Feuillants, aux Capucins de la rue Saint-Honoré, aux Tuileries, au Palais-Bourbon, le dépôt des archives ne fut rassemblé qu'en 1809 dans les bâtiments actuels; Napoléon Ier avait ordonné l'acquisition de cet hôtel le 6 mars 1808, en même temps qu'il affectait le palais du cardinal de Soubise à l'Imprimerie impériale. Les acquisitions et les versements de fonds provenant d'archives diverses nécessitèrent la construction de bâtiments encombrants, élevés surtout de 1838 à 1856. Ils défigurent cours et jardins de l'hôtel. Sous le second empire on éleva les grands murs en bordure à l'intersection des rues des Archives et des Quatre-Fils. Tout récemment on a exécuté divers travaux.

Description. — L'entrée des Archives est ornée de colonnes corinthiennes dépouillées aujourd'hui des statues qui les couronnaient.

Dans le tympan de la boiserie de la porte une figure allégorique « l'Histoire » est du dessin d'Eugène Delacroix. A gauche, sur l'angle, une fontaine occupe le pan coupé. On pénètre dans une des plus belles cours qu'ait jamais possédées maison particulière. Une somptueuse colonnade, de majestueux aspect, ménage, au pourtour, une circulation à couvert. A droite on accède au cabinet du garde général des Archives. On y voit une superbe table du XVIIe siècle; son salon, un reste de l'hôtel d'Assy, a gardé des boiseries du XVIIIe siècle et des proportions qui allient la grâce à la majesté. Au bout de la cour d'honneur, la façade du principal logis forme le fond du décor; un fronton couronne la partie centrale; les armes de Rohan-Soubise ne s'y voient plus; sur les rampants reposent Hercule et Pallas, la Force et la Sagesse, des petits génies des arts et sciences; en dépit d'une tradition erronée qui attribue ces œuvres à Bourdy, les deux statues sont l'œuvre de Guillaume Coustou père. Quatre autres, au-dessus des colonnes, figurent les quatre saisons, ouvrages de Robert le Lorrain. Cette façade a été construite sur l'ancien mur des bâtiments de l'hôtel de Guise; la position des murs de refend placés à l'intérieur de ce vieux bâtiment, n'a point permis de changer beaucoup les percées des croisées de la façade.

Dans l'angle nord-ouest de la cour d'honneur on trouve un

passage qui communique à la cour des anciens bâtiments; sur le sol on a tracé avec des pavés des cercles destinés à garder, dit-on, le souvenir des premiers marronniers plantés à Paris; dans cette cour, dite des Marronniers, on a inscrit les noms des gardes généraux des Archives depuis 1789; ce sont Camus, Daunou, de la Rue, Letronne, de Chabrier, comte de Laborde. Il faudra ajouter les noms de Maury et de M. Servois (1891). Près de ce passage on communique avec la rue des Archives par la porte ogivale du logis de Clisson; de là on accède au premier étage dans la chapelle, qui n'a rien gardé des peintures de Nicolo Abbate, et où l'on a remisé divers objets provenant de l'Exposition de 1867, notamment une grande aquarelle où Ciceri et Benoist la représentent en perspective. Un peu plus au nord on voit un escalier du xviiie siècle, dernier vestige de l'hôtel des Guises; sa rampe en fer est coupée de distance en distance par la croix double et dorée, emblème de la maison de Lorraine et de Guises. Ici furent et le quartier général de la Ligue, et la cour populaire des princes de Guise, depuis François II jusqu'à Henri IV. Plus loin, à l'angle de la rue des Archives et de celle des Quatre-Fils, on voyait, peu avant 1867, une partie de l'ancien hôtel de Guise et la fenêtre à balcon d'où le duc aurait précipité Saint-Mégrin, l'amant présumé de la duchesse.

Il faut revenir à présent dans la cour d'honneur afin de visiter les **APPARTEMENTS DE L'HOTEL DE SOUBISE**, décorés par l'architecte Boffrand de 1735 à 1740 avec une magnificence et un goût incroyables. On suppose que Louis Harpin, sculpteur du roi, aurait exécuté ses conceptions.

L'escalier que l'on trouve en entrant par le milieu du bâtiment du fond de la cour d'honneur est moderne; il a été substitué à l'ancien; Jobbé Duval a peint son plafond; en face de l'entrée se trouvaient en enfilade une antichambre, une salle de dais, une salle d'audience, une chambre de parade, un salon, une antichambre pour les petites entrées; on voit encore dans la troisième salle, au-dessus des portes, une peinture de Boucher et une autre de Vanloo; mais les bâtiments sont modernes. L'unique pièce, demeurée intacte au rez-de-chaussée, se trouve à l'angle; cette ancienne salle à manger du prince de Rohan est élevée sur plan oval. Pourtant les charmants panneaux des boiseries du rez-de-chaussée ont été entamés dans leur partie inférieure pour établir les pupitres alors que l'École des chartes était installée ici Jadis toutes ces pièces étaient ornées de sculptures, de dorures, de glaces, de meubles de prix, de tableaux originaux des peintres les plus habiles. Les communs et le logement des officiers étaient distribués dans des bâtiments placés en aile le long du passage qui communique de l'hôtel à la vieille rue du Temple.

Au *premier étage*, on arrive à une grande antichambre qui donne accès d'une part à l'ancienne chapelle, de l'autre à une salle d'assemblée ou des gardes; un couloir établi au-dessus des salles inférieures conduit à la chambre à coucher, et au salon qui se trouve à sa suite; ils furent ordonnés et décorés d'une façon qui dépasse tout éloge, par l'architecte Boffrand, qui a publié ces décorations dans son livre : elles furent complétées de quelques augmentations dues à l'architecte Constant. Dans trois ailes formant trois retours, différents escaliers dégageaient plusieurs appartements moins vastes que les précédents, mais « néanmoins décorés, dit Blondel, avec beaucoup de goût, et chaque pièce renferme des beautés de détail qui méritent l'attention des personnes intelligentes ». Le xviiie siècle a laissé là son plus joli sourire. Dans la première salle, dite salle des Bourbons, ancienne chambre à coucher de la princesse de Soubise, des boiseries d'une exécution parfaite, sculptées et dorées, encadrent deux délicieux trumeaux de porte, peints en 1737; sur l'un, Boucher a représenté les Trois Grâces; sur l'autre, Trémolière a figuré Minerve enseignant la tapisserie à une jeune fille. Dans la décoration du plafond on a célébré par des bas-reliefs l'influence de Vénus; ici Vénus caresse son chasseur Adonis, là Diane regarde Endymion; du côté des fenêtres on voit Bacchus et Ariane, et, sur les trumeaux des attributs bachiques. Le salon est blanc avec cadres en bois sculpté et dorés. Dans la pièce suivante ou salon ovale, Ch. Natoire a conté spirituellement, en formes gracieuses et en tons clairs, douze épisodes de l'histoire de Psyché. Les attributs des arts, des sciences, de la musique, du commerce, chargent les médaillons dorés descendant entre les tableaux de Natoire.

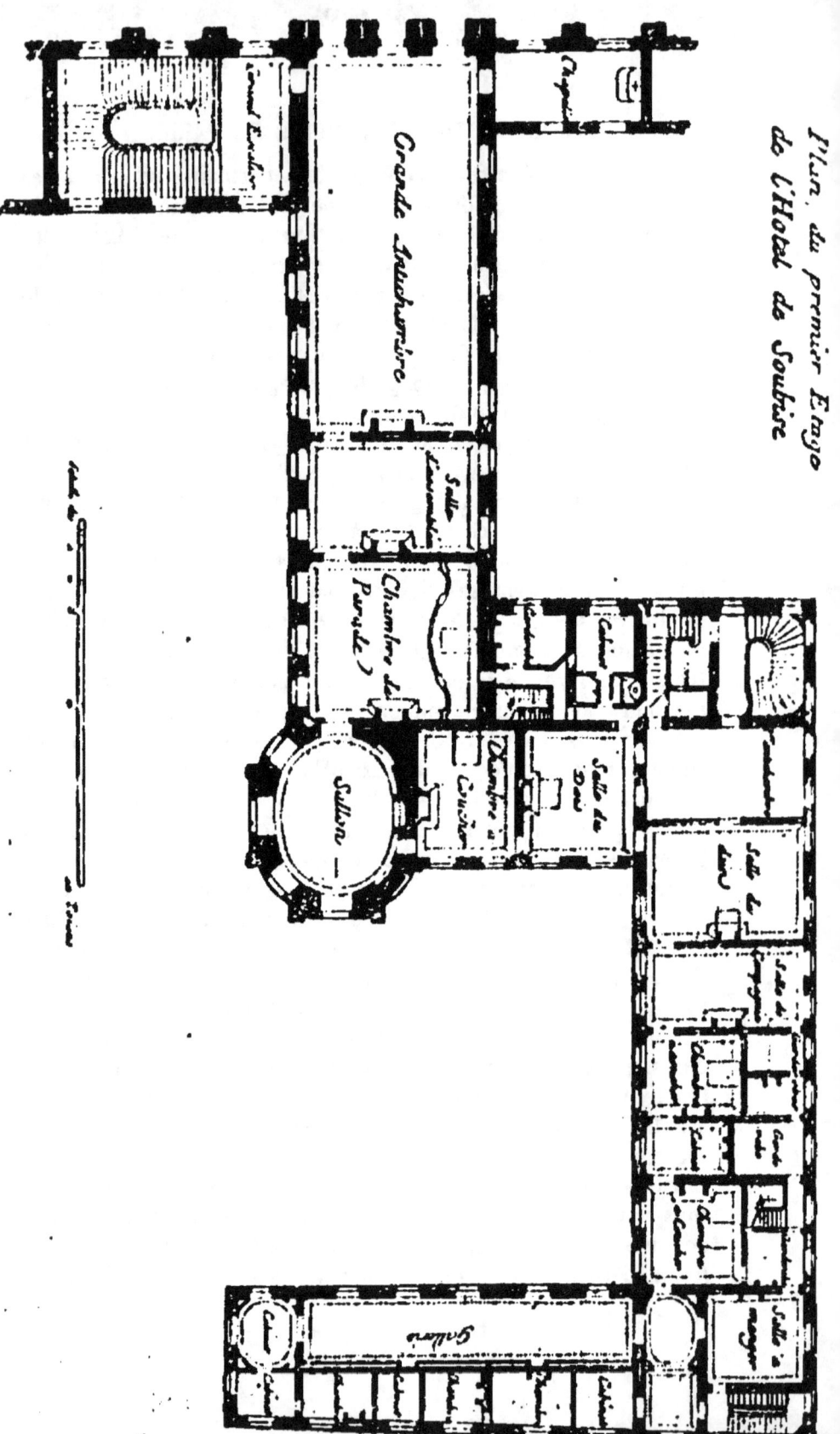

Pl. 115. — Plan de l'Hôtel de Soubise (état ancien d'après Blondel) aujourd'hui Archives nationales, rue des Francs-Bourgeois.

La chambre suivante, dite de la République, est une ancienne chambre à coucher; au-dessus de ses portes des trumeaux de Boucher, Restout, Carle Vanloo, Trémolière; ce dernier porte la date de 1737.

Nous ne pouvons même pas indiquer le nom de tous les précieux documents conservés aux Archives, notamment dans l'armoire de fer. Signalons pourtant la très belle table qui se trouve dans le cabinet du directeur; celle qu'on voit dans la salle du Consulat est du xviii° siècle; on a substitué les armes révolutionnaires à la fleur de lis. Provenant du cabinet de Louis XVI, placée dans le Comité de Salut public aux Tuileries, Robespierre y fut déposé pendant la nuit du 9 au 10 thermidor an II, après qu'il eut été ramené blessé de l'hôtel de ville.

Dans une galerie on garde le modèle de la Bastille, entouré des clefs du monument, et offert le 14 juillet 1790 le jour du pacte fédératif, à l'Assemblée constituante. Près de là la table du Parlement de Paris sous Louis XIII, le fauteuil du président du Parlement, dont un second exemplaire est une copie parfaite; on garde aussi un siège qui passe pour avoir été le fauteuil académique de Corneille.

En franchissant la porte n° 60 de la rue des Francs-Bourgeois on entre dans la cour de l'ÉCOLE DES CHARTES fondée en 1321, organisée en 1846 pour la formation des archivistes paléographes. Elle a eu une grande influence sur les études historiques, qui s'est manifestée par la « Bibliothèque de l'École des chartes »; M. Roman, dans le volume de 1890, y explique précisément les armoiries d'une très intéressante fenêtre du début du xvi° siècle, dissimulée en partie sous des adjonctions modernes; elle a gardé son appui, ses encadrements et son linteau orné d'un écusson avec cordelière, semis de mouchetures d'hermines et d'étoiles; ce sont les armes, sculptées en 1545, de la famille Clausse.

LA RUE VIEILLE-DU-TEMPLE.

Est une des rues les plus intéressantes de Paris à cause des anciens hôtels qui s'y trouvent. Ainsi le n° 36 a gardé une porte et une cour, le n° 44 une disposition originale d'escalier, le n° 45 une façade du siècle dernier. L'hôtel du maréchal de Rieux se trouvait à l'angle des rues Vieille-du-Temple et des Blancs-Manteaux ; ici, en novembre 1407 fut assassiné le frère du roi, duc d'Orléans, ramassé au coin de la rue Barbette. En 1421 le logis de Pierre de Rieux de Rochefort avait été confisqué par les Anglais. Une partie, venue aux mains de Mme Hardy, fut vendue en 1638 à Amelot de Bizeuil ; il fit élever, par l'architecte Cottart, l'habitation qui porte le n° 47 ; elle a pris le nom d'**HOTEL AMELOT DE BIZEUIL** ou **HOTEL DES AMBASSADEURS BATAVES**, a gardé son portail magistral garni d'une belle boiserie, ses deux cours reliées par un passage voûté, ensemble grandiose, imposant, où se reflètent les magnificences un peu solennelles chères au grand roi. La porte monumentale, qui a conservé ses belles sculptures, servait d'entrée principale ; l'autre entrée procurait un dégagement aux voitures sur la rue des Singes. Ce n'est pas une grande demeure, mais le modèle des habitations moyennes au xvii° siècle, intermédiaire entre la maison du riche magistrat et l'hôtel du prince. Bâti par Amelot de Bizeuil, l'hôtel fut longtemps occupé par l'ambassadeur de Hollande. Ce qui le fait encore appeler aujourd'hui l'hôtel de Hollande. Possédé par Letellier, architecte du roi, les fermiers des boucheries de Paris, qui s'y réunissaient deux fois par semaine, le louèrent ensuite à Pingot, secrétaire du roi. L'almanach de 1788 mentionne pour cet hôtel un « Projet des mères nourrices par M. *Caron de Beaumarchais* et la dame son épouse ». Il ne reste rien aujourd'hui de l'ancienne décoration des appartements « d'un goût noble quoique ancien », écrit Blondel, rien non plus de « l'Aurore » peinte à fresque par Vien. Mais on voit encore, au revers de la porte d'entrée, le bas-relief où Regnardin a figuré Romulus et Rémus allaités par la louve. La façade, vis-à-vis de l'entrée, dans la première cour, est ornée au rez-de-chaussée de quatre pilastres. Le premier étage est d'un goût plus médiocre, surchargé de gaines portant

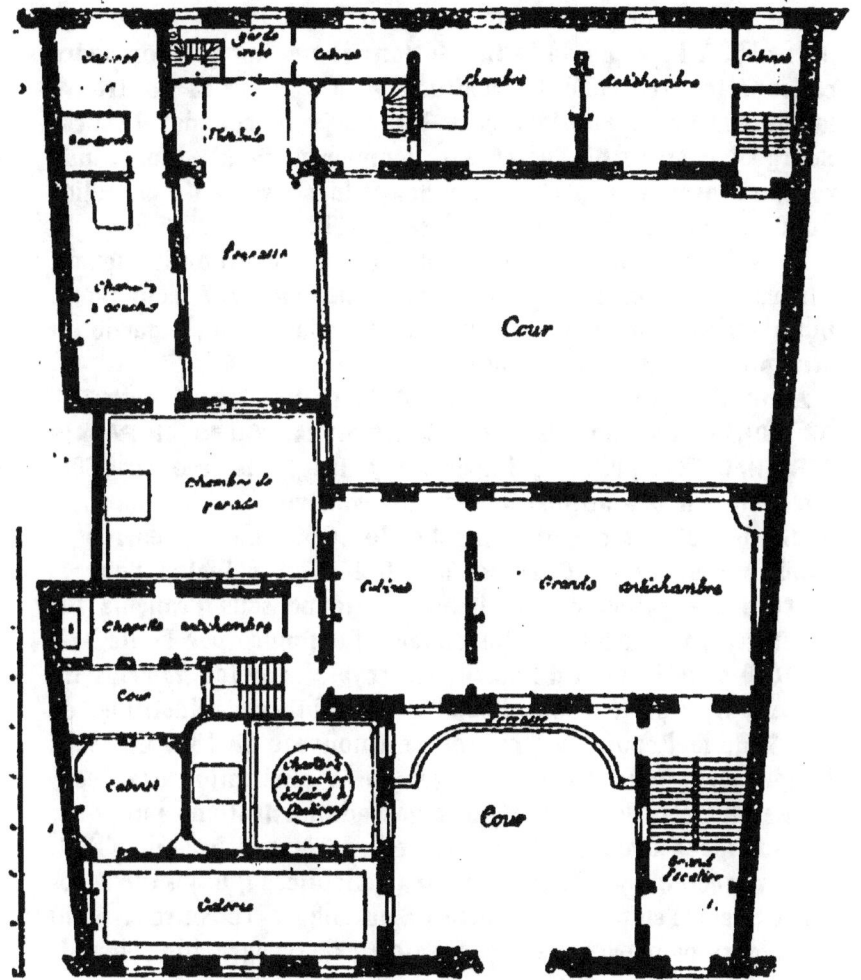

Plan du premier étage de l'hôtel de Breuil

Pl. 111. — Disposition ancienne de l'hôtel des Ambassadeurs de Hollande.

un fronton ; elle laisse supposer que ce bâtiment a été ordonné par deux architectes différents. Quatre cadrans solaires, peints en grisaille de chaque côté, ont été établis par le carme Sébastien Truchet. Les peintures étaient de Vouet, Vien, Van Boucle, Dorigny et J.-B. Corneille.

L'ancienne porte de l'hôtel Barbette existait encore en face du n° 55, à l'époque de la Révolution ; il ne faut pas confondre cette porte avec celle du quai des Ormes. Au n° 54 se trouve la tourelle de la rue Vieille-du-Temple (voir rue des Francs-Bourgeois). Au n° 64 l'hôtel des Pommereu, famille de grande robe, a conservé sa porte ancienne, et le souvenir du chevalier Duguet, un curieux qui résidait ici en 1691.

Le n° 75, ancien hôtel de la Tour du Pin, nom d'un lieutenant général des armées de Bourgogne, eut en 1787 pour hôte, Dufartre, trésorier des bâtiments du roi ; la maison a gardé du xviii° siècle sa porte et sa cour.

Au n° 87 se trouve l'IMPRIMERIE NATIONALE, ancien HOTEL DE ROHAN, nommé aussi HOTEL DE STRASBOURG et PALAIS CARDINAL ; l'Imprimerie impériale y fut transférée en 1808. Agrandie par des acquisitions et des constructions la superficie totale de l'établissement approche de 10 000 mètres carrés et emploie plus de 1300 personnes. Créée en principe pour la gravure des caractères de Robert Estienne sous François Ier, organisée par Richelieu, l'imprimerie fut fondée par Louis XIII en 1640 sous le nom d'Imprimerie royale dans les galeries du Louvre, transportée dans l'hôtel de Penthièvre, réinstituée en l'an II de la République, organisée à nouveau en 1809 et 1823 ; l'Imprimerie nationale est chargée de la publication des documents officiels, des impressions des administrations publiques et d'ouvrages d'art ou de science entrepris aux frais de l'État. On n'y exécute pour le compte des particuliers que les ouvrages qui exigent l'emploi de caractères qui ne se retrouvent point dans les imprimeries privées ; un atelier de typographie orientale y a été installé en 1813.

L'hôtel de Rohan a gardé son mur sur la rue, la façade monumentale de la cour d'entrée, décorée d'une statue de Gutenberg par David d'Angers (1852) ; à droite s'ouvre un passage qui conduit à la cour des écuries ; aujourd'hui dépôt de papier ; c'est au-dessus d'une étroite arcade que se déploie d'une façon magnifique un bas-relief dû au ciseau de Le Lorrain, « les Chevaux à l'Abreuvoir », sujet qui marque bien la place des anciennes écuries. Au fond de la cour d'honneur on accède à un vestibule où se trouve un moulage de ce bas-relief. A côté la Bibliothèque, salle ancienne contenant des éditions intéressantes, puis l'escalier conduisant à la direction et au secrétariat. Ces services occupent au premier étage, les pièces donnant sur le jardin. Il y avait là un tracé à la française dont on reconnaît la composition malgré l'absence d'entretien, et malgré l'encombrement amené par les ateliers élevés sur ses côtés ; pourtant la vasque de la fontaine centrale est conservée. Au surplus la façade vers le jardin est intacte : au centre quatre colonnes toscanes portent trois balcons surmontés de quatre colonnes ioniques et d'un fronton ; c'est derrière elle que se trouvent au premier étage « la salle des Poinçons » qui a gardé un beau plafond, et de superbes portes, dont les quatre dessus figurent les quatre Éléments dus au peintre Pierre ; c'était l'ancienne Bibliothèque du cardinal ; les armoires contiennent aujourd'hui les matrices de caractères impossibles à se procurer ailleurs.

Mais la véritable merveille est la pièce voisine, ancienne chambre à coucher, dite aujourd'hui « salon des Singes ». Elle n'est plus encombrée d'armoires, bien qu'en aient dit les plus récents ouvrages. L'harmonie des chaudes colorations donne toute leur valeur aux arabesques qui décorent les hautes parois ; des moulures de bois sculpté et doré encadrent chacun des jeux de l'enfance, où le chinois joue un très grand rôle. Les panneaux de soubassement ornés d'oiseaux sont simples et charmants ; dans l'angle sud-ouest un renfoncement était réservé à l'autel de l'oratoire ; au-dessus un tableau de piété dont le cadre existe seul. Ces panneaux ont été exécutés de 1745 à 1750 par Fr. Boucher le Vieux et Ch. Huet. C'est un digne pendant des splendeurs de l'hôtel des Archives (voyez ce mot) relié à celui-ci par la rue de Soubise aujourd'hui détruite par l'apport de constructions nouvelles. Enfin on peut voir dans le cabinet du directeur quatre tableaux de Pierre et une horloge de Boule. Cet hôtel fut bâti en 1712 par Armand-Gaston, cardinal de Rohan, évêque de Strasbourg, membre de l'Académie française, inhumé en 1749 au couvent voisin de la Merci. La salle des Singes fut la chambre à coucher du dernier cardinal, le héros de la triste affaire du Collier.

Le n° 80 attenait au jeu de paume où le théâtre du Marais s'établit au commencement du règne de Louis XIII; ses comédiens, venus de l'hôtel d'Argent, rue de la Poterie-des-Arcis, rivalisèrent avec la troupe de Molière, puis s'installèrent au faubourg Saint-Germain avec les comédiens de l'hôtel de Bourgogne.

Du côté pair de la rue Vieille-du-Temple, entre la rue de la Perle et la rue des Coutures, existait, de 1631 à 1673, le théâtre du Marais, où *le Cid* du Grand Corneille fut représenté pour la première fois. Dans cette rue de la Perle, on trouve, aux n°° 3, 6, 9, 11, des portes du xviii° siècle.

L'hôtel d'Épernon ou de Caumartin occupait la place des n°° 100 à 118 de la rue Vieille-du-Temple; il fut fort en faveur sous les derniers Valois et les premiers Bourbons. Au n° 106, l'hôtel de Barmont, restauré pour Charles du Tillet de la Boussière et où mourut Rousselin Corbeau de Saint-Albin qui créa « Le Constitutionnel ». L'hôtel a conservé son aspect ancien, son fronton à lions accolés, sa cour intacte à refends et arcades. Le n° 110 a gardé une cour ancienne, les boiseries de sa porte et le n° 137 les menuiseries de sa porte d'entrée.

A la hauteur des n°° 96 et 107, on rencontre l'hôtel Salé ou de Juigné, dit aussi hôtel Le Camus, de Chameville. Il s'élève à l'angle de la rue de Thorigny et de la rue des Coutures-Saint-Gervais dont le nom garde le souvenir des anciennes coutures ou cultures de l'hôpital Saint-Gervais, vestige de ce qui

restait à bâtir des marais du Temple pour terminer l'entreprise commencée en 1003; le terrain fut vendu par les religieuses de Saint-Anastase à Aubert de Fontenay en 1056;

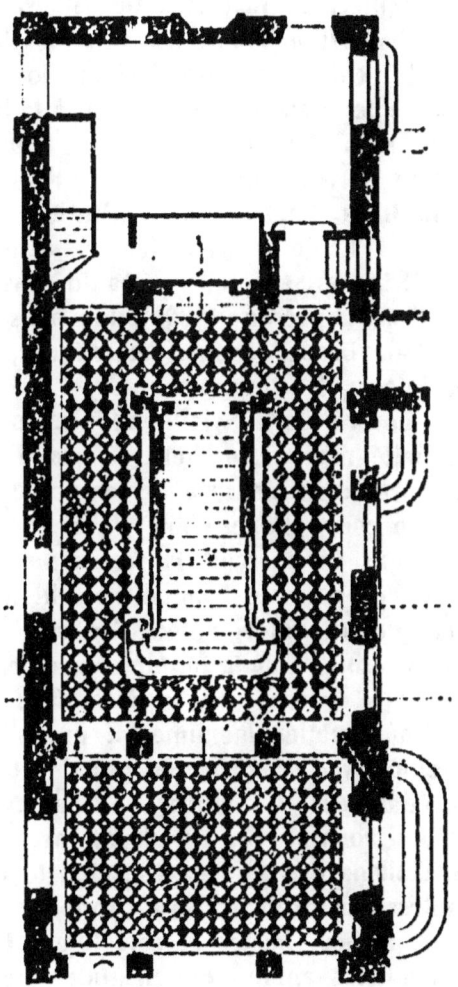

Pl. 116. — Plan de l'escalier de l'hôtel Salé. Echelle de 4ᵐᵐ par mètre.

comme le sel avait fait la fortune de ce fermier des gabelles, son hôtel dut à la malice populaire le nom consigné sur les places de Jouvin (1672) de Nicolas de Fer (1697), de Jaillot (1713) de Van Condy (1760) et que les gens du Marais lui appliquent encore. Le cessionnaire d'Aubert de Fontenay fut Jean le Camus, secrétaire du roi, frère du cardinal; l'hôtel, demeuré encore dans sa famille en 1739, devint successivement la résidence des ambassadeurs de Venise, du maréchal de Villeroi, gouverneur de Louis XV, de Chameville (1703), des Juigné; l'un d'eux, archevêque de Paris, eut sa voiture lapidée, le 24 juin 1789, pour avoir conseillé de résister par la force à la Révolution; il émigra; alors, dans sa demeure devenue un bien national, on rassembla les livres sauvés dans le quartier; l'hôtel fut ensuite acquis pour 4 millions, loué à une institution, et devint en 1827 le berceau de l'École centrale des arts et manufactures; elle le quitta en 1885 pour s'installer près du conservatoire des Arts et Métiers. C'est à présent (1891) une maison louée par M. Vian, fabricant de bronze, lampes artistiques, aux héritiers du dernier propriétaire, M. Roussilhe.

L'hôtel, digne encore de sa vieille réputation, montre, dès l'abord, la simplicité magistrale chère au grand siècle; après avoir passé la porte d'entrée, n° 5 de la rue de Thorigny, on pénètre dans une cour, d'une noble et sévère ordonnance, entourée de communs. On aperçoit la façade à refends et bossages, surmontée d'un puissant fronton. Des chiens soutiennent l'écusson, couronné d'un cimier, entouré de guirlandes portées par des amours. Aux angles de la façade s'enroulent des volutes qui buttent sur des sphinx. On pénètre dans un vestibule communiquant à un escalier monumental qui s'élève, sur des rampants appareillés avec l'élégance du grand art du Trait. La rampe est décorée du chi....ubert. Au palier, un mur renforcé de pilastres corinthiens, encadrant avec leur délicate corniche des médaillons ornés de bustes, selon le mode antique. Sur les trois autres parois on trouve un rappel de cette ordonnance à pilastres, niches, bustes et cariatides; les ornements sculptés du plafond, les enfants enguirlandant, complètent ce riche ensemble dont les perspectives sont oblitérées par les remplissages des baies.

Pour visiter les appartements prenons la porte qui se trouve du côté opposé à la paroi sur laquelle on débouche en arrivant au premier étage. On entre dans un beau vestibule; les murs ont gardé les piédestaux des divinités de l'Olympe aujourd'hui disparus ; au-dessus des portes des bustes en demi-relief très saillants ; un bas-relief, Jupiter couché, figure dans la voussure du plafond. Les autres pièces conservent des panneaux de menuiserie traités d'une façon supérieure, et des copies dans le genre du Guide, du Poussin, de J. Romain, de Watteau. Les tableaux des maîtres qui avaient orné les intérieurs ont été transportés par le précédent propriétaire dans son appartement de la rue des Vosges ; tels un « Enlèvement d'Europe » et une « Nymphe poursuivie », œuvres de Coypel, des animaux par Oudry. Une « Toilette de Vénus » de Coypel est passée aux mains de M. Lavallée fondateur de l'École centrale.

Il faut encore voir le côté des jardins, aujourd'hui remplis de hangars ; on y accède par une porte, au n° 1 ter de la rue des Coutures-Saint-Gervais, décorée de volutes qui arc-boutent la façade, et précédées d'un lion accroupi tenu en laisse par un Amour. Les chiens se retrouvent dans la décoration du fronton de cette façade.

LA RUE DES ARCHIVES.

Le côté des numéros impairs est formé de maisons neuves, récemment bâties, par suite de l'élargissement en mars 1888 de la rue des Archives qui ne porte ce nom que depuis lors. C'était auparavant la rue du Chaume qui gardait, au n° 5, une superbe porte du XVIIIe siècle occupée actuellement par les n° 7 et 9 de la rue des Archives. Les n° 11, 13 tiennent la place de deux portes intéressantes, l'une fine et délicate, l'autre grandiose, d'un caractère puissant, ornée primitivement d'un bas relief encore en place vers 1857 et figurant non Louis XIV, comme on l'a écrit, mais la conversion de Constantin ; c'était l'ancienne porte du monastère de l'église de Sainte-Croix, bâti par le célèbre architecte Pierre de Montreuil.

De l'autre côté de la rue des Archives, on voit, au n° 8, un des vieux pignons parisiens, qui rappelle la physionomie de Paris au XVIIe siècle.

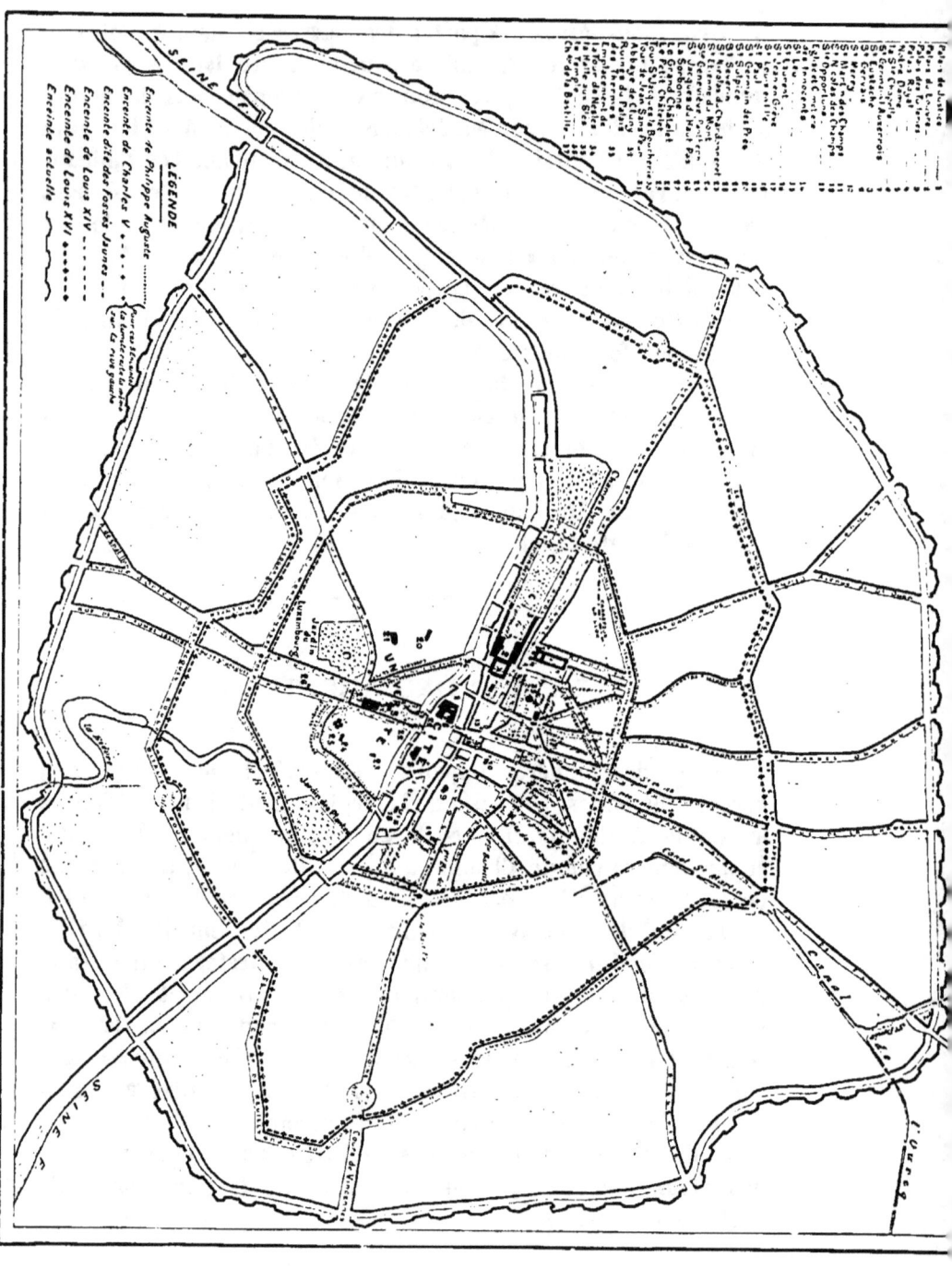

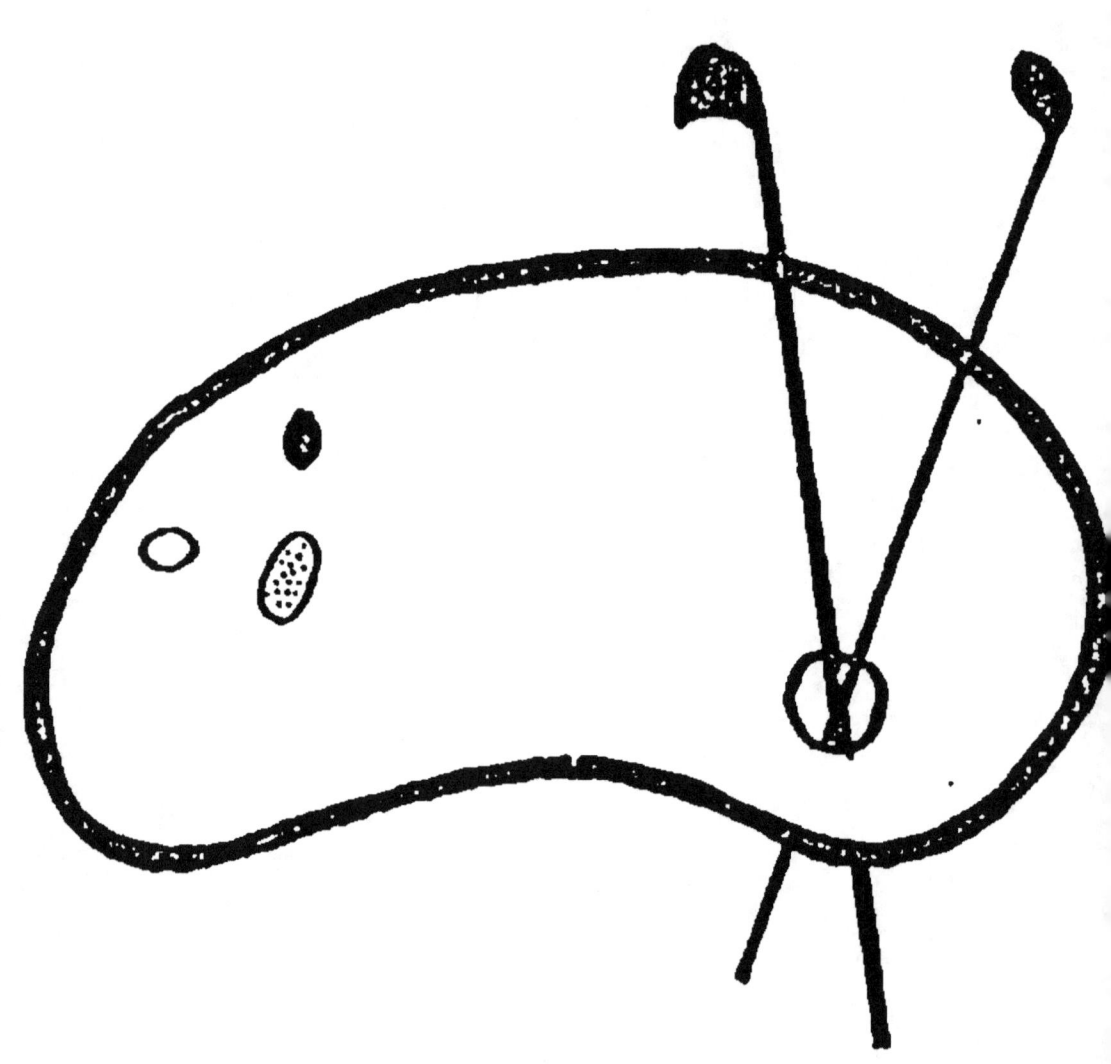

DEBUT D'UNE SERIE DE DOCUMENTS
EN COULEUR

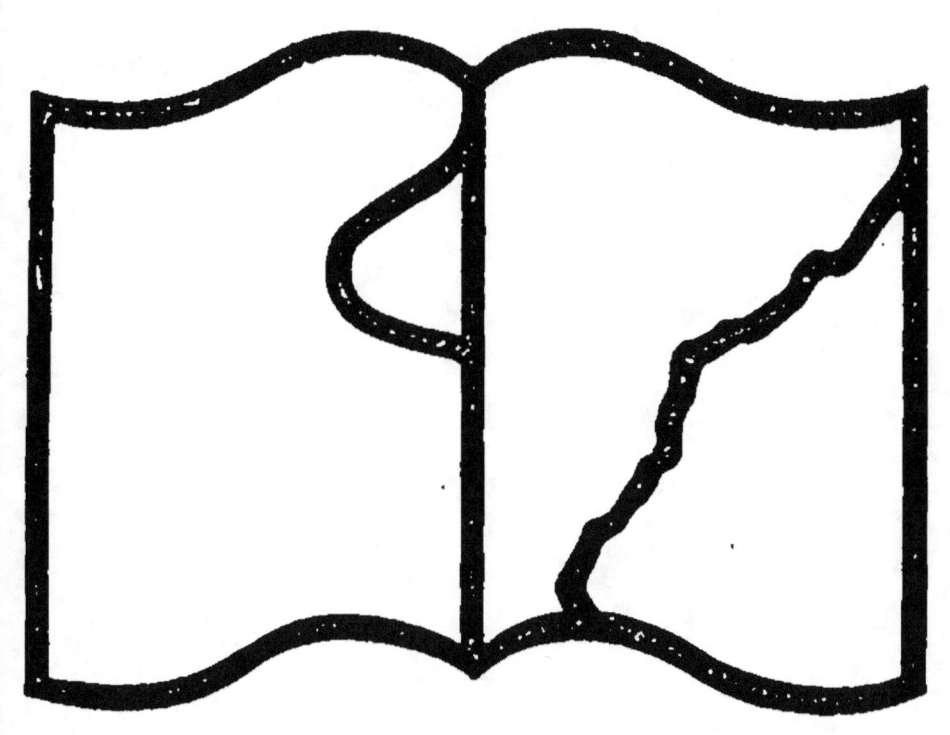

Texte détérioré — reliure défectueuse
NF Z 43-120-11

VALABLE POUR TOUT OU PARTIE DU
DOCUMENT REPRODUIT

CHARLES NORMAND

Architecte diplômé par le Gouvernement;
Secrétaire général de la Société des Amis des Monuments Parisiens
Directeur de la Revue l'Ami des Monuments.

NOUVEL
ITINÉRAIRE-GUIDE
ARTISTIQUE
ET ARCHÉOLOGIQUE DE
PARIS
1889

VOLUME DES GUIDES ARTISTIQUES ET ARCHÉOLOGIQUES DE FRANCE
Publié sous le patronage de la Société des Amis des Monuments Parisiens

Paris, 98, rue Miromesnil, et au siège de la Société, 117, boulevard Saint-Germain

CHARLES NORMAND

Architecte diplômé par le Gouvernement;
Secrétaire général de la Société des Amis des Monuments Parisiens
Directeur de la Revue *l'Ami des Monuments*.

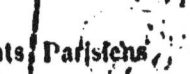

NOUVEL ITINÉRAIRE-GUIDE ARTISTIQUE ET ARCHÉOLOGIQUE DE PARIS
1889

2ᵉ VOLUME DES GUIDES ARTISTIQUES ET ARCHÉOLOGIQUES DE FRANCE
Publié sous le patronage de la Société des Amis des Monuments Parisiens
Paris, 98, rue Miromesnil, et au siège de la Société, 117, boulevard Saint-Germain

CHARLES NORMAND

Architecte diplômé par le Gouvernement;
Secrétaire général de la Société des Amis des Monuments Parisiens
Directeur de la Revue *l'Ami des Monuments*.

NOUVEL
ITINÉRAIRE-GUIDE
ARTISTIQUE
ET ARCHÉOLOGIQUE DE
PARIS
1889

2ᵉ VOLUME DES GUIDES ARTISTIQUES ET ARCHÉOLOGIQUES DE FRANCE
Publié sous le patronage de la Société des Amis des Monuments Parisiens
Paris, 98, rue Miromesnil, et au siège de la Société, 117, boulevard Saint-Germain

CHARLES NORMAND
Architecte diplômé par le Gouvernement;
Secrétaire général de la Société des Amis des Monuments Parisiens
Directeur de la Revue *l'Ami des Monuments*

NOUVEL
ITINÉRAIRE-GUIDE
ARTISTIQUE
ET ARCHÉOLOGIQUE DE
PARIS
1889

2ᵉ VOLUME DES GUIDES ARTISTIQUES ET ARCHÉOLOGIQUES DE FRANCE
Publié sous le patronage de la Société des Amis des Monuments Parisiens
Paris, 93, rue Miromesnil, et au siège de la Société, 117, boulevard Saint-Germain

CHARLES NORMAND

Architecte diplômé par le Gouvernement
Secrétaire général de la Société des Amis des Monuments Parisiens
Directeur de la Revue l'Ami des Monuments.

NOUVEL ITINÉRAIRE-GUIDE ARTISTIQUE ET ARCHÉOLOGIQUE DE PARIS

1890

2ᵉ VOLUME DES GUIDES ARTISTIQUES ET ARCHÉOLOGIQUES DE FRANCE
Publié sous le patronage de la Société des Amis des Monuments Parisiens
Paris, 98, rue Miromesnil, et au siège de la Société, 117, boulevard Saint-Germain

Droits réservés.   ÉDITION UNIQUE DES FONDATEURS   IIᵉ Livraison

LE NOUVEL ITINÉRAIRE-GUIDE
RICHEMENT ILLUSTRÉ
ARTISTIQUE ET ARCHÉOLOGIQUE
DE
PARIS

Publié sous le patronage de la Société des Amis des Monuments Parisiens

PARAIT PAR LIVRAISONS D'IMPORTANCE VARIABLE

L'ouvrage sera terminé le plus rapidement possible et comportera au moins 400 pages avec 150 planches et gravures sur papier teinté de luxe.

ÉDITION UNIQUE ET EXCEPTIONNELLE DES FONDATEURS, 20 FR.
Étranger, 25 fr. — Japon 70 et 75 fr.

TIRAGE NUMÉROTÉ ET LIMITÉ

Au courant des fouilles, monuments nouveaux, renseignements historiques, anecdotiques. Publication de luxe; format de poche, le plus joli souvenir de Paris. Vieilles vues et plans, ensembles, détails inédits, perspectives restituées. En-tête et lettres ornées en couleur.

Pour avoir droit à cette édition, il est nécessaire d'adresser **immédiatement** son adhésion, car le tirage sera réglé sur la liste des inscrits.

Les noms des Fondateurs seront publiés à la fin du volume

Les livraisons ne se vendent pas isolément.

PARIS, 98, RUE MIROMESNIL (Anciennement, 51, Rue des Martyrs)

L'AMI DES MONUMENTS
REVUE ILLUSTRÉE, ORGANE DU COMITÉ DES MONUMENTS FRANÇAIS
ET DU COMITÉ INTERNATIONAL D'AMIS DES MONUMENTS

Un petit volume richement illustré, orné d'en-têtes, lettres ornées, paraît tous les deux mois. Recueil de documents inédits sur les Œuvres d'Art de la France (Architecture, Peinture, Sculpture, Curiosités, Souvenirs historiques). Depuis 1889, un fascicule contient des études inédites sur les œuvres d'art et les découvertes archéologiques de tous pays.

1er Volume : **Monuments français (1887)**. *Couverture bleue*, **60 fr**. (très rare). On ne s'engage pas à le fournir ; le prix pourra être augmenté. — Fascicules 2 à 4 inclus, chaque 5 fr. 95. — N° 5 à 2 fr. 50. — Le n° 1 ne se vend pas isolément.

2e Volume : **Monuments français (1888)**. *Couverture blanche avec lettres bleues*. N° 6 à 10 inclus, le n° 5 fr. 95. — N° 10, Tables, 2 fr. — Depuis l'apparition du n° 10, le prix du volume est porté **25 francs**.

3e Volume : **Monuments français (1889)**. *Couverture blanche avec lettres bleues*. Fascicule 11 et suivants, le volume **20 fr**. (en cours en 1889). — Son prix sera augmenté après son achèvement.

4e Volume : **(1890)**.

LE NOUVEL ITINÉRAIRE-GUIDE
RICHEMENT ILLUSTRÉ
ARTISTIQUE ET ARCHÉOLOGIQUE
DE
PARIS

Publié sous le patronage de la Société des Amis des Monuments Parisiens

PARAIT PAR LIVRAISONS D'IMPORTANCE VARIABLE

L'ouvrage sera terminé le plus rapidement possible et comportera au moins 400 pages avec 150 planches et gravures sur papier teinté de luxe.

ÉDITION UNIQUE ET EXCEPTIONNELLE DES FONDATEURS, 20 FR.
Étranger, 25 fr. — Japon 70 et 75 fr.

TIRAGE NUMÉROTÉ ET LIMITÉ

Au courant des fouilles, monuments nouveaux, renseignements historiques, anecdotiques. Publication de luxe ; format de poche, le plus joli souvenir de Paris. Vieilles vues et plans, ensembles, détails inédits, perspectives restituées. En-tête et lettres ornées en couleur.

Pour avoir droit à cette édition, il est nécessaire d'adresser **immédiatement** son adhésion, car le tirage sera réglé sur la liste des inscrits.

Les noms des Fondateurs seront publiés à la fin du volume
Les livraisons ne se vendent pas isolément.

PARIS, 98, RUE MIROMESNIL (Anciennement, 51, Rue des Martyrs)

L'AMI DES MONUMENTS
REVUE ILLUSTRÉE, ORGANE DU COMITÉ DES MONUMENTS FRANÇAIS
ET DU COMITÉ INTERNATIONAL D'AMIS DES MONUMENTS

Un petit volume richement illustré, orné d'en-têtes, lettres ornées, paraît tous les deux mois. Recueil de documents inédits sur les Œuvres d'Art de la France (Architecture, Peinture, Sculpture, Curiosités, Souvenirs historiques). A partir de 1889, un fascicule contiendra des études inédites sur les œuvres d'art et les découvertes archéologiques de tous pays.

1er Volumes : **Monuments français (1887).** Couverture bleue, 60 fr. (très rare). On ne s'engage pas à le fournir ; le prix pourra être augmenté. — Fascicules 2 à 4 inclus, chaque 5 fr. 95. — N° 5 à 2 fr. 50. — Le n° 1 ne se vend pas isolément.

2e Volume : **Monuments français (1888).** Couverture blanche avec lettres bleues. N° 6 à 10 inclus, le n° 5 fr. 90. — N° 10, Tables, 2 fr. — Depuis l'apparition du n° 15 le prix du volume est porté **25 francs**.

3e Volume : **Monuments français (1889).** Couverture blanche avec lettres bleues. Fascicule 11 et suivants, le volume **20 fr.** (en cours en 1889). — Son prix sera augmenté après son achèvement.

4e Volume : (1890).

LE NOUVEL ITINÉRAIRE-GUIDE
RICHEMENT ILLUSTRÉ
ARTISTIQUE ET ARCHÉOLOGIQUE
DE
PARIS

Publié sous le patronage de la Société des Amis des Monuments Parisiens

PARAIT PAR LIVRAISONS D'IMPORTANCE VARIABLE

L'ouvrage sera terminé le plus rapidement possible et comportera au moins 400 pages ave. 150 planches et gravures sur papier teinté de luxe.

ÉDITION UNIQUE ET EXCEPTIONNELLE DES FONDATEURS, 20 FR.
Étranger, 25 fr. — Japon 70 et 75 fr.

TIRAGE NUMÉROTÉ ET LIMITÉ

Au courant des fouilles, monuments nouveaux, renseignements historiques, anecdotiques. Publication de luxe; format de poche, le plus joli souvenir de Paris. Vieilles vues et plans, ensembles, détails inédits, perspectives restituées. En-tête et lettres ornées en couleur.

Pour avoir droit à cette édition, il est nécessaire d'adresser **immédiatement** son adhésion, car le tirage sera réglé sur la liste des inscrits.

Les noms des Fondateurs seront publiés à la fin du volume

Les livraisons ne se vendent pas isolément.

PARIS, 98, RUE MIROMESNIL (Anciennement, 51, Rue des Martyrs)

L'AMI DES MONUMENTS
REVUE ILLUSTRÉE, ORGANE DU COMITÉ DES MONUMENTS FRANÇAIS
ET DU COMITÉ INTERNATIONAL D'AMIS DES MONUMENTS

Un petit volume richement illustré, orné d'en-têtes, lettres ornées parait tous les deux mois. Recueil de documents inédits sur les Œuvres d'Art de la France (Architecture, Peinture, Sculpture, Curiosités, Souvenirs historiques). A partir de 1887, un fascicule contiendra des études inédites sur les œuvres d'art et les découvertes archéologiques de tous pays.

1ᵉʳ Volumes : **Monuments français (1887)**. *Couverture bleue*, **60 fr.** (très rare) On ne s'engage pas à le fournir; le prix pourra être augmenté. — Fascicules 2 à inclus, chaque 5 fr. 95. — N° 5 à 2 fr. 50. — Le n° 1 ne se vend pas isolément.

2ᵉ Volume : **Monuments français (1888)**. *Couverture blanche avec lettres bleues* N° 6 à 10 inclus, le n° 5 fr. 90. — N° 10, Tables, 2 fr. — Depuis l'apparition du n° 1, le prix du volume est porté **25 francs**.

3ᵉ Volume : **Monuments français (1889)**. *Couverture blanche avec lettres bleues* Fascicule 11 et suivants, le volume **20 fr.** (en cours en 1889). — Son prix sera augmenté après son achèvement.

LE NOUVEL ITINÉRAIRE-GUIDE
RICHEMENT ILLUSTRÉ
ARTISTIQUE ET ARCHÉOLOGIQUE
DE
PARIS

Publié sous le patronage de la Société des Amis des Monuments Parisiens

PARAIT PAR LIVRAISONS D'IMPORTANCE VARIABLE

L'ouvrage sera terminé le plus rapidement possible et comportera au moins 400 pages avec 150 planches et gravures sur papier teinté de luxe.

ÉDITION UNIQUE ET EXCEPTIONNELLE DES FONDATEURS, 20 FR.
Étranger, 25 fr. — Japon 70 et 75 fr.

TIRAGE NUMÉROTÉ ET LIMITÉ

Au courant des fouilles, monuments nouveaux, renseignements historiques, anecdotiques. Publication de luxe ; format de poche, le plus joli souvenir de Paris. Vieilles vues et plans, ensembles, détails inédits, perspectives restituées. En-tête et lettres ornées en couleur.

Pour avoir droit à cette édition, il est nécessaire d'adresser **immédiatement** son adhésion, car le tirage sera réglé sur la liste des inscrits.

Les noms des Fondateurs seront publiés à la fin du volume

Les livraisons ne se vendent pas isolément.

PARIS, 98, RUE MIROMESNIL (Anciennement, 51, Rue des Martyrs)

L'AMI DES MONUMENTS
REVUE ILLUSTRÉE, ORGANE DU COMITÉ DES MONUMENTS FRANÇAIS
ET DU COMITÉ INTERNATIONAL D'AMIS DES MONUMENTS

Un petit volume richement illustré, orné d'en-têtes, lettres ornées parait tous les deux mois. Recueil de documents inédits sur les Œuvres d'Art de la France (Architecture, Peinture, Sculpture, Curiosités, Souvenirs historiques). A partir de 1889, un fascicule contiendra des études inédites sur les œuvres d'art et les découvertes archéologiques de tous pays.

1er Volume : **Monuments Français (1887)**. *Couverture bleue*, **60 fr.** (très rare). On ne s'engage pas à le fournir ; le prix pourra être augmenté. — Fascicules 2 à 4 inclus, chaque 5 fr. 95. — N° 5 à 2 fr. 50. — Le n° 1 ne se vend pas isolément.

2e Volume : **Monuments Français (1888)**. *Couverture blanche avec lettres bleues*. N° 6 à 10 inclus, le n° 5 fr. 95. — N° 10, Tables, 2 fr. — Depuis l'apparition du n° 10, le prix du volume est porté à **25 francs**.

3e Volume : **Monuments Français (1889)**. *Couverture blanche avec lettres bleues*. Fascicule 11 et suivants, le volume **20 fr.** (en cours en 1889). — Son prix sera augmenté après son achèvement.

LE NOUVEL ITINÉRAIRE-GUIDE
RICHEMENT ILLUSTRÉ
ARTISTIQUE ET ARCHÉOLOGIQUE
DE
PARIS

Publié sous le patronage de la Société des Amis des Monuments Parisiens

PARAIT PAR LIVRAISONS D'IMPORTANCE VARIABLE

L'ouvrage sera terminé le plus rapidement possible et comportera au moins 400 pages avec 150 planches et gravures sur papier teinté de luxe.

ÉDITION UNIQUE ET EXCEPTIONNELLE DES FONDATEURS, 20 FR.
Étranger, 25 fr. — Japon 70 et 75 fr.

TIRAGE NUMÉROTÉ ET LIMITÉ

Au courant des fouilles, monuments nouveaux, renseignements historiques, anecdotiques. Publication de luxe ; format de poche, le plus joli souvenir de Paris. Vieilles vues et plans, ensembles, détails inédits, perspectives restituées. En-tête et lettres ornées en couleur.

Pour avoir droit à cette édition, il est nécessaire d'adresser **immédiatement** son adhésion, car le tirage sera réglé sur la liste des inscrits.

Les noms des Fondateurs seront publiés à la fin du volume

Les livraisons ne se vendent pas isolément.

PARIS, 98, RUE MIROMESNIL (Anciennement, 51, Rue des Martyrs)

L'AMI DES MONUMENTS
REVUE ILLUSTRÉE, ORGANE DU COMITÉ DES MONUMENTS FRANÇAIS
ET DU COMITÉ INTERNATIONAL D'AMIS DES MONUMENTS

Un petit volume richement illustré, orné d'en-têtes, lettres ornées parait tous les deux mois. Recueil de documents inédits sur les *Œuvres d'Art de la France* (Architecture, Peinture, Sculpture, Curiosités, Souvenirs historiques). A partir de 1889, un fascicule contiendra des études inédites sur les œuvres d'art et les découvertes archéologiques de tous pays.

1ᵉʳ Volume : **Monuments Français (1887).** *Couverture bleue*, **60 fr.** (très rare). On ne s'engage pas à le fournir ; le prix pourra être augmenté. — Fascicules 2 à 5 inclus, chaque 5 fr. 95. — N° 5 à 2 fr. 50. — Le n° 1 ne se vend pas isolément.

2ᵉ Volume : **Monuments Français (1888).** *Couverture blanche avec lettres bleues.* N° 6 à 10 inclus, le n° 5 fr. 90. — N° 10, Tables, 2 fr. — Depuis l'apparition du n° 10 le prix du volume est porté à **25 francs**.

3ᵉ Volume : **Monuments Français (1889).** *Couverture blanche avec lettres bleues.* Fascicule 11 et suivants, le volume **20 fr.** (en cours en 1889). — Son prix sera augmenté a

CHARLES NORMAND

Architecte diplômé par le Gouvernement;
Secrétaire général de la Société des Amis des Monuments Parisiens
Directeur de la Revue *l'Ami des Monuments*.

NOUVEL ITINÉRAIRE-GUIDE ARTISTIQUE ET ARCHÉOLOGIQUE DE PARIS

1889

2ᵉ VOLUME DES GUIDES ARTISTIQUES ET ARCHÉOLOGIQUES DE FRANCE
Publié sous le patronage de la Société des Amis des Monuments Parisiens

Paris, 98, rue Miromesnil, et au siège de la Société, 117, boulevard Saint-Germain

CHARLES NORMAND

Architecte diplômé par le Gouvernement;
Secrétaire général de la Société des Amis des Monuments Parisiens;
Directeur de la Revue l'Ami des Monuments.

NOUVEL
ITINÉRAIRE-GUIDE
ARTISTIQUE
ET ARCHÉOLOGIQUE DE
PARIS
1889

2e VOLUME DES GUIDES ARTISTIQUES ET ARCHÉOLOGIQUES DE FRANCE
Publié sous le patronage de la Société des Amis des Monuments Parisiens
Paris, 98, rue Miromesnil, et au siège de la Société, 117, boulevard Saint-Germain

CHARLES NORMAND

Architecte diplômé par le Gouvernement
Secrétaire général de la Société des Amis des Monuments Parisiens
Directeur de la Revue l'Ami des Monuments.

NOUVEL ITINÉRAIRE-GUIDE ARTISTIQUE ET ARCHÉOLOGIQUE DE PARIS

1889

2ᵉ VOLUME DES GUIDES ARTISTIQUES ET ARCHÉOLOGIQUES DE FRANCE

Publié sous le patronage de la Société des Amis des Monuments Parisiens

Paris, 98, rue Miromesnil, et au siège de la Société, 117, boulevard Saint-Germain

Droits réservés — ÉDITION UNIQUE DES FONDATEURS — 8ᵉ Livraison

LE NOUVEL ITINÉRAIRE-GUIDE

RICHEMENT ILLUSTRÉ
ARTISTIQUE ET ARCHÉOLOGIQUE
DE
PARIS

Publié sous le patronage de la Société des Amis des Monuments Parisien

PARAIT PAR LIVRAISONS D'IMPORTANCE VARIABLE

L'ouvrage sera terminé le plus rapidement possible et comportera au moins 406 pages avec 150 planches et gravures sur papier teinté de luxe.

ÉDITION UNIQUE ET EXCEPTIONNELLE DES FONDATEURS, 20 FR.

Étranger, 25 fr. — Japon 70 et 75 fr.

TIRAGE NUMÉROTÉ ET LIMITÉ

Au courant des fouilles, monuments nouveaux, renseignements historiques, anecdotiques. Publication de luxe ; format de poche, le plus joli souvenir de Paris Vieilles vues et plans, ensembles, détails inédits, perspectives restituées. En-tête et lettres ornées en couleur.

Pour avoir droit à cette édition, il est nécessaire d'adresser **immédiatement** son adhésion, car le tirage sera réglé sur la liste des inscrits.

Les noms des Fondateurs seront publiés à la fin du volume

Les livraisons ne se vendent pas isolément.

PARIS, 98, RUE MIROMESNIL (Anciennement, 51, Rue des Martyrs)

L'AMI DES MONUMENTS

REVUE ILLUSTRÉE, ORGANE DU COMITÉ DES MONUMENTS FRANÇAIS
ET DU COMITÉ INTERNATIONAL D'AMIS DES MONUMENTS

Un petit volume richement illustré, orné d'en-têtes, lettres ornées paraît tous les deux mois Recueil de documents inédits sur les Œuvres d'Art de la France (Architecture, Peinture, Sculpture, Curiosités, Souvenirs historiques). A partir de 1890, un fascicule contiendra des études inédites sur les œuvres d'art et les découvertes archéologiques de tous pays.

1er Volumes : **Monuments français (1887)**. Couverture bleue, 60 fr. (très rare On ne s'engage pas à le fournir ; le prix pourra être augmenté. — Fascicules 2 à inclus, chaque 5 fr. 95. — N° 5 à 2 fr. 50. — Le n° 1 ne se vend pas isolément

2e Volume : **Monuments français (1888)**. Couverture blanche avec lettres bleu. N° 6 à 10 inclus, le n° 5 fr. 90. — N° 10, Tables, 2 fr. — Depuis l'apparition du n° 1 le prix du volume est porté **25** francs.

3e Volume : **Monuments français (1889)**. Couverture blanche avec lettres bleu Fascicule 11 et suivants, le volume **20 fr.** (en cours en 1889). — Son prix sera augmenté après son achèvement.

4e Volume : **(1890)**.

LE NOUVEL ITINÉRAIRE-GUIDE
RICHEMENT ILLUSTRÉ
ARTISTIQUE ET ARCHÉOLOGIQUE
DE
PARIS

Publié sous le patronage de la Société des Amis des Monuments Parisiens

PARAIT PAR LIVRAISONS D'IMPORTANCE VARIABLE

L'ouvrage sera terminé le plus rapidement possible et comportera au moins 400 pages ave 150 planches et gravures sur papier teinté de luxe.

ÉDITION UNIQUE ET EXCEPTIONNELLE DES FONDATEURS, 20 FR.

Étranger, 25 fr. — Japon 70 et 75 fr.

TIRAGE NUMÉROTÉ ET LIMITÉ

Au courant des fouilles, monuments nouveaux, renseignements historiques, anecdotiques. Publication de luxe; format de poche, le plus joli souvenir de Paris Vieilles vues et plans, ensembles, détails inédits, perspectives restituées. En-tête e lettres ornées en couleur.

Pour avoir droit à cette édition, il est nécessaire d'adresser **immédiatemen** son adhésion, car le tirage sera réglé sur la liste des inscrits.

Les noms des Fondateurs seront publiés à la fin du volume

Les livraisons ne se vendent pas isolément.

PARIS, 98, RUE MIROMESNIL (Anciennement, 51, Rue des Martyrs)

L'AMI DES MONUMENTS
REVUE ILLUSTRÉE, ORGANE DU COMITÉ DES MONUMENTS FRANÇAIS
ET DU COMITÉ INTERNATIONAL D'AMIS DES MONUMENTS

Un petit volume richement illustré, orné d'en-têtes, lettres ornées parait tous les deux mo Recueil de documents inédits sur les Œuvres d'Art de la France (Architecture, Peintur Sculpture, Curiosités, Souvenirs historiques). A partir de 1889, un fascicule contiendra d études inédites sur les œuvres d'art et les découvertes archéologiques de tous pays.

1er Volumes : **Monuments français (1887)**. *Couverture bleue*, 60 fr. (très rar On ne s'engage pas à le fournir; le prix pourra être augmenté. — Fascicules 2 inclus, chaque 5 fr. 95. — N° 5 à 2 fr. 50. — Le n° 1 ne se vend pas isolément

2e Volume : **Monuments français (1888)**. *Couverture blanche avec lettres bleu* N° 6 à 10 inclus, le n° 5 fr. 90. — N° 10, Tables, 2 fr. — Depuis l'apparition du n° 1 le prix du volume est porté **25** francs.

3e Volume : **Monuments français (1889)**. *Couverture blanche avec lettres bleu* Fascicule 11 et suivants, le volume **20** fr. (en cours en 1889). — Son prix sera au menté après son achèvement.

LE NOUVEL ITINÉRAIRE-GUIDE
RICHEMENT ILLUSTRÉ
ARTISTIQUE ET ARCHÉOLOGIQUE
DE
PARIS

Publié sous le patronage de la Société des Amis des Monuments Parisiens

PARAIT PAR LIVRAISONS D'IMPORTANCE VARIABLE

L'ouvrage sera terminé le plus rapidement possible et comportera au moins 400 pages avec 150 planches et gravures sur papier teinté de luxe.

ÉDITION UNIQUE ET EXCEPTIONNELLE DES FONDATEURS, 20 FR.
Étranger, 25 fr. — Japon 70 et 75 fr.

TIRAGE NUMÉROTÉ ET LIMITÉ

Au co... nt des fouilles, monuments nouveaux, renseignements historiques, anec
dotique ... Publication de luxe; format de poche, le plus joli souvenir de Paris
Vieilles ... et plans, ensembles, détails inédits, perspectives restituées. En-tête e
lettres (... en couleur.

Pour ... droit à cette édition, il est nécessaire d'adresser **immédiatemen**
son ad... , car le tirage sera réglé sur la liste des inscrits.

noms des ...ndateurs seront publiés à la fin du volume
Les ...vraisons ne se vendent pas isolément.

PARIS, 98, RUE MIROMESNIL (Anciennement, 51, Rue des Martyrs)

L'AMI DES MONUMENTS
REVUE ILLUSTRÉE, ORGANE DU COMITÉ DES MONUMENTS FRANÇAIS
ET DU COMITÉ INTERNATIONAL D'AMIS DES MONUMENTS

Un petit volume richement illustré, orné d'en-têtes, lettres ornées paraît tous les deux mo...
Recueil de documents inédits sur les Œuvres d'Art de la France (Architecture, Peintur...
Sculpture, Curiosités, Souvenirs historiques). A partir de 1889, un fascicule contiendra d...
études inédites sur les œuvres d'art et les découvertes archéologiques de tous pays.

1er Volumes : **Monuments français** (1887). *Couverture bleue*, 60 fr. (très rare
On ne s'engage pas à le fournir; le prix pourra être augmenté. — Fascicules 2 à
inclus, chaque 5 fr. 95. — N° 5 à 2 fr. 50. — Le n° 1 ne se vend pas isolément

2e Volume : **Monuments français** (1888). *Couverture blanche avec lettres bleu...*
N° 6 à 10 inclus, le n° 5 fr. 00. — N° 10. Tables, 2 fr. — Depuis l'apparition du n° 1...
le prix du volume est porté **25 francs**.

3e Volume : **Monuments français** (1889). *Couverture blanche avec lettres bleu...*
Fascicule 11 et suivants, le volume **20 fr.** (en cours en 1889). — Son prix sera au...
menté après son achèvement.

CHARLES NORMAND
Architecte diplômé par le Gouvernement;
Secrétaire général de la Société des Amis des Monuments Parisiens
Directeur de la Revue *l'Ami des Monuments*.

NOUVEL
ITINÉRAIRE-GUIDE
ARTISTIQUE
ET ARCHÉOLOGIQUE DE
PARIS
1889

2ᵉ VOLUME DES GUIDES ARTISTIQUES ET ARCHÉOLOGIQUES DE FRANCE
Publié sous le patronage de la Société des Amis des Monuments Parisiens
Paris, 98, rue Miromesnil, et au siège de la Société, 117, boulevard Saint-Germain

Droits réservés.   ÉDITION UNIQUE DES FONDATEURS   9 Livraison

CHARLES NORMAND

Architecte diplômé par le Gouvernement ;
Secrétaire général de la Société des Amis des Monuments Parisiens
Directeur de la Revue *l'Ami des Monuments*.

NOUVEL
ITINÉRAIRE-GUIDE
ARTISTIQUE
ET ARCHÉOLOGIQUE DE
PARIS
1889

2ᵉ VOLUME DES GUIDES ARTISTIQUES ET ARCHÉOLOGIQUES DE FRANCE
Publié sous le patronage de la Société des Amis des Monuments Parisiens
Paris, 98, rue Miromesnil, et au siège de la Société, 117, boulevard Saint-Germain

CHARLES NORMAND
Architecte diplômé par le Gouvernement
Secrétaire général de la Société des Amis des Monuments
Directeur de la Revue l'Ami des Monuments

NOUVEL ITINÉRAIRE-GUIDE ARTISTIQUE ET ARCHÉOLOGIQUE DE PARIS
1890

2ᵉ VOLUME DES GUIDES ARTISTIQUES ET ARCHÉOLOGIQUES DE FRANCE
Publié sous le patronage de la Société des Amis des Monuments Parisiens
Paris, 98, rue Miromesnil, et au siège de la Société, 117, boulevard Saint-Germain

roits réservés.   ÉDITION UNIQUE DES FONDATEURS   11ᶜ Livraison

CHARLES NORMAND

Architecte diplômé par le Gouvernement
Secrétaire général de la Société des Amis des Monuments
Directeur de la Revue *l'Ami des Monuments*

NOUVEL
ITINÉRAIRE-GUIDE
ARTISTIQUE
ET ARCHÉOLOGIQUE DE
PARIS
1890

2ᵉ VOLUME DES GUIDES ARTISTIQUES ET ARCHÉOLOGIQUES DE FRANCE
Publié sous le patronage de la Société des Amis des Monuments Parisiens
Paris, 98, rue Miromesnil, et au siège de la Société, 117, boulevard Saint-Germain

Droits réservés.   ÉDITION UNIQUE DES FONDATEURS   12ᵉ Livraison

LE NOUVEL ITINÉRAIRE-GUIDE
RICHEMENT ILLUSTRÉ
ARTISTIQUE ET ARCHÉOLOGIQUE
DE
PARIS

Publié sous le patronage de la Société des Amis des Monuments Parisiens

PARAIT PAR LIVRAISONS D'IMPORTANCE VARIABLE

L'ouvrage sera terminé le plus rapidement possible et comportera au moins p⁰ pages à 150 planches et gravures sur **papier teinté de luxe**.

ÉDITION UNIQUE ET EXCEPTIONNELLE DES FONDATEURS, 20 FR.
Étranger, 25 fr. — Japon 70 et 75 fr.

TIRAGE NUMÉROTÉ ET LIMITÉ

Au courant des fouilles, monuments nouveaux, renseignements historiques, anecdotiques. Publication de luxe : format de poche, le plus joli souvenir de Paris. Vieilles vues et plans, ensembles, détails inédits, perspectives restituées. En-têtes, lettres ornées en couleur.

Pour avoir droit à cette édition, il est nécessaire d'adresser **immédiatement** son adhésion, car le tirage sera réglé sur la liste des inscrits.

Les noms des Fondateurs seront publiés à la fin du volume
Les livraisons ne se vendent pas isolément.

PARIS, 98, RUE MIROMESNIL (Anciennement, 51, Rue des Martyrs)

L'AMI DES MONUMENTS
REVUE ILLUSTRÉE, ORGANE DU COMITÉ DES MONUMENTS FRANÇAIS
ET DU COMITÉ INTERNATIONAL D'AMIS DES MONUMENTS

Un petit volume richement illustré, orné d'en-têtes, lettres ornées, paraît tous les deux mois. Recueil de documents inédits sur les Œuvres d'Art de la France (Architecture, Peinture, Sculpture, Curiosités, Souvenirs historiques). Depuis 1889, un fascicule contient études inédites sur les œuvres d'art et les découvertes archéologiques de tous pays.

1ᵉʳ **Volume : Monuments français (1887).** *Couverture bleue*, **60 fr.** (très rare) On ne s'engage pas à le fournir ; le prix pourra être augmenté. — Fascicules 2 inclus, chaque 5 fr. 95. — N° 5 à 2 fr. 50. — Le n° 1 ne se vend pas isolément.

2ᵉ **Volume : Monuments français (1888).** *Couverture blanche avec lettres bleues* N° 6 à 10 inclus, le n° 5 fr. 90. — N° 10, Tables, 2 fr. — Depuis l'apparition du n° le prix du volume est porté **25 francs.**

3ᵉ **Volume : Monuments français (1889).** *Couverture blanche avec lettres bleues* Fascicule 11 et suivants, le volume **20 fr.** (en cours en 1889). — Son prix sera augmenté après son achèvement.

4ᵉ **Volume : (1890).**

LE NOUVEL ITINÉRAIRE-GUIDE
RICHEMENT ILLUSTRÉ
ARTISTIQUE ET ARCHÉOLOGIQUE
DE
PARIS

Publié sous le patronage de la Société des Amis des Monuments Parisien

PARAIT PAR LIVRAISONS D'IMPORTANCE VARIABLE

L'ouvrage sera terminé le plus rapidement possible et comportera au moins 50 pages ave 150 planches et gravures sur papier teinté de luxe.

ÉDITION UNIQUE ET EXCEPTIONNELLE DES FONDATEURS, 20 FR.
Étranger, 25 fr. — Japon 70 et 75 fr.

TIRAGE NUMÉROTÉ ET LIMITÉ

Au courant des fouilles, monuments nouveaux, renseignements historiques, anecdotiques. Publication de luxe; format de poche, le plus joli souvenir de Paris. Vieilles vues et plans, ensembles, détails inédits, perspectives restituées. En-tête lettres ornées en couleur.

Pour avoir droit à cette édition, il est nécessaire d'adresser **immédiatement** son adhésion, car le tirage sera réglé sur la liste des inscrits.

Les noms des Fondateurs seront publiés à la fin du volume
Les livraisons ne se vendent pas isolément.

PARIS, 98, RUE MIROMESNIL (Anciennement, 51, Rue des Martyrs)

L'AMI DES MONUMENTS
REVUE ILLUSTRÉE, ORGANE DU COMITÉ DES MONUMENTS FRANÇAIS
ET DU COMITÉ INTERNATIONAL D'AMIS DES MONUMENTS

Un petit volume richement illustré, orné d'en-têtes, lettres ornées, paraît tous les deux mois. Recueil de documents inédits sur les Œuvres d'Art de la France (Architecture, Peinture, Sculpture, Curiosités, Souvenirs historiques). Depuis 1886, un fascicule contient des études inédites sur les œuvres d'art et les découvertes archéologiques de tous pays.

1ᵉʳ **Volume : Monuments français (1887).** *Couverture bleue*, 60 fr. (très rare. On ne s'engage pas à le fournir : le prix pourra être augmenté. — Fascicules 2 à inclus, chaque 5 fr. 95. — N° 5 à 2 fr. 50. — Le n° 1 ne se vend pas isolément.

2ᵉ **Volume : Monuments français (1888).** *Couverture blanche avec lettres bleues* N° 6 à 10 inclus, le n° 5 fr. 95. — N° 10, Tables, 2 fr. — Depuis l'apparition du n° 10 le prix du volume est porté **25 francs**.

3ᵉ **Volume : Monuments français (1889).** *Couverture blanche avec lettres bleues* Fascicule 11 et suivants, le volume **20 fr.** (en cours en 1889). — Son prix sera augmenté après son achèvement.

4ᵉ **Volume : (1890).**

LE NOUVEL ITINÉRAIRE-GUIDE

RICHEMENT ILLUSTRÉ

ARTISTIQUE ET ARCHÉOLOGIQUE

DE

PARIS

Publié sous le patronage de la Société des Amis des Monuments Parisiens

PARAIT PAR LIVRAISONS D'IMPORTANCE VARIABLE

L'ouvrage sera terminé le plus rapidement possible et comportera au moins 400 pages avec 150 planches et gravures sur papier teinté de luxe.

ÉDITION UNIQUE ET EXCEPTIONNELLE DES FONDATEURS, 20 FR.
Étranger, 25 fr. — Japon 70 et 75 fr.

TIRAGE NUMÉROTÉ ET LIMITÉ

Au courant des fouilles, monuments nouveaux, renseignements historiques, anecdotiques. Publication de luxe ; format de poche, le plus joli souvenir de Paris. Vieilles vues et plans, ensembles, détails inédits, perspectives restituées. En-tête et lettres ornées en couleur.

Pour avoir droit à cette édition, il est nécessaire d'adresser **immédiatement** son adhésion, car le tirage sera réglé sur la liste des inscrits.

Les noms des Fondateurs seront publiés à la fin du volume
Les livraisons ne se vendent pas isolément.

PARIS, 98, RUE MIROMESNIL (Anciennement, 51, Rue des Martyrs)

L'AMI DES MONUMENTS

REVUE ILLUSTRÉE, ORGANE DU COMITÉ DES MONUMENTS FRANÇAIS
ET DU COMITÉ INTERNATIONAL D'AMIS DES MONUMENTS

Un petit volume richement illustré, orné d'en-têtes, lettres ornées, paraît tous les deux mois. Recueil de documents inédits sur les Œuvres d'Art de la France (Architecture, Peinture, Sculpture, Curiosités, Souvenirs historiques). A partir de 1889, un fascicule contiendra des études inédites sur les œuvres d'art et les découvertes archéologiques de tous pays.

1er Volume : **Monuments français** (1887). *Couverture bleue.* **60 fr.** (très rare). On ne s'engage pas à le fournir ; le prix pourra être augmenté. — Fascicules 2 à 4 inclus, chaque 5 fr. 05. — N° 5 à 2 fr. 50. — Le n° 1 ne se vend pas isolément.

2e Volume : **Monuments français** (1888). *Couverture blanche avec lettres bleues.* N° 6 à 10 inclus, le n° 5 fr. 00. — N° 10, Tables, 2 fr. — Depuis l'apparition du n° 10, le prix du volume est porté **25 francs**.

3e Volume : **Monuments français** (1889). *Couverture blanche avec lettres bleues.* Fascicule 11 et suivants, le volume **20 fr.** (en cours en 1889). — Son prix sera augmenté après son achèvement.

LE NOUVEL ITINÉRAIRE-GUIDE
RICHEMENT ILLUSTRÉ
ARTISTIQUE ET ARCHÉOLOGIQUE
DE
PARIS

Publié sous le patronage de la Société des Amis des Monuments Parisiens

PARAIT PAR LIVRAISONS D'IMPORTANCE VARIABLE

L'ouvrage sera terminé le plus rapidement possible et comportera au moins 400 pages avec 150 planches et gravures sur papier teinté de luxe.

ÉDITION UNIQUE ET EXCEPTIONNELLE DES FONDATEURS, 20 FR.
Étranger, 25 fr. — Japon 70 et 75 fr.

TIRAGE NUMÉROTÉ ET LIMITÉ

Au courant des fouilles, monuments nouveaux, renseignements historiques, anecdotiques. Publication de luxe: format de poche, le plus joli souvenir de Paris. Vieilles vues et plans, ensembles, détails inédits, perspectives restituées. En-tête et lettres ornées en couleur.

Pour avoir droit à cette édition, il est nécessaire d'adresser **immédiatement** son adhésion, car le tirage sera réglé sur la liste des inscrits.

Les noms des Fondateurs seront publiés à la fin du volume
Les livraisons ne se vendent pas isolément.

PARIS, 98, RUE MIROMESNIL (Anciennement, 51, Rue des Martyrs)

L'AMI DES MONUMENTS
REVUE ILLUSTRÉE, ORGANE DU COMITÉ DES MONUMENTS FRANÇAIS
ET DU COMITÉ INTERNATIONAL D'AMIS DES MONUMENTS

Un petit volume richement illustré, orné d'en-têtes, lettres ornées paraît tous les deux mois. Recueil de documents inédits sur les Œuvres d'Art de la France (Architecture, Peinture, Sculpture, Curiosités, Souvenirs historiques). A partir de 1890, un fascicule contiendra études inédites sur les œuvres d'art et les découvertes archéologiques de tous pays.

1er Volumes : **Monuments français 1887**. *Couverture bleue*, **60 fr.** (très rare). On ne s'engage pas à le fournir; le prix pourra être augmenté. — Fascicules 2 inclus, chaque 5 fr. 95. — N° 5 à 2 fr. 50. — Le n° 1 ne se vend pas isolément

2e Volume : **Monuments français (1888)**. *Couverture blanche avec lettres bleues* N° 6 à 10 inclus, le n° 5 fr. 00. — N° 10, Tables, 2 fr. — Depuis l'apparition du n° le prix du volume est porté **25 francs**.

3e Volume : **Monuments français (1889)**. *Couverture blanche avec lettres bleues* Fascicule 11 et suivants, le volume **20 fr.** (en cours en 1890). — Son prix sera augmenté après son achèvement.

CHARLES NORMAND
Architecte diplômé par le Gouvernement
Secrétaire général de la Société des Amis des Monuments Parisiens
Directeur de la Revue l'Ami des Monuments.

DÉPÔT LÉGAL
Seine
1896

NOUVEL ITINÉRAIRE-GUIDE ARTISTIQUE ET ARCHÉOLOGIQUE DE PARIS
1896

2ᵉ VOLUME DES GUIDES ARTISTIQUES ET ARCHÉOLOGIQUES DE FRANCE
Publié sous le patronage de la Société des Amis des Monuments Parisiens
Paris, 9X, rue Miromesnil, et au siège de la Société, 117, boulevard Saint-Germain

Droits réservés.   ÉDITION UNIQUE DES FONDATEURS   *Livraison*

CHARLES NORMAND

Architecte diplômé par le Gouvernement
Secrétaire général de la Société des Amis des Monuments Parisiens
Directeur de la Revue *l'Ami des Monuments*.

NOUVEL
ITINÉRAIRE-GUIDE
ARTISTIQUE
ET ARCHÉOLOGIQUE DE
PARIS
1890

2ᵉ VOLUME DES GUIDES ARTISTIQUES ET ARCHÉOLOGIQUES DE FRANCE
Publié sous le patronage de la Société des Amis des Monuments Parisiens
Paris, 98, rue Miromesnil, et au siège de la Société, 117, boulevard Saint-Germain

Droits réservés. ÉDITION UNIQUE DES FONDATEURS *Livraiso*

LE NOUVEL ITINÉRAIRE-GUIDE
RICHEMENT ILLUSTRÉ
ARTISTIQUE ET ARCHÉOLOGIQUE
DE
PARIS

Publié sous le patronage de la Société des Amis des Monuments Parisiens

PARAIT PAR LIVRAISONS D'IMPORTANCE VARIABLE

L'ouvrage sera terminé le plus rapidement possible et comportera au moins 400 pages avec 150 planches et gravures sur papier teinté de luxe.

ÉDITION UNIQUE ET EXCEPTIONNELLE DES FONDATEURS, 20 FR.
Étranger, 25 fr. — Japon 70 et 75 fr.

TIRAGE NUMÉROTÉ ET LIMITÉ

Au courant des fouilles, monuments nouveaux, renseignements historiques, anecdotiques. Publication de luxe; format de poche, le plus joli souvenir de Paris. Vieilles vues et plans, ensembles, détails inédits, perspectives restituées. En-tête et lettres ornées en couleur.

Pour avoir droit à cette édition, il est nécessaire d'adresser **immédiatement** son adhésion, car le tirage sera réglé sur la liste des inscrits.

Les noms des Fondateurs seront publiés à la fin du volume

Les livraisons ne se vendent pas isolément.

PARIS, 98, RUE MIROMESNIL (Anciennement, 61, Rue des Martyrs)

L'AMI DES MONUMENTS
REVUE ILLUSTRÉE, ORGANE DU COMITÉ DES MONUMENTS FRANÇAIS
ET DU COMITÉ INTERNATIONAL D'AMIS DES MONUMENTS

Un petit volume richement illustré, orné d'en-têtes, lettres ornées, paraît tous les deux mois. Recueil de documents inédits sur les *Œuvres d'Art de la France* (Architecture, Peinture, Sculpture, Curiosités, Souvenirs historiques). Depuis 1890, un fascicule contient des études inédites sur les œuvres d'art et les découvertes archéologiques de tous pays.

1er Volume : **Monuments français (1887).** *Couverture bleue,* **60 fr.** (très rare). On ne s'engage pas à le fournir : le prix pourra être augmenté. — Fascicules 2 à 4 inclus, chaque 5 fr. 95. — N° 5 à 2 fr. 50. — Le n° 1 ne se vend pas isolément.

2e Volume : **Monuments français (1888).** *Couverture blanche avec lettres bleues.* N° 6 à 10 inclus, le n° 5 fr. 95. — N° 10. Tables, 2 fr. — Depuis l'apparition du n° 10 le prix du volume est porté **25 francs.**

3e Volume : **Monuments français (1889).** *Couverture blanche avec lettres bleues.* Fascicule 11 et suivants, le volume **20 fr.** (en cours en 1889). — Son prix sera augmenté après son achèvement.

4e Volume : **(1890).**

LE NOUVEL ITINÉRAIRE-GUIDE

RICHEMENT ILLUSTRÉ

ARTISTIQUE ET ARCHÉOLOGIQUE

DE

PARIS

Publié sous le patronage de la Société des Amis des Monuments Parisiens

PARAIT PAR LIVRAISONS D'IMPORTANCE VARIABLE

L'ouvrage comportera au moins 500 pages avec 150 planches et gravures sur papier teinté de luxe.

En raison du petit nombre d'exemplaires disponibles et de l'importance prise par l'ouvrage, le prix est porté de 20 francs (25 fr. pour l'étranger) à 30 francs (et 35 fr.) — Japon 75 et 80 fr.

Au courant des fouilles, monuments nouveaux, renseignements historiques, anecdotiques. Publication de luxe ; format de poche, le plus joli souvenir de Paris. Vieilles vues et plans, ensembles, détails inédits, perspectives restituées. En-tête et lettres ornées en couleur.

Pour avoir droit à cette édition, il est nécessaire d'adresser **immédiatement** son adhésion, car le tirage sera réglé sur la liste des inscrits.

Les noms des Fondateurs seront publiés à la fin du volume
Les livraisons ne se vendent pas isolément.

PARIS, 98, RUE MIROMESNIL (Anciennement, 51, Rue des Martyrs)

L'AMI DES MONUMENTS

ET DES ARTS

REVUE ILLUSTRÉE, ORGANE DU COMITÉ DES MONUMENTS FRANÇAIS
ET DU COMITÉ INTERNATIONAL D'AMIS DES MONUMENTS

Est le complément du GUIDE DE PARIS

Un petit volume richement illustré, orné d'en-têtes, lettres ornées, paraît tous les deux mois. Recueil de documents inédits sur les Œuvres d'Art de la France (Architecture, Peinture, Sculpture, Curiosités, Souvenirs historiques), avec études inédites sur les œuvres d'art et les découvertes archéologiques de tous pays.

Deux volumes sont en vente au prix de 25 francs chacun (étranger, 30 fr.

www.ingramcontent.com/pod-product-compliance
Lightning Source LLC
Chambersburg PA
CBHW050902230426
43666CB00010B/1990